大学生，竞争力决定出路

——一位精英教育专家与50位优秀大学生的访谈档案

张宏杰 著

Daxuesheng
Jingzhengli
Jueding Chulu

南方日报出版社
NANFANG DAILY PRESS

图书在版编目（CIP）数据

大学生，竞争力决定出路：一位精英教育专家与50位优秀大学生的访谈档案 / 张宏杰著.—广州：南方日报出版社，2009.4
ISBN 978-7-80652-864-8

Ⅰ.大… Ⅱ.张… Ⅲ.大学生—职业选择 Ⅳ.G647.38

中国版本图书馆 CIP 数据核字（2009）第 052951 号

大学生，竞争力决定出路

——一位精英教育专家与50位优秀大学生的访谈档案　　张宏杰 著

出版发行：南方日报出版社
地　　址：广州市广州大道中 289 号
电　　话：（020）87373998-8502
经　　销：全国新华书店
印　　刷：广州市怡升印刷有限公司
开　　本：787mm×1092mm　1/16
印　　张：14
字　　数：228 千字
版　　次：2009 年 5 月第 1 版
印　　次：2009 年 5 月第 1 次印刷
定　　价：25.00 元

投稿热线：（020）87373998-8503　读者热线：（020）87373998-8502

网址：http://www.nanfangdaily.com.cn/press　http://www.southcn.com/ebook

很多大学生不知道自己要干什么，找不到自己的定位，不知道自己的出路在哪里，这个时候要做的是尽可能地丰富自己，努力去做事情，把自己的能力与素质培养起来，提高自己的核心竞争力，让自己变得优秀！如果在迷茫中什么都不做的话，那么你永远也不可能成功。

——题记

目 录

序：核心竞争力决定大学生的出路 …………………………………… 1

第一章　兴趣决定选择：大学或专业与内心渴望一致 ………… 1

对于聪明的学生来说，成功的原因在于自己本身，而不是学校……其实热门与冷门是相对而言的，适合自己的就是“热门专业”，只有选择适合自己的专业，自己读起来才有兴趣，才能发挥自己的潜能，才能提高自己的核心竞争力……从个体的角度而言，大学是一个新的起点，四年的光阴能决定很多东西，高中时代的孰优孰劣已经不再重要。竞争，从大学毕业那天开始；竞争力的培养，从进入大学那天开始。

一、在梦想的驱动下选择专业…………………………………………… 3

陆彦：“清华的学生有一个共性：即使这件事情我不喜欢，但是也会把它做好，因为这件事情交给我了……我在清华的每一天，以及此后的20年里，我要做好每一件事情。”

刘宇欣：“永远在一个城市生活，接触的都是同样的一批人，视角会比较狭窄，所以我一咬牙一跺脚就来复旦了。”

二、因为喜欢，所以追逐不放…………………………………………… 6

李佳佳：“即使我是读理工科的，跟新闻这个专业毫不相关，即使大家都说太难了，我也要去尝试。”

三、选择：专业是前提，学校是基础…………………………………… 8

黄静静：“分数决定了我选择的空间，如果报北大的话，我的选择几乎为零，一切都要服从北大的安排。但是去清华就不一样了，选择的空间比较大，这样我所喜欢的专业应该不会落网。”

李强：“清华不是创造激情的地方，而是锻炼人的地方，它给人的那种锻炼和渗透是潜移默化的，并不像北大对人的冲击非常剧烈。”

四、善于调整专业选择 ……………………………………………… 15

李萍：“如果让我在一个好专业、差大学和一个差专业、好大学中做选择的话，我想自己还是会选择后者的，就是会选择一所名校，去感受她的氛围——我觉得这个比较重要。”

五、学校的“个性”也是竞争力 ………………………………… 18

汤志斌：“复旦文化是发散性的，复旦人的一个优点就是：考虑问题，你会从不同的方面去考虑。这也会带来一个缺点，复旦人太活了，流动性会很大，无论是思维上的流动性，还是地理位置上的流动性。……你从复旦毕业去找工作，复旦的文凭只能作为一个敲门砖，敲完门，你能进简历关，那你这个砖就扔掉了，进去后人家都不会看你的文凭。”

六、专业束缚个性：宁愿退学再考 ………………………………… 21

汤宇虹：“大学的时候精力有限，前面太开阔了，你必须放弃一些东西，去做一些真正适合你或你喜欢的东西。……别人关注的是你的长处，而不是你是否和别人一样。……找工作的时候，用人单位除了要求你的成绩优秀外，其他的要求还是很多的。”

七、专业塑造人的个性 ………………………………… 30

杨静怡：“广告系塑造了我的个性……考核过程需要有团队精神，需要你敢于在公众面前展示的能力，这样的一些训练，对我的个性的塑造有着非常大的影响：性格开朗了，思想更加成熟，可以静下来思考一些东西，而不是原来那样浮。”

第二章　认识自我：主动去做，并相信自己一定能做到 ………… 33

在大学里你自己决定成长的快慢……认清自我不是一件容易的事情，我们很难真正找到自我，也许我们会认为自己知道想要什么，但实际上我们只是做了流行观点的奴隶……准确认识自己，并明确一个未来的自己，这也是一种竞争力，而马上去做，去努力，你所具备的竞争力内核将更加强大。

一、刚进大学，让别人告诉你该怎么做 ………………………………… 34

刘雪清：“我希望可以和很多的人聊天，沟通，让他们给我一些建议，我可以修正自己，使自己少走一些弯路，能够获取更多的信息，给自己一个很好的定位。”

二、在清醒与迷茫之间震荡 ………………………………… 39

蔡志楠：“我在一年前，几个月前，甚至几天前，还在考虑怎么去找工作，但是现在我已经到了读研的轨道里来了。如果把走向目标的路径定得太死，可能不一定好，走一个曲线绕过去，虽然过程艰辛一些，距离远一些，但是至少达到了目标。”

三、弱水三千，我只取一瓢饮 ………………………………… 46

杨静怡：“你在学生会要的是什么？不是头衔，而是经历。而且学生会的部长不是做事情的，而是做一些决策，副部长则可以接触到第一线，我更加看重的是这方面的经历。企业需要的是有实践经历的人，不是那种在房子里面看书写东西的做研究的人。”

四、自信从何而来 …………………………………………………… 52

凌云：“你一定要相信自己是这个世界上独一无二的，自己的一些特点是别人不具备的，虽然有相似的地方，但他不是你，你依然还是你自己。”

王婧：“把一件件事情做好，也就逐渐有了自信。”

第三章　找准定位：坚持本色，绝不迷失自己 ………………… 57

一个人有自己的定位，只需要清楚自己每天都在干什么就好，而不必事事都朝别人看齐……人往往会被这种成就感所迷惑，会不断地追求这些成就感，追求一个个小圈子里的存在感，而找不到理想或者最终的道路……懂得放弃是很重要的……在大学里，要分清主次，抓住主要的，投入尽可能多的时间和精力。

一、懂得追逐，也要懂得放弃 ………………………………………… 58

李天：“我也懂得去追逐一些东西，更懂得去放弃一些东西，懂得了在这个过程中，成长才是最重要的，个人能力水平的提高是最重要的。……我的社会活动能力提高很快，比如跟人交往的感觉、说话的能力、思维的能力等。现在我想事情会比以前清楚，考虑得很全面。”

二、培养团队意识，再谈个人奋斗 ………………………………… 62

李鹏：“我不是一个纯粹的学生，我希望能够兼顾学生的角色和一个管理者的角色。……对于我们管理学院的学生来说，研究并不仅仅是坐下来写论文，更多的是去和别人接触，了解别人的想法，然后把别人的这些想法归纳起来，形成创意性的管理思想。”

三、选择决定努力的方向 …………………………………………… 65

黄静静：“一定要尽早弄明白自己想干什么，然后为这个目标不断努力，为自己做一些计划，做什么事情都要有计划性，提前做好人生规划，这样删繁就简，从最近的目标开始，才会一步一步地走向成功。万事挂怀，只会半途而废。”

四、兴趣才是个人成就的原动力 …………………………………… 68

毕成功：“我觉得最重要的是兴趣，永远不要放弃自己的兴趣。如果喜欢就玩，如果愿意就试一试，没准真的就成了，当然成功并不像说的那么容易。”

五、一定要有属于自己的坚持 ……………………………………… 73

李烨：“在高中的时候，大家的人格都是不完善的，因为那时候我们考虑的事情很少，跟社会离得太远。……上大学是一个人从学校到社会的过渡，你在里面需要学会如何去做一个人，做一个有智慧的人。”

第四章　建立领先优势：将优点做到极致 ······························ 77

在大学里开始建立自己的优势……比如，你的定位是将来做职业经理人，那么在大学里搞科研写论文发表就不一定是你的优势，还不如在外面公司找实习多掌握公司经营的经验……个性、意识与习惯、兴趣、影响力、综合素质、社会责任感，优秀潜伏其中……时刻准备着，优秀其实是一种习惯，这种习惯就是竞争力。

一、个性：决定命运的竞争力 ··· 78

王昊：“在清华锻炼了我这样的性格：做事能够沉稳地思考，遇到困难能静下心来好好想一想，不着急。这是一种比较有韧性的性格，不是急于求成。”

周全：“我从小就很讨厌自己为了一件小事情要犹豫很久的性格，当初选择元培就是希望自己能够学会如何去选择，如何去放弃，我觉得这些比具体的知识更加重要。”

俞快：“你的脑子里想象你自己成为什么人，你可能就会成为什么人，比如一个女生想象自己是奥黛丽·赫本，她就会变得很优雅。……走出第一步是最重要的，第一步走好了，以后就会一直很顺利。走第一步时一定要有自己的亮点。”

二、意识与习惯：决定评价的竞争力 ······································· 82

刘斯恩：“有的人很文静，我们都很喜欢他；有的人很开朗，我们也都很喜欢他。……也许性格会决定你做事情的方式，但做不做还是跟你接触的事情和你的意识与习惯有关，你的这种意识与习惯培养得越早，你的领先优势也许就建立得越早。”

三、兴趣：决定成就的竞争力 ··· 85

汤志斌：“对于市场的兴趣是我从本科到研究生的这个过渡阶段才引发出来的，我做了很多的事情，感觉到市场部是最能够发挥自己的沟通能力和创造能力的。这些能力来源于我致力于学生会工作。兴趣与能力成正比，工作成就与兴趣也成正比。”

四、影响力：决定持久度的竞争力 ·· 88

罗迪：“清华的时代论坛给了我一种海纳百川、有容乃大的胸襟和气魄。表现在竞争中，我可以比别人站得高，保持一种脱俗风格，可以用牺牲与海纳百川包容一切。”

黄静静：“人与人交往其实就是意志力和意志力的较量，不是你影响他，就是他影响你，而成功的人都有意培养自己的影响力，这样才能成为最强者。”

五、综合素质：决定领域的竞争力 …………………………………… 94

卢亮：“做学生工作对自己的综合素质的培养很有帮助，这是毋庸置疑的。……我属于跨学科考研，本科读经济，现改学了法律，所以我就更要多下工夫，我想能够多学些东西，把经济和法律很好地衔接起来。”

六、社会责任感：决定地位的竞争力 …………………………………… 96

周勃：“现在有很多社会问题，有很多人非常功利，非常短视，但是至少在清华，很多孩子都很可爱，很多老师都很好，因为他们很纯洁，他们就在追逐理想，他们怀着一颗感恩的心，试图以每一个细节来感动社会，来感动他人，来引领这个时代前进。”

王婧：“清华的老师都特别有国家意识和社会责任感，我从他们身上学到的东西比从思想政治课上学到的东西多得多。”

赵珊珊：“很多高校并不注重培养学生的社会责任感，我见过身边的女生会花上千块钱去买一个名牌包，而不会把钱捐给一个山区的孩子让他完成学业。”

刘庆民：“如果北大代表一个民族的话，而你这个民族没有为社会做贡献的气节，没有这种高尚的精神，你怎么去跟美国竞争？哈佛或斯坦福的学生毕业以后有什么理想？就是 rule the world，影响整个世界！”

第五章　体验校园爱情：在伊甸园里丰富、成长 ………………… 103

爱，原来很容易，就是轻轻地把他放在心里；爱，原来不容易，就是无法走到他心里……不是因为寂寞才想他，而是因为想他才寂寞。孤独的感觉之所以如此之重，只是因为想得太深……大学里的爱才是成熟的，因为长大了，懂得了责任，懂得了付出……这种人格的完善，也会是一种核心竞争力，人将以成熟的姿态走向社会。

一、为爱而懂得责任 ………………………………………………… 104

梦洁：“我为什么说找男朋友一定要求他有责任心，因为责任心是一种性格，是随他一辈子的。这种责任心，在感情上是一种态度，在生活与工作中，则是一种保障。相爱是可以强化两个人的责任心的。”

二、爱要温馨感性，也要始终理智 ………………………………… 109

李秋：“我觉得爱情就是生活中的调味品，最重要的还是两个人心灵上的沟通。他也是一样，他也不喜欢两个人一天到晚地黏在一起，天天在一起吃饭，一起上课，一起上自习。我觉得每个人都需要有自己的空间，我们会在自己的时间里预留出一部分给对方，但更多的时间我们是在做着各自的事情。”

三、屡败屡战，未来如此艰难 ……………………………………… 116

叶建飞：“我们对于未来有很多憧憬，但我也知道，未来不管是学业、事业，还是爱情，都会遇到很大的困难。我们都互相打气，只要努力，就不会有过不去的坎。”

四、幸福需要彼此设身处地 …………………………………… 121

韩磊：“大学生经济条件有限，能为女朋友做的事情，相比社会上已经工作的人是微不足道的。我的女朋友会对我为她做的很小的事情感动不已，这对我也是一种激励，促使我以后做得更好。有些女孩子就不同，她们总是抱怨自己的男友这也不好，那也不好，弄得双方不停地吵架，都很不爽。”

五、恋爱不是交易 …………………………………………………… 128

程晨：“要宽容，还要懂得珍惜。现在很多人有一点不开心或者遇到什么挫折就提出分手，这是不对的。哪一对恋人没有不开心的时候？开心的时候想着自己是谈恋爱，不开心的时候就觉得是在做生意，这样是不对的。”

六、男人的终极品位就是他的妻子 ……………………………… 134

乔锃：“大学里的恋爱，一般不会像社会上那样，考虑对方从事的是什么工作，你有房吗？你有车吗？没有这些观念。有一个朋友跟我说：‘谈一场恋爱下来会带给你很多东西，你在跟对方磨合的过程中会发现自己好的一面和不好的一面，还有你要学会怎么迁就一个人，你会知道自己真正想找的另一半是什么样的……’”

第六章　发掘个人价值：清楚自己对他人的意义 ………………… 137

每个人的理想不同，对自己的要求……也不同一点点地实现自我价值，对自己就会有更大的信心，能力也会随着增长，形成一个良性循环……自我价值的实现也是多元化的……做自己想做的事情，而且把它做成了，自我价值也得到了实现……你最具自我价值的、最擅长的，就是你的竞争力中最核心的。

一、学会面对失败与挫折 …………………………………………… 138

陆彦：“大一的时候我参加过一个竞选，最后失败了。这次挫折让我对大学的生活有更加深刻的了解，大学这两年走过来，我好好学习，尽力把能够控制的事情做好，心态非常平和。”

李伟：“刚到大学由于极度放松，看小说，玩游戏，导致成绩一塌糊涂。前面学得不怎么好，所以后面的课程都受到了影响，上学期我还挂了几科，成绩确实挺次的。”

李冰：“我经历了保送推研的失败，现在我想想，要是我推了研，我可能就会去学一些摩擦学之类的东西，对我以后就业也没有太大的帮助。如果要深入地去做研究，那么我肯定还得考虑我到底是不是对这个领域有兴趣，我将来会不会从事相关的职业等问题。”

李佳佳：“可能一件事情在别人看来是很小的事儿，但因为我的自尊心很强，有时候我就会觉得这是很严重的事情。我会把它意义化、符号化，其实它是很小的事情。”

二、成长是一种痛苦的过程 …………………………………… 142

王安安：“我曾经参加了很多对我并没有什么意义的演出，虽然当时很风光，但实际上这是一种浮华，而我花费了太多的时间来换取这种浮华。”

乔锃：“现在我去公司实习，人家也不看我的履历上写着我做过学生会主席，他们也没问，但他们照样要我。第二年后，人家只会问你是哪个学校的，第三年人家问的是你哪个单位的，第四年人家问你是做什么的……人家对你大学里是否当过学生会主席已经不感兴趣了，那些事已经不能再代表你了。”

三、没有什么是不可能的 …………………………………… 147

刘宇欣：“如果你预设它是不可能的，那么它永远就不可能。人在年轻的时候，尽可能多地走一些地方，尽可能多地见一些人。你在年轻时候积累的经验，很大程度上决定这一生你的思想接纳度有多高，也决定你的眼界有多开阔。”

四、发现自己的价值 …………………………………… 152

陈婍茵：“我觉得法律比较有挑战性，而且比较实用，不一定非要从事法律方面的实务工作，很多领域都需要法律方面的知识，所以我选择了法学院。……我觉得教学对我们法律学生是不够的。像司法考试，所有人都可以来考，有的受过四年法学教育的学生没有考上，但是一个没有上过大学的农民，通过一年的勤奋努力，就可能通过了。那么我们的优势在哪里呢？我觉得还要训练作为一个法律工作者的素质。”

第七章　超越自我：勇于展示个人价值，还有附加值 ………… 158

一个人不可能完美，但你必须追求完美，这样才有可能做到最好。给自己定下奋斗目标的时候，要定得比自己能力高一点……有时候不是你选择的问题，而是在于你选择时候的态度……也许你的本事可以让你觉得自己可以把世界上1000件事做好，但是最后你的智慧可能告诉你，你偏偏做了1000件事里面最不该做的一件。

一、以高标准要求自己 …………………………………… 159

李烨：“是不是处在精英的地位上不要紧，但是我一定要和平庸的人不同，不能让自己碌碌无为，可以让自己过得很潇洒，但是不能无所事事。要让自己从内心变成精英，不是以精英自居，而是说要以精英的标准来要求自己。用精英思维去考虑问题，精英是你以后要成为的一个目标。”

周勃："虽然这是一个和平年代，但是我们的竞争加剧了，我们要应付的困难增多了，我们必须抱着一个战斗的心态，一种拼搏的心态，才有可能赢得更多。"

二、大胆去做学习以外的事情 ······ 162

李妍："我觉得工作最大的好处就是认清自我，面对现实。不能因为你是清华的，别人就高看你一眼。……我发现像技能这些东西才是最值得学习的。在学校里我们更注重的是'硬技能'，像你学会一个编程，懂得一个理论，但只会这些还是远远不够的，尤其将来社会分工更细，需要与各种人合作，不是靠一个人就能把这些工作全部做成的。这就需要'软技能'。"

三、强化自己的潜在价值 ······ 165

江伟丽："我觉得学法律的人，可能在打基础的这几年应该一门心思扑到法律上去，不应该做那么多额外的事情，只有这样才能真正把法律学好。但是我们也需要从事一些社交和社团的实践，就像老师说的一样，现在的大学是一个真正读书的地方，但更应该是一个职业训练场。"

四、把握住改变自己的机会 ······ 168

粟净："我是湖南人，湖南属于中部地区，上本科的时候考去了西安，西安也属于内陆。当时促使我考到上海来的一个很重要的原因就是，我希望自己从观念上有一个根本的改变，我希望从西部到东部的过程中能实现这种改变。……在本科阶段，我接触社会的机会并不多。但是自从来到复旦后，我发现这里的每位同学都可以参加社会实践，或实习。学校对每一位同学都很公平，大家可以公平竞争，只要我努力了，我争取了，这个机会就可能属于我。"

五、很多机会需要自己去创造 ······ 174

李佳佳："复旦会给你机会，只要你能把握住它，比如像我这样的人，我不服输，有勇气，那么我就可以获得很多的机会，不会因为你是女孩子或者你的本科不是在复旦念的而有所偏颇。……我在复旦主持过很多活动，获得了很多锻炼，我去实习时就会显得比其他同学更成熟一些、更老练一些。"

第八章　勇敢面对出路：不要怕失败，天生你材必有用 ······ 178

路在脚下，通往何处呢？……工作、考研还是出国留学？……当你不知道怎么选择的时候，其实你已经做出了选择……究竟是我选择了这条路，还是这条路选择了我？丰富自己，给自己创造更多的机会……一定要活得有信心，有朝气。也许你面临的现实很无奈，但你不要让自己沉沦下去。

一、大学毕业在即，应该做什么、想什么？ ······ 179

周勃："我目前非常忙，要针对每个学校写不同的申请材料，准备文书，考各种各样的英文考试……我是清华金融协会的会长，要组织日常的活动；作为清华传媒协会的顾问，我要指导他们的工作；作为新东方的兼职老师，我需要在某些分校教授课程，赚我的学费。”

刘峰：“我觉得自己是一个幸运儿，来了经管，学自己喜欢的专业，遇到了这么多有趣的人，经历了这么多有趣的事，学了这么多有用的知识，没意外的话，我的出路也不错，那我还能要求什么呢？”

郭小勇：“我以后的梦想是做一个服务于中国和欧洲之间的经济人或企业人，所以我选择了去法国最好的商校读书。目前选择这条路的人不多，我是从我的发展上选择的。”

二、争取一切机会展示自己 …………………………………… 186

周宓：“学生面对社会选拔的竞争，对于来自社会的评委而言，学生的任何个人经历可能都微不足道，只有清晰准确地做好自己的定位，充分地展示自己的潜力，才能获得评委的青睐。”

三、竞争力是信心之源 …………………………………… 189

俞快：“我最具竞争力的一点，是英语特别好，能进行同声传译。有外国政要或经济巨头到访，我都会参与接待工作。……上大学的时候英语好特别有用，特别是在清华这种环境，大家的学习能力都比较强，智商也没有什么差别，差就差在英文上，你得到一个机会之后可能会比别人强很多，就像滚雪球一样越滚越大。

四、艺多不压身 …………………………………… 192

杨婷：“在这个社会上，你必须精通一两样东西，也就是说你必须有几把刀，很多事情不能说是有业余爱好就行，你必须‘专’、必须‘精’。……北大最好的地方并不是她告诉你该干什么，而是她给大家提供一个很大的舞台，你想跳什么舞都可以，她给你选择的自由。”

五、在学校不一定能够找到人生方向 …………………………………… 195

李鹏：“我觉得寻找人生方向不是能够在学校完成的，而更多的是你从学校毕业之后在更长时间的工作经历中积累出来的。一个人不可能确定自己在20年之后会干什么，你在大学时代所能做的只能为你未来十年做打算。”

六、用“勤奋”走自己的路 …………………………………… 198

张婧青：“我是一个很容易陷入细节的人，勤奋是我的优点，但同时也让我在处理一些事情上不够灵活。一个很勤奋很努力想把事情做好的人，往往会在细节上对自己要求很严格，所以很容易抓住一些细枝末节的地方不放过，从而减缓工作进度，给工作造成被动。”

后记：给年轻人飞翔的翅膀 …………………………………… 204

序：

核心竞争力决定大学生的出路

自1999年大学扩招以来，中国的大学已经从精英教育逐渐转变为大众化教育，教育资源也逐渐被稀释，最明显的现象是，大学教室的人更多了，食堂的人更多了，图书馆的人也更多了……每个大学生能分到的教育资源比以前少得多。

到2009年，中国大学扩招已经走过十年的时间，每年的招生人数和毕业人数都在增加，每年都是创历史新高！2009年全国有610万大学生毕业，不幸遭遇全球金融危机，就业形势前所未有地严峻！学生焦急，家长焦急，老师焦急，政府焦急——温家宝总理说，要把大学生就业和农民工返乡问题放在工作的重点上！

中国人民大学校长纪宝成认为："高等教育大众化是一场深刻的社会变革，最重要的变革就是就业观念的变革。大学要引导我们的学生有正确的就业观、择业观。没有大众化的就业观念，就没有大众化的高等教育。大众化的考试入学，按照精英化的观念就业，天底下哪有这样的事情？这是不可能的。我不相信中国大学生多了，只要我们不要用精英教育的观念看待大学生就业，就不存在就业问题。农村的教育、卫生、农业现代化服务、城镇化的建设，都需要大学生。最近一二十年，大学生毕业都到大机关大城市，形成了一种不太健康的就业观念。好像大学生只能在大城市，到基层就是问题了。如果从这个观念解放出来，我觉得大学生就业根本没问题。"

但是，中国上千年的观念积习，断不可能在仅仅几年就完全颠覆：大学生，无异于古时候参加层层科举考试突围而出的佼佼者，在社会上是应该获得尊敬并活得体面的。就此意义而言，大学生就业涉及个人尊严问题。一个大学生从小学到大学毕业差不多读了16年书，如果连一个工作也找不到，或者找的工作薪水很低，很难养活自己，更难把上大学的钱赚回来，这种打击是非常可怕的，在同学、老师面前抬不起头来，对父母也没法交代；学生的家长也一样受到打击，对孩子二十多年来的美好期望一下子支离破碎！因此，毕业后向城市涌去就成了一个很现实的选择，在大城市找到高薪工作的机会远比小城市或农村多，而且大城市的繁华和生活质量绝非农村可以比拟。

2009年2月的北方还是寒冷的季节，光秃秃的树枝看不到芽苞，感觉不到一点春天的气息，万物还被包裹在严寒之中，呈现在眼前的是肃杀的景象。就在春天来临之前，北方某高校的一名女大学生结束了自己年轻的生命，人们从她遗留的日记本里看到了一个如花的生命是怎样走向死亡的……2009年2月26日的《燕赵都市报》刊载了这名女大学生的日记片断：

感觉好累，好累……每天都感觉不到生活的美好，看不到未来和希望……总是没有信心，没有目标，过一天算一天，不知道前方的路如何，就这样消极地度日……再这样下去，不知道将是什么样的恶果。

要毕业了，我却不知道如何主宰自己的人生，自己成不了自己的主人，而是奴隶，只在压力中度过，能不痛苦么？

逃避现实，是最无奈、最懦弱、最愚蠢的表现，而现在的我却一味地逃避。想着辍学，可又一想，亲人、邻里会怎么看，堂堂正正一个大学生竟然连个工作都找不到，面子又往哪儿放……总想找个地缝钻进去不出来了，总想一直睡着不要醒来，因为醒来就要面对现实。我该怎么办？自己已无法主宰自己的人生。

在别人看来，你们大学生都可以找到一份舒适的工作，有一个美好的未来，而真正做了大学生才知道远非如此，工作是何其的难找，未来又是何等的渺茫。一切都是个未知数！

我该怎么办？活着还有什么意义？谁能救救我？

拯救者没有出现在她的眼前，而她被自己打败了，自己结束了自己的生命……

为什么会这样？我想这名女生不会是最后一个对前途感到绝望而自杀的大学生，在中国大学两千多万名在校大学生中，还有人像她这样挣扎在绝望的边缘……

如果一个人上完大学觉得还不如不上大学，那么里面肯定有问题，因为接受高等教育本身是没有错的。在我看来，当年她高中毕业选择上大学没有错，这也证明了她既不笨，也不懒。问题在于，她在大学里不知从何入手培养自己，没有发掘出自己的潜力，没有锻造出自己的核心竞争力。

真的是社会不需要那么多大学毕业生么？不是！而是很多大学毕业生的综合能力与素质达不到用人单位的要求。职位一般是与能力相匹配的，能力达不到，却奢求高薪工作，这怎么可能呢？即将毕业的大学生，要调整好心态，面对挑战，以求找到最优的出路；而低年级学生，必须好好审视自己，认识自我，找到自己的优势和劣势，扬长避短，培养自己的核心竞争力。

中国大学生有一个非常致命的弱点：上大学之前只有一个目标就是考大学，而上了大学后不知道自己的下一个目标在哪里！于是迷茫，困惑……不知道自己想要什么。时光飞逝，很快就到了大四毕业找出路的关头，这时候发现自己没什么竞争力，没有什么优势，结果可想而知。

大学培养的是学习能力、知识积累和思考方法，所以上大学要考虑到自己在哪些方面得到了很好的培养，而不是浑浑噩噩地过日子。打个比方，一个人读了中专，他所学的是怎么用一种工具；如果是上大学的话，他学到的是使用各种工具的能力——虽然现在有些工具他还不知道怎么用，但是只要把工具拿在手里，他就很快会用，并用得很好。这也是上大学的意义所在。很多人不清楚这一点，他们觉得在大学里所学的东西跟社会太脱节了。不管自己所学的课本知识在毕业后是否能够用上，但是自己的思维能力获得了系统化的锻炼，也就是掌握了学习的能力，这是一生受用的。大学生毕业后，在与中专生相同的工作环境里，知识的增值速度更快。这就说明，思维能力就是大学生优异于中专生的核心竞争力。

尽管面临着金融危机的巨大挑战，一些学业优秀、自身条件过硬的毕业生仍是用人单位的“宠儿”。中国人民大学新闻学院研究生杨丽从去年开始就到北京奥组委实习，奥运会结束后广州亚组委前来招聘时，她顺利入围。

“有些时候不是别人不给你机会，而是你自己不够优秀。”谈起自己之前两个多月找工作的经历，杨丽这样表示。

事实就是如此，只要你足够优秀，一定能找到很好的出路，机会总是垂青于有准备的人。那么就让我们在毕业前做好准备，不要等到毕业找不到出路时才懊悔自己的大学时光虚度了。

我写这本书的用意很简单，就是告诉人们：不管你上的是名牌大学还是普通大学，都要主动去培养自己的核心竞争力，毕业那天，只要自己足够优秀，就一定会有很好的出路。

本书中的人物来自清华、北大和复旦等名牌大学，不是说只有这些名牌大学的学生才能把自己培养成精英或者卓越者，关键是激发人们去思考：自己的大学要怎么读？自己的差距在哪里？榜样的力量是无穷的！许多大学生写信跟我说："我读的大学是普通大学，所以我不能像清华、北大的学生那么优秀。"懦弱的人总是把自己的不足怪罪于外部环境，为什么不试着从自己身上找原因呢？清华、北大也一样有庸才，外界因素固然重要，但是最重要的还是自己啊！

从小学到高中毕业，中国的学生基本上都是被老师和家长推着往前走，自己不用想得太多，在应试教育的体制下，考高分是唯一的目标。到了大学，就完全不一样了，不会天天有人在你身边唠叨着要好好学习，那么自己一定要转变态度，要去寻找自己的奋斗目标，然后为之努力，再努力……前途终将一片光明！

上了大学的人都想给自己找一个很好的定位，都想找到下一个目标……有的人知道自己在大学里想要什么，有的人不知道；有的人知道自己的优势、劣势在哪里，有的人不知道……这时候需要有经验的优秀者告诉他们：你们应该成为一个什么样的人，你们怎么样才能变得优秀，你们的出路在哪里。

大学生一定要记住：不管自己上的是什么大学，都不要奢求自己所读的大学怎么培养自己，而是要努力创造机会主动培养自己！只要走进大学校门，就要有这种主动把自己培养好的意识！大学生找到出路的秘诀只有一个，那就是在大学四年把自己培养成足够优秀的人！

本书所总结的，就是提高大学生核心竞争力的八大法则。

张宏杰

2009 年 3 月 16 日于北京

对于聪明的学生来说，成功的原因在于自己本身，而不是学校……其实热门与冷门是相对而言的，适合自己的就是“热门专业”，只有选择适合自己的专业，自己读起来才有兴趣，才能发挥自己的潜能，才能提高自己的核心竞争力……从个体的角度而言，大学是一个新的起点，四年的光阴能决定很多东西，高中时代的孰优孰劣已经不再重要。竞争，从大学毕业那天开始；竞争力的培养，从进入大学那天开始。

第一章
兴趣决定选择：大学或专业与内心渴望一致

大学有名校与非名校之分。按照中国的高考制度，基本上是考高分才可以上名校，达不到名校的录取分数线只能上普通大学。不管上的是名校还是非名校，在同一层次的大学里，还有合适与不合适之分！其实，很多中国高考生很难判定自己报考的大学是否真正适合自己，因为存在严重的信息不对称，就是说中学生对大学的具体情况了解太少。他们即使想了解，渠道也很少，很多人了解到的只是一些皮毛。很多人上大学之前把大学想象得很美好，到了大学发现不是那么回事。专业也一样，由于不了解，造成不适应，不喜欢，这就导致大学生活过得很痛苦。

前人的经验很重要，可以告诉后面的人怎么选择自己的大学与专业。

几乎所有的中国父母都想把自己的孩子送到名牌大学去读书，甚至付出昂贵的代价，让自己的孩子接受最好的教育，期望孩子能够成才！研究者发现，名校毕业生的确比普通大学毕业生的收入更高，前途更好。很多学生有“非名校不读”的情结，用人单位也信奉“只录取名校毕业生”的信条，似乎每个人都认为，高考是决定命运的时刻，名校录取通知书好像是通向成功未来的保票。

读名校与否，是否影响一个人的成功？普林斯顿大学经济学家克鲁格和安德鲁·梅隆基金会的戴尔研究了“读名校与否，不妨碍优秀的人成功”的课题，将1976年入读美国常青藤联盟大学等名校的学生和同年入读名气稍逊的学校Tulane的学生做了比较。他们发现，到1995年为止，耶鲁大学毕业生的年收入比Tulane大学的毕业生高30%，这似乎印证了“入读名校会为人生铺平道路”、“入读名校对未来成功极其重要”。但是，研究者发现，之所以有这样的区别，可能是因为能够入读耶鲁大学的学生原本就比入读Tulane大学的学生聪明，而且更加勤奋。克鲁格和戴尔研究了另外的人群，这些学生当年被常青藤联盟大学或其他名校录取，但是他们自愿选择到名气稍差或中等的大学去读书。调查结果显示，时隔20年，他们的平均收入和入读哈佛、耶鲁等顶尖名校的学生相差无几。克鲁格和戴尔发现，那些当年足够优秀能被名校录取的聪明学生，无论是选择入读名校还是入读普通大学，多年后他们的收入几乎没有什么差别。

对于聪明的学生来说，成功的原因在于自己本身，而不是学校。

如果高考分数很高，上名校当然没问题。但是中国的非名校更多，究竟上哪一些？这是需要好好研究的，只有在充分掌握信息的条件下才能做出正确的选择。很多大学有自己的特点，有自己独特的校园文化。

有一类学生凭自己的高考分数可以上名牌大学的冷门专业，或者上一般大学的热门专业，那么要如何做出选择呢？其实热门与冷门是相对而言的，适合自己的就是“热门专业”，只有选择适合自己的专业，自己读起来才有兴趣，才能发挥自己的潜能，才能提高自己的核心竞争力！

如果自己的高考分数不是很高，只能上非名校，那么也要好好分析自己的兴趣与长处在哪里，上普通大学也可以把自己培养得很优秀。一个人不怕自己的起点低，重要的是要有进取心，要有正确的人生观和价值观。从个体的角度而言，大学是一个新的起点，四年的光阴能决定很多东西，高中时代孰优孰劣已经不再重要。竞争，从大学毕业那天开始；竞争力的培养，从进入大学那天开始。

一、在梦想的驱动下选择专业

◎**陆彦**："清华的学生有一个共性：即使这件事情我不喜欢，但是也会把它做好，因为这件事情交给我了……我在清华的每一天，以及此后的20年里，我要做好每一件事情。"

◎**刘宇欣**："永远在一个城市生活，接触的都是同样的一批人，视角会比较狭窄，所以我一咬牙一跺脚就来复旦了。"

上大学之前，很多人有自己的梦想，憧憬着美好的未来……

陆彦是清华大学经济管理学院金融系大三学生，浙江宁波人。在他从初中保送到高中的第一天，班主任给他们每个人发了一个信封，然后说："你们把三年之后希望去的学校写下来，我把你们的纸条装在这个信封里，等你们三年后高考完，我们来看看谁先实现了自己的梦想。"当时陆彦毫不犹豫地在一张纸条上写下"清华大学"四个字，然后装进信封里。这个信封在班主任的办公室抽屉里一直躺了三年。

高中三年，陆彦始终非常刻苦非常努力，每次考试他的成绩基本上都是排在年级前三名。此外，他还参加了生物竞赛，获得了全国一等奖，还获得化学竞赛全国二等奖、数学竞赛全国二等奖、物理竞赛全国三等奖。

在高三的上半学期，也就是12月，复旦大学生物系给他发来一个免试录取通知，并且说可以奖励三年全额奖学金；同时，清华也给他发来邀请函，希望他选择清华，可以任意挑选专业。他和父母商量后，最后决定选择清华。

当时他是12月拿到清华的邀请函，在1月2日就必须给清华答复专业志愿，他的专业志愿是这样排列的：第一专业是经济，第二专业是生物，第三专业是医学，第四专业是建筑，第五专业是会计……结果他被第一志愿录取了，来到了清华经管学院。

高中三年，他的生活也许并不精彩，就是每天做好当天的事情，但是他心里一直想着那个信封，想着三年后自己要去清华。三年之后，他终于实现了这个梦想。

陆彦为什么选择经管学院呢？

在高二的时候，他读过一本书叫做《看不见的心》，是一本写经济学的小说，其中有三个故事打动了他。第一个故事是讲开心果屋。故事说：假如在你生日的那一天，我送给你像清华校内的清青餐厅那么大的一间屋子的开心果，开心果的数量有几万个，甚至几百万个，这些都可以免费让你吃，但是有一个条件，你每吃完一个开心果，都要把开心果的果壳放回去。你可能会很高兴，因为你免费拿到了这么多的开心果，但是你吃得越多，放回去的壳也越来越多，这些壳和开心果混在一起，你就会发现，你要寻找一颗新的还没剥壳的开心果的成本越来越高。这是一种思维方式，经济学就是一种思维方式，它让你看到——想取得任何东西都是有成本的。这就是陆彦从这个故事中受到的启发。

第二个故事讲的是英国贩卖黑奴。在17到18世纪，英国人把黑奴贩卖到澳大利亚，这是一个关于制度的问题。它的制度是这样的：一个船长能够把多少奴隶送到澳大利亚，他就能拿到多少现金。但是很多船长为了得到更多的钱，宁可把药品和食物囤积起来，不给奴隶吃，因为到了澳大利亚可以把药品和食物拿去卖钱，这样他就可以赚到更多的钱，所以黑奴在旅途中的死亡率很高。结果，英国政府想了一个办法，他们不再按出发时的黑奴人数给钱，而是按到达澳大利亚的黑奴人数给钱。这个故事给我们的启示是：经济学是研究和设计一个制度让这个社会更加流畅地运行起来。这是经济学给陆彦的第二个感觉，读到这里的时候，陆彦就已经觉得经济学非常迷人了。

第三个故事讲的是大象为什么会濒临灭绝而鸡不会濒临灭绝。故事里讲到，因为鸡是私有的，而大象是公有的。故事里举了一个例子：津巴布韦的大象是私有的，猎人去杀大象的时候是要付钱的，这样下来，其他非洲国家的大象数量在下降，而只有津巴布韦的大象数量在稳步上升。经济学家思考这个问题，然后就讨论出了所有制的问题。

这三个故事给陆彦留下的印象特别深，所以到最后考大学时他毫不犹豫地选择了经济学专业。

像陆彦在高中的时候就能够通过看书悟出这么多的道理挺难得的，很多人可能只是去读一些有关考试的书，最后在选择专业的时候懵懵懂懂，他们以后可能会走一些弯路。

进入清华后，经管学院在前两年开的是平台课，前两年并没有分专业，后来陆彦为什么会在分专业的时候选择了金融呢？金融和经济是差别很大的两个专业，实际上他最初报志愿的时候并没有报金融。

陆彦读了一些书，听了一些讲座，再跟很多人交流，他发现经济学家虽然有很多关于经济领域的感悟，但是他们没法将这些想法付诸实践，他们只能去呼喊，去呼吁那些执政者按照他们的想法去做一些事情，而很多时候经济学家是怀才不遇。

他曾经的梦想是为中国的历史发展做一些贡献，这一理想过于宏大，他要将之变得更具体，更实际，更有操作性，所以，他细化了自己的理想——为中国的金融股票债券资本市场的成熟做一些贡献。因为中国的资本市场与欧美那些国家的成熟资本市场相比，还有很大的差距。他说："如果我能够为这个资本市场做一些事情，那么比我当一个经济学家提出一些更好的理论更有价值。"

从那以后陆彦就有意识地往这方面发展，也读了很多关于资本市场的书，跟一些比较关注资本市场的人交流，到最后他选择了金融专业。他现在所做的一些事情都是为了将来能够实现自己的梦想，他希望经过20年的准备，在40岁的时候，能够实现这个梦想，能够为中国的资本市场做一些贡献。

陆彦坦言："可以说这就是我的人生目标了，大方向不会再改变。现在我就是要把每天的事情做好，因为清华的学生有一个共性：即使这件事情我不喜欢，但是也会把它做好，因为这件事情交给我了。我也是一样，我在清华的每一天，以及此后的20年里，我要做好每一件事情。"

清华学生对"清华牛人"的定义是：什么叫"清华牛人"？就是能够把自己不喜欢的事情做到最好。

金融和经济是不一样的，经济学更加偏重理论，而金融学更加务实一些。其实陆彦也很喜欢经济学，他觉得读一个专业并不能决定你以后所走的路，很多专业和以后做的事情不一定等同。

现在很多大学允许学生转专业，这就为很多不喜欢自己所读专业的学生提供了机会；或者让学生辅修另一个专业，有的学生不喜欢自己的专业，有的学生想学得更多一些，两者都可以再读一个专业。

刘宇欣是复旦大学国际关系与公共事务学院的大四学生，念行政管理专业，2002年入学。刘宇欣是个典型的北京女孩，特别能说。她是北京人，刚到复旦报到的时候大家都很吃惊，都问她为什么要来复旦而不去北大或者清华。刘宇欣有自己的考虑：北京只有两所学校她想上，一所是北大，另一所是清华，她偏爱文科，所以肯定不会去清华，那就是去北大了。在高中时她有一个免试直升的机会，可以被推荐去北大，不过去的是新开的影视编导专业，她觉得新开的不一定很好，所以心里不踏实。

后来她想，人在外地会成长得更快一点，永远在一个城市生活，接触的都是同样的一批人，视角会比较狭窄，所以一咬牙一跺脚就来复旦了。

刘宇欣一直很喜欢新闻，一方面是受了家里人的影响，家里有人在新华社工作，也有人在中央电视台工作；另一方面，小时候看了很多杂书，看了一些外国记者的传记，也看了中国战地记者唐师曾的传记，刘宇欣非常欣赏他，所以她也想做记者。

但是考大学的时候，刘宇欣一直认为新闻无学。新闻无学的意思是：新闻的很多东西并不是通过课堂上学来的，而是需要在其他知识的基础上厚积薄发。当时刘宇欣又想做社会政治方面的新闻，所以想学政治方面的专业。她本来报了两个专业，第一个是国际政治，第二个是行政管理，后来她考上的是行政管理专业。

复旦的学制比较灵活，可以辅修新闻，刘宇欣辅修的第二专业是新闻学，所以相当于学了两个专业。行政管理这个学科给了她关于中西方的政治体制、政治历程、社会问题等很学术化的非常严谨的知识构建，这对她以后做新闻或者思考问题时会有很大的帮助。这是她区别于其他单纯学新闻的人的一个优势。这也是为什么学经济出身的人可以做更好的金融记者的原因，而只学新闻的人很难做最好的金融记者。

二、因为喜欢，所以追逐不放

◎**李佳佳**：“即使我是读理工科的，跟新闻这个专业毫不相关，即使大家都说太难了，我也要去尝试。”

有人说，上大学是一个人走向成熟的过程，也是发现自我的过程。在中学时代喜欢的东西，并不代表上了大学后依然喜欢，这就意味着在大学要重新审视自己，要调整自己奋斗的专业方向。

李佳佳是复旦大学新闻学院三年级研究生，念广播电视新闻学专业。她的本科是在广州中山大学念的，毕业后考进复旦读研究生。李佳佳在好多方面都很优秀，除了做社会工作以外，她还经常在学校的一些大型活动中做主持人。

李佳佳非常喜欢新闻，喜欢电视这个行业。她很喜欢表达，而且喜欢在很多人面前说话，喜欢用自己的语言去感染别人。如果只有几个人的话，她可能很少说话；但是如果有很多人，她就会表达得特别好，特别顺畅。

她高中上的是全省最好的高中，在那所学校，学习成绩好的人特别多，高考压力特别大。上高一那年，她去考市电视台一个中学生栏目的主持人，当时有几百人报考，而她的分数是最高的，被录取了，在市电视台做了一年的主持人。那个时候因为做主持人，她在学习方面不是很用心，有人会说她做电视就是不务正业，但是她很喜欢。

她所在的学校很重视数理化竞赛，很重视升学率，重理轻文，所以分科时她选择了理科，那时候她觉得文科是成绩太差读不了理科的学生才去读的。她喜欢电视，但是没法在高考时报考跟新闻相关的专业。那个时候她非常想读中国人民大学的新闻学院，后来，她参加物理竞赛，成绩也很好，得到了保送上中山大学的机会。

她可以挑专业，当时中山大学没有新闻系，她对专业又没有什么概念，就问父母怎么选，父母说读理工科最好的还是计算机专业，所以她就选了这个专业，没有太多自己的想法。

到了中大后，她发现自己最喜欢的还是做主持人。刚入学没多久她就去参加了一个新生演讲比赛，拿了第一名，后来开始代表中大参加各种各样的演讲比赛、主持人大赛，拿了很多奖。在大一期末，还不到19岁，她去参加广东高校的金话筒比赛，拿了第一名。当时也有很多大三大四的学生以及研究生参加，所以那次拿了第一名对她的鼓励很大，她发现自己最喜欢的还是新闻传播，是电视，是做主持人，虽然自己很辛苦地读着计算机专业。那以后中大很多晚会都是她主持的。

她考研一个最直接的原因是她真的很喜欢电视这个行业，如果让自己毕业后去做技术类的工作，比如说当计算机程序员，或者去企业工作，可能可以赚很多钱，尤其是在广州或者深圳，但这不是她想要的生活。她觉得自己还很年轻，应该为自己的理想去奋斗。

她本科的成绩很好，如果要读自己本专业的研究生，免试直升是有可能的。她想做电视，但是因为有专业的壁垒，所以本科毕业很难进入这一行，就算进去了也很难做自己想要做的事情。于是她想到了读这个专业的研究生，让自己在这个行业也是科班出身。

于是她决定在中国人民大学、北京大学、中国传媒大学或者复旦大学之间选择。她觉得北京是一个攀关系、政治化气息很浓的城市，不太适合自己，才决定向上海的复旦大学努力。

当时她想的是——要考就要考最好的学校，因为没有参加过高考，觉得很遗憾，所以应该考一所自己最喜欢的学校和一个最喜欢的专业，于是决定考复旦的新闻学院。她做这个决定时，老师、辅导员、父母、周围的同学以及男朋友都反对，因为他们都觉得这不可能，她这样做是跨校、跨专业、跨地区，而且她在上海没有任何亲戚朋友，谁也不认识。

她觉得自己能考上，但是所有人都不相信，有人说："如果你只是想拿个文凭、拿个学位的话，其实留在中大读本专业的研究生是最安稳的，也会很轻松。"但是她说："我18岁那年刚到广州时也对这个城市很陌生，没有亲戚没有朋友，我相信我到上海也可以这样重新开始。"

李佳佳跟我说："就是因为这样一个很简单的想法：因为喜欢，所以我要尝试。即使我是读理工科的，跟新闻这个专业毫不相关，即使大家都说太难了，我也要去尝试。每年全国都有一千多人报考复旦新闻的研究生，但只招二三十人。我觉得没有必要去想这些，自己好好复习就可以了，后来我顺利考进了复旦。"

李佳佳在复旦收获很多，非常出色，当上了复旦大学研究生学生会主席，还被评为上海市"优秀学生干部"标兵。

三、选择：专业是前提，学校是基础

◎**黄静静**："分数决定了我选择的空间，如果报北大的话，我的选择几乎为零，一切都要服从北大的安排。但是去清华就不一样了，选择的空间比较大，这样我所喜欢的专业应该不会落网。"

◎**李强**："清华不是创造激情的地方，而是锻炼人的地方，它给人的那种锻炼和渗透是潜移默化的，并不像北大对人的冲击非常剧烈。"

能够上清华、北大的学生毕竟是少数，但是很多学生跟这些少数派一样面临选择，上什么类型的综合性大学？是偏理工科的还是偏文科的？校园环境对一个人的成长会有很大的影响，毕竟有四年的大学时间要在这里度过。

黄静静是清华大学公共管理学院一年级研究生，2001年考入清华大学外语系，本科毕业后推荐直读研究生。对黄静静而言，高考的时候选择清华是一个意外，当时她在学校的成绩一直都很好，成绩略偏理科，但她读的是文科班。校长对她寄予厚望，相信她能考取数一数二的名牌大学，所以让她考清华。

高考成绩出来后，黄静静感觉很理想，按照当时的成绩分析，去清华或北大肯定没问题，她要在清华和北大之间做出一个选择。北大几乎是所有文科生梦寐以求的地方，当时她对北大的兴趣更浓一些，不少朋友也建议她去北大。她犹豫了很长一段时间，也考虑了许多因素。毕竟从小到大，清华是许许多多学生魂牵梦绕的地方，父母从小就给她灌输这个思想——要好好学习，将来考上中国第一学府；另一方面，清华是以理工科为主的大学，比文科院校对她更有吸引力，而且清华当时正在鼓励发展文科，这样会让你产生一种与清华共成长的感觉。还有一个很现实的情况，如果她去北大，分数刚好过了底线，北大文科的专业很多，她能考上的专业未必是自己希望读的理想专业，她很怕去读什么历史或考古专业。分数决定了她选择的空间，如果报北大的话，她的选择几乎为零，一切都要服从北大的安排，但是去清华就不一样了，选择的空间比较大，这样她喜欢的专业应该不会落网。

黄静静还专门咨询了一些了解清华、北大的人，他们告诉黄静静："如果你去北大，专业选择不理想，几乎就没有再选择其他系的可能；而清华就不一样了，如果你感觉专业不理想，第二年可以转专业。"经过再三考虑，黄静静决定报考清华。

学校定下来后，接着就是考虑报专业。当时清华文科在山东省的招生面很窄，一个是中文，另一个是外语（包括英语和日语），还有新闻、法律和经管学院的会计，一共就这么几个。当时黄静静首先把会计排除掉，会计的专业要求很高，而她对这方面的兴趣有限；法律是当时最大的热门，除了她之外，家里人都一致通过，不少老师也劝她选择这个专业，他们认为学习这门专业，无论以后从事什么样的职业，至少会有一定的法律基础，走上社会的时候能够吃得开。在全家人的压力下，她最后无奈地选择了法律系作为第一志愿。

对她个人而言，还是想上外语系，因为从上初中以来她的外语成绩在他们胜利油田地区都是名列前茅的，以自己的优势去学习，她会更加有自信，所以在第二志愿的选择上她填报了外语系。也许是命运的机缘巧合，恰恰当时山东省填报法律的学生太多了，这样她就被挤到了自己一直想要上的外语系。

来清华的时候她很开心，因为终于可以读自己喜欢的专业了。清华外语系属于人文学院，而人文学院刚刚成立没多久，是一个可以让你跟她一起成长的地方，当时新闻系还没有分出去，他们那一届总共招了不到100人。黄静静说："不管是刚开学的时候领导讲话，还是平时辅导员给我们讲话，都勉励我们一定要勤于学习，把清华打造成世界名校。当时给我的感觉就是大家同舟共济，一起打拼清华的宏伟蓝图。所以我还是很幸运的，最终能够如愿以偿!"

我问黄静静："你体验到的清华和你想象中的清华有什么不同?"黄静静说——

当时来清华印象特别深的是：父母陪我来清华报到，一切都打点好，他们就要回去了，我把他们送到校门，完后我一个人往回走，走的是二校门的主干道，距离寝室还有一段路程。我感觉周围的树怎么这么高啊！我从来没见过这么高的白杨树，以前只有在书中才能领略到的画面竟然浮现在眼前。我家在黄河三角洲地带，被称为盐碱地，虽然绿化很好，但是看不到很高的树。清华的树不但高大挺拔，还蕴涵着人文气息，这种气息你用心能够感受到它的存在。当时心里特别澎湃，有一种说不出来的兴奋。风轻轻地吹，阳光稀稀疏疏地洒落在身上，似水的年华得以释放，人生至此，夫复何求？真的，感觉自己仿佛生活在梦境当中，这种说不出来的感觉让我终生难以忘怀。

后来接触了一些人，一些事，总体感觉清华和我预想的差不多，就是一个可以让我成长的地方，一个可以让我锻炼的地方，一个可以让我放飞梦想的地方，一个可以让我结识很多人和接触很多新鲜事物的地方。总的来说，清华比我预想的还要完美和诱人。

能够上自己喜欢的大学与专业无疑是幸运的，但是，现实当中有很多学生未能如愿以偿，对他们来说，走进大学校门就是痛苦的开始。

李强（化名）是清华大学化学系大四学生，内蒙古人。小时候李强最初的梦想是上北大，因为那时候他是一个比较偏文科的学生。在高中分班时他们班发生了一件让所有人都感到非常震惊的事情，就是他这个偏文科的学生在最后分班的时候选择的是理科。老师经常找他谈话，问他："你非常适合读文科，为什么选了理科呢?"当时他们学校在理科方面的教学比较优秀，而文科的教学质量比较差。那时候李强的梦想是要读北大的金融系或者经管方面的专业，如果学文科，这个梦想基本上是不可能实现的，因为他不敢保证上文科能考高分。他想通过上理科达到目的，所以选择读理科。

不幸的是，第一年高考他失利了，当时他的成绩也可以上复旦大学。但那时候他心高气傲，只报了"北京大学"这么一个志愿，其他学校都没有报，后来他只能留下来复读。

第二次参加高考，成绩出来后他是当地的状元，他还是一如既往地奔着北大去，但是他们学校有一条不成文的规则，就是每年都要保证至少有一名同学上清华，那一年恰好只有他的成绩够上清华。他们是考后报志愿，成绩出来后，那天李强去学校报志愿，临出家门时跟父母说："如果没有什么特殊情况，我就报北大的金融专业了。"当时父母并没有说什么。李强的母亲是东北师范大学毕业的，学的是数学，一直做老师，她非常希望李强读工科方面的专业，当时她的说法是：学好数理化，走遍天下都不怕。这是他们那个年代的人的想法，她对北大和文科有一定的偏见。

李强报完志愿后，校长和班主任都非常生气，班主任跟在他后面说："你一定要把志愿改成清华!"李强说："你们不用跟我商量了，打死我我也不会去清华。"后来校长和班主任给李强的母亲打电话，他们都是做教育的，关系非常好。李强的母亲来了之后，他们商量了一下，就擅自把李强的志愿给改了，把"北京大学"改成了"清华大学"。

李强说自己是莫名其妙上清华的，我问李强："能跟我谈谈你在清华读书的表现吗?"李强说——

以我当时的成绩在北大是可以进金融系的，当年北大在我们那里的招生分数并不是很高，我的高考成绩又比较高，所以基本上可以在北大的院系里随便选。进清华应该也是这个样子，但是为什么我会进化学系呢？因为在改我的志愿的时候，清华的招生工作已经进入尾声了，是一个投档的老师在进行这项工作。他们是靠远程电话的方式来改投档志愿，当时各院系已经录取得差不多了，在清华这边只能进剩下的那几个系。之前我参加过生物竞赛，成绩也挺好的，所以综合各个方面的考虑，他们就把我的专业调剂到了化学系。其实当时我改的志愿里没有一个是化学，所以我刚进来的时候感觉很不好。清华确实是一个非常好的学校，是很多人的梦想，但是她不是我的梦想，所以当时我心里非常矛盾。这本该是一件很值得庆祝的事情，但我完全高兴不起来，我是带着这种失落的心情来到了清华。

进清华的头半年我一直在闹情绪，希望能退学回去重新考北大，继续我的梦想去学金融，因为我觉得自己有这个能力，肯定能做到，但是老师和家长都不会同意。怎么办呢？我就想了个办法：干脆不学习，把成绩搞得非常糟。我想如果我把成绩搞得非常糟，学校把我劝退了，那么家里人也没有办法，那时候我就可以回高中去继续努力考北大。当时我抱着这个想法，一定要让学校勒令我退学，所以大一第一学期我的成绩非常糟糕，还有一门课不及格，其他课也非常差，已经接近勒令退学的边缘了。

当时我们的班主任和辅导员非常负责，他们找我谈了好几次话，跟我说："实际上你的梦想是很早就确立的，你现在还有很多机会去实现自己的梦想，并不是现在来清华了就不能再去北大，或者是现在读了化学以后就要一辈子做化学而不能做跟金融相关的事情，你首先要转变这个观点。另外，你对金融只是一个片面的了解或者想法，你认为自己很适合或者很感兴趣，但是你还没有去学，所以完全不知道适不适合你。化学是你在完全抵触的情绪下进行学习的，或许当你真正融入进去了，你会有兴趣学习，情况会慢慢地好起来。"

我觉得他们说得很有道理，而且在那段时间里他们确实给了我很大的帮助，我很感动，从那之后我就决定好好学习了，至少是尝试着去热爱这个学校，去热爱这个学科。慢慢地，整个人积极主动起来了，感觉就像是又回到了高中的时候，我的成绩也开始有所起色。

但问题是我原先的基础比较差，之前在化学方面接触的东西确实非常少，我承认自己对化学的敏锐度要比周围的同学差很多。我不知道老师们是怎么想的，至少我自己是这样认为的。我的成绩虽然在一点点提高，但毕竟大一那一年基础比较差，所以提高得并不是非常明显。当然，到了大三的时候，我的成绩也一直在提高，比如现在，我的成绩已经进到班里前面去了，但是到最后推研的时候会进行整体排名，我还是没有这个保送读研资格。

不过这一段时间让我觉得很幸运的是，我从事了大量的社会工作，在个人能力方面锻炼得非常好。我从大一下学期就加入了系里的学生科协，刚进那里的时候只是一个小干事。两个星期之后，他们觉得我的组织能力还不错，而且我的计算机学得也挺好的，就让我进了网络信息部，我还做到了网络信息部的部长。后来他们觉得我的能力更适合管理更多的人，去做一些协调的工作，所以我很快做了副主席，并且做了一年。

后来我认为有必要搞好自己的成绩，想把所有的社会工作都推掉，一心一意地学习。团委老师找我说："你的成绩还是不错的，要是一心只学习的话，科协的工作没有人能够接下来，你能不能既不耽误学习也把这边的工作做好？"我再三考虑后就留下来了，做了一年科协的正主席。在这一年里我做了很多工作，成绩也比较突出，学习也渐渐步入了正轨，一切就成为自己所要的那种非常快乐的生活了。

一年之后我又被推荐到校团委种子基金组，并且很快接手了那边赛事组的一个工作，负责管理全校各个院系各个赛事的运作和审批。这个暑假，我参加了社会实践，到郑州做了一个"起航"夏令营活动，把我想宣传的理念介绍给那边高三的学生。在这期间，我还参加了由复旦大学主办的第九届全国挑战杯。在挑战杯比赛里有一个多米诺骨牌大赛，当时学校要出一支代表队参加，我正好在做管理赛事方面的工作，工作比较特殊，所以老师们再三考虑之后决定由我做队长，带领大家一起出赛。当时我们队伍里有四名研究生，四名大四的学生，还有三名大三的学生。最后我们这个团队获得了第二名。

我问李强："来了你不想来的清华，读了几年下来，你觉得清华对你的成长有哪些帮助呢?"李强说："首先我要声明一点：我对清华是非常热爱的，是非常有感情的。当初我之所以想去北大，是因为我读了很多某些方面的书，觉得北大那个氛围和环境会更加适合我。但是当我真正走进清华校园，慢慢融入的时候我就发现，她的确对我有很大的影响。原来我的整个气质、整个思维是比较偏向于文科的，换一种说法，可能就是比较不切实际，比较浪漫，但是来到清华让我理智了很多。"

在清华，李强身边发生的事情很多，但是让他印象非常深刻的剧变性的事情很少。他觉得清华这个地方不是创造激情的地方，而是锻炼人的地方，她给人的那种锻炼和渗透是潜移默化的，并不像北大那样对人的冲击非常剧烈。清华不会把你推到风口浪尖，她给你更多的是一种很平稳的生活，但是她的整个氛围却在影响你，让你在慢慢地转变。

我问李强：“你刚进清华的时候是一种排斥的心理，你是怎样慢慢地融入这个大环境并找到自己的位置的?”李强说：“刚进来的时候应该算是一种排斥心理，对我来说，后来更多的是一种观念的转变，首先是我的班主任和辅导员跟我讲了很多话，讲了很多清华的背景和故事，比如陈寅恪、赵元任……就是当时的国学四大导师的事情，所以我觉得清华还是有很好的文化氛围和土壤的，并不是非要进入一个比较文科化的学校才能体验到这种校园文化，才能真正接触到这种比较自由的氛围。实际上这里面可能有另外一种形式的自由，我应该静下心来去体验和发现。我之所以能融入这个大环境，很重要的一点是我在清华交到了很多好朋友。”

对李强来说，读化学专业不是自己喜欢的，但是后来他从心理上接受了。班主任和辅导员常常跟他说：“你去学一门学科，或者你在一门学科上做研究，这是完全不同的概念，你在学的时候是完全被动的，但是做研究的时候你是主动的。当你是主动的时候，你可能就会对它产生兴趣。”李强觉得他们说得很对，在真正去研究它的时候，尤其是在进入实验室做一些 SRT 项目的时候，跟实验室的老师会有一些接触，自己也会亲手做一些东西，这时候他发现自己对它还是有兴趣的，并不是完全没有改变的余地。

毕业找工作的时候，李强参加一些公司的面试，他们问李强在清华的一些感受，他们觉得李强的经历比较奇怪，李强跟他们说自己的经历很坎坷，他们就在想：“一个清华大学的学生怎么会觉得自己的经历是坎坷的呢?”了解以后才知道，李强的坎坷并不是在生活上，而是在心理上。

李强说：“我的心理一直处于一种矛盾的状态之中，一方面我非常热爱它，另一方面我又不能完全接受它。我跟他们说，引用一本书的名字来说就是：在清华的这四年是‘痛并快乐着’。我的痛是没有追求到我真正的梦想去学经济或者金融或者偏文科的专业，但是让我快乐的是，我交到了很多好朋友，真正融入到了这个校园里，她的各方面对我的成长都有很大的影响。更多的是，在从事很多社会活动的时候我遇到了很多愉快的事情，这些经历让我觉得快乐。”

在清华本科毕业后，李强获得了在清华当两年老师后继续读研究生的机会，而且是换专业，到清华公共管理学院读区域经济方面的研究生，这个机会是他付出很大的心血争取到的，他非常满意。

然而，在清华读了四年自己不喜欢的专业，不能不说是一种遗憾。在中国，像李强这种遭遇的大学生很多，上大学之前不知道自己适合读什么专业，中学又没有这方面的辅导，学生的家长也不太懂，往往会因为无知或偏见对孩子进行错误的指导，这是很可怕的，也是很可悲的。

四、善于调整专业选择

◎**李萍**：“如果让我在一个好专业、差大学和一个差专业、好大学中做选择的话，我想自己还是会选择后者的，就是会选择一所名校，去感受她的氛围——我觉得这个比较重要。”

很多学生会遇到这种情况：因为高考分数的原因，进好大学只能读普通的专业或相对较差的专业，而进普通的大学可以读好专业。那么这个时候要怎么选择呢？有的人把大学的重要性放在第一位，而有的人把专业的重要性放在第一位。根据多年的经验，我认为，如果自己不是特别喜欢某个专业并准备为之奉献一生的话，还是以选择好大学为主，专业差一点没关系，因为好大学（大部分是综合性大学）的专业设置比较齐全，到了大学发现自己的专业不是很喜欢，还可以转专业或者辅修第二专业。

上大学还是要首选综合性大学，综合性大学有比较好的校园文化，能够帮助一个人更全面地成长。在综合性大学还可以结交不同专业的朋友，互相影响，可以学到更多的知识，而且在大学建立一个朋友圈，也有利于将来在社会上的发展。

李萍（化名）是复旦大学中文系的大四学生，念汉语言学专业，2001 年入学。她是上海人，平时周末回家。某天下午，我从复旦大学打车去徐家汇找她，她在一家星巴克咖啡馆等我，她说她喜欢星巴克。天气很冷，我在人流如潮的上海大街上寻找着那家星巴克，中间跟她打了好几次电话。见面后，李萍非常友善，脸上总是挂着甜蜜的微笑。

由于天气寒冷，大街上的行人源源不断地出入星巴克，里面很热闹，声音嘈杂。

当初我报考复旦的文科基地班，这是学校独立自主招生的，不用参加高考，我考上了。但国家的政策突然变了，对保送生的资格要求有所提升，这样我就没有办法直升复旦。于是学校采取了一种变通的办法，说你要参加高考，你可以报别的自己想上的系，如果那个系的分数线你达不到的话，这边文基班是肯定要你的，那我想有个垫底也不错呀，这样我进复旦基本上没问题。没想到参加高考完后我的分数真的没达到我想上的金融系的分数钱，那么我就进了文基班，有一种糊里糊涂进去的感觉。

说起来很有意思，文基班的好几个同学跟我的情况一样，都是把文基班当垫底的，高考后没达到自己想上的系的分数线。当时我们班报到的有10个人，学校觉得这个班的规模太小了，就从文史哲三个系的学生当中又选拔了一批学生送到文基班来。记得上第一节课的时候，老师在讲台上提一些文史哲的问题，我们原来文基班的同学不知道说什么东西才好，而那些从文史哲转过来的同学却讨论得非常激烈，就觉得他们上知天文下知地理，特别受打击，一方面自己不喜欢这个专业，另一方面自己又没什么竞争力。高中的时候自己一直是学校的佼佼者，到了这里你就觉得自己成了个垫底的角色，那个时候感觉非常不好，这是我上大学后第一次有了挫败感。

当初我最大的兴趣是在经济方面，到了大一下半学期，真的有一个转系机会，但是你想转读经济的话要求你要考高数，可我们文科生是没有学高数的呀。如果是现在的我，我会去拼一拼，我自学高数好了，或者去旁听学习，再去参加考试，但是当时觉得已经进了复旦够好的了，有一种安逸的心态，没有特别强的动力，明知道自己喜欢经济，但是也没强迫自己去自学一下或怎么样。我就以自己没有学过高数而高数考不了为借口，放弃了那次很好的转系机会。

这是我第一次可以转系的机会，但没有抓住，第二次机会是读第二专业，当时社会学、中文、新闻、经济、金融都可以选择作为第二专业，那我想机会又来了，我可以选择经济为第二专业嘛。后来我才发现，如果你要选修经济学作为你的第二专业的话，你必须修够8个学分的“高等数学”，我一下就傻了，我不可能在一个礼拜把8个学分的“高等数学”搞定，这就等于我错过了第二次机会。

可是我又不甘心安于现状，我学的是中文系，从比较功利的角度来看，以后就业成问题；从个人兴趣来说，我又不喜欢。这样我的大学生活没有色彩了，于是我再看了看什么专业可以辅修，我选了个新闻，现在新闻学是我的第二专业。读了新闻以后，感觉新闻比较好一点，也有过朝新闻媒体方向发展的念头，但是后来大三大四在一些新闻机构实习以后，发现那些地方并不适合我，不是说我有什么偏见，而是那些地方真的给我浮躁的感觉。

其实很遗憾的是，我的大学生活没有给我留下很深刻的印象。最近大家都面临毕业，同学之间聚会比较多，都面临一个转轨的问题，要走向社会，都比较怀旧。同学聚会的时候，我就跟他们说："我的大学生活挺失败的，如果让我以现在的心态回过头去重新过一遍大学生活的话，我不会那样过。"

如果让我重新过的话，我会更活跃一些，这也是我现在才明白的，你在一个学校上学不仅仅是学专业里的知识，其实你可以学到很多别的东西，包括为人处事，包括交到很多志同道合的朋友。你听课的时候，也不仅仅是听一些知识，有一些老师是很有人格魅力的，你会受到他人格魅力的感染，可我以前没想到这一点。

一个好的大学可以给我提供很多的资源，但我没有好好珍惜。当时我进复旦觉得专业不如意，然后就没有什么奋发向上的精神，很多东西轻易放弃了，没有去挖掘，这是蛮可惜的。

我有一些在普通高校上学的同学到复旦来，他们跟我说，你们这里的环境真的不一样，氛围是不一样的。如果让我在一个好专业、差大学和一个差专业、好大学中做选择的话，我想自己还是会选择后者的，就是会选择一所名校，去感受她的氛围——我觉得这个比较重要。其实对于专业知识，这四年的学习在你整个人生来看并不算什么，你以后还有很多的机会去汲取很多其他方面的知识，但这四年对你培养思维方式却非常重要，而一所名校可以为你这方面提供更好的条件，让你渐渐变得成熟起来。

当外面暮色渐浓的时候，我俩的谈话也接近了尾声。她的手机响了，她要赶去参加一位好友的生日聚会。从星巴克出来，我独自走在夜幕降临的大街上，看到行色匆匆而又不知道去哪里的人群，我有些茫然，心想：如果一个人等到大四才发觉自己的大学过得很失败，是不是意味着已经没有挽救的机会？后面的人应该从中得到启示。

五、学校的“个性”也是竞争力

◎**汤志斌**：“复旦文化是发散性的，复旦人的一个优点就是：考虑问题，你会从不同的方面去考虑。这也会带来一个缺点，复旦人太活了，流动性会很大，无论是思维上的流动性，还是地理位置上的流动性。……你从复旦毕业去找工作，复旦的文凭只能作为一个敲门砖，敲完门，你能进简历关，那你这个砖就扔掉了，进去后人家都不会看你的文凭。”

一所大学经过多年的积淀，便有了自己独特的文化，而建校时间越长的大学，校园文化越浓，身在其中的大学生越会受到潜移默化的影响。

汤志斌是复旦大学物理系三年级研究生，广东人，2000 年考入复旦大学物理系，大三结束后直接上研究生。一个冬天的夜晚，我在复旦大学附近的一家咖啡厅见到了汤志斌，他的个子很高，长相有明显的广东人特点。他马上就要毕业了，已经找到了一家很不错的单位，是外企，从他满面春风的神情中能看出来他对这份工作颇为满意。他说话的语速很快，虽然是理科生，但他的表达能力很强。

高考的时候，我报的是上海交大计算机系，我们班还有另外一个同学报的也是交大的计算机系，当年该系在广东只招两个学生。后来高考结束，分数出来了，我改报了复旦，因为分数还可以。当时错失了自己的第一志愿计算机系还是非常郁闷，但是当我进了物理系后，发现情况并没有我想象的那么差。俗话说：物理是万物之本，所有东西都是根据这个规则来定的。所以想一想，如果能够把这个搞懂的话，很多东西都可以在很高的层面共通。计算机是一门比较实用的科学，可能你毕业后会比较快赚到一些钱，但是从长远来说，还是培养一种思维方式比较重要，后来我就留在了物理系，没有转专业。

当时选择复旦选择物理系还是冲着它的名气，高中的时候比较盲目，以前看到复旦这个名字觉得很高深，形象也很高大，其实进来后觉得也不过如此。进入复旦后，所有人都处在同一个起跑线上了，我倒没有感觉到自己有多么优越，优越感都流失掉了，这里的人都非常优秀。中国名校的一个特点就是进去的时候非常难，但是出来的时候，你可以是牛人，也可以是烂人。所以我觉得在大学里，你真的要有所长进的话，还是看人，不是看学校。这是我读了几年本科后得到的一个认知。

到后来读了研究生，我才感觉到不一定是这样子，有了一个转变，比如说找实习、求职这样的一些事情，让我有一个思想上的转变。就是像复旦这样的在外人看起来比较high-level的一个学校，给你的不仅仅是一些学术上或者知识上的东西，同时，会有个“性格”给你，就是每个高校都会给你一个性格，给你一个脾气、一个德行。比如说交大人，我跟我的一些朋友或者上司、同事聊天，他们都会觉得交大人比较成熟、沉稳、踏实，这是一个优点，但是同时，这些优点也会转变成另外一个比较明显的缺点，就是他们的思维方式比较死，比较硬。

我之前实习过的公司的同事这样描述复旦：第一，玩在复旦；第二，小资，复旦的最大特点就是小资。为什么说玩在复旦？就是因为复旦的社团真的很多，我当时刚进复旦的时候，这里已经有大概九十多个社团了，每年还在涨，现在已经有一百多个。各种各样的社团可以让有各种各样的兴趣的学生去发展，所兼容的各种文化也就比较多，这也是复旦相比其他学校一个非常明显的优点。另外，小资并不是指什么小资产阶级的人群，而是指一种生活态度，无论你活得怎么郁闷、怎么忙或者怎么累，你都会觉得你所做的事情是非常充实的，你会从各种角度去欣赏你所过的这种生活。这是我所理解的小资。

对于复旦，从这样一个角度来看，它是一种多元的文化，在这里你可以接触到不一样的人，不同性格的人。复旦文化是发散性的，复旦人的一个优点就是：考虑问题，你会从不同的方面去考虑。这也会带来一个缺点，复旦人太活了，流动性会很大，无论是思维上的流动性，还是地理位置上的流动性。

比如最近我找工作，发现很多企业会很喜欢交大的学生，他们所学的知识比较扎实，而且没有经常想着要跳槽的心态，但是复旦人会让人感觉激进一点。复旦学生认为自己从复旦这样一个很高水平的学校出来，毕业后几年应该会有较大的发展，如果看不到这样一个前景的话，就会跳槽。很多企业就会避讳复旦人的这种性格。所以说很多学校的学生养成的性格是有好有坏的，这是我现在最大的一个感觉。

我问："复旦在你心中的位置究竟是怎样的？"

复旦是一个怎样的学校？这个我还真的想得不多。这么多年来，我已经看出了中国高校的一个共性，就是比较功利化，看所有的事情，不管是产业还是学生素质都比较功利，不会全面衡量和评判人或事。所以这样的学校，它只能从侧面影响一个人，只能从侧面给你一个推力，而不是从后面。往前走完全是靠自己，学校能给你的只是文化上的一些影响，你不能依靠学校的名声和学校所有的沉淀到达一个很高的层次。例如，你从复旦毕业去找工作，复旦的文凭只能作为一个敲门砖，敲完门，你能进简历关，那你这个砖就扔掉了，进去后人家不会看你的文凭，说你是复旦来的，我就应该对你怎样。学校只能给你一个环境上的侧面的熏陶，这在职业生涯里并不是太重要的因素，所以我会比较淡化这方面的东西。

我问："你从复旦出来，那么就有'复旦毕业生'的这样一个牌子，现在你对自己满意吗？"

有满意的地方，也有不满意的地方，我不能给出一个绝对的答案。总体上来说，如果有100分，我给自己打70分，比较中庸的一个分数。为什么会及格呢？最起码我找到了自己喜欢的东西。为什么要扣掉那么多分呢？是因为我感觉自己其实并不是那么喜欢这样一个学校，我是比较叛逆的学生。

我问："如果退一步说，你觉得哪个学校适合你？"汤志斌说："我还是不会选择中国的学校，如果说学校本身的话，我会选择国外的学校。"我又问："那在中国高校里，排名前十名的，不管是怎么排名，总是有几个名校的口碑比较好，在这些学校中，你觉得哪些学校适合你？"他说："还是复旦吧。"我问："不会选择去交大？不会选择去清华？"

因为我知道，在复旦我能找到我自己想要的东西，但是在其他的学校我不敢保证。清华跟北大、复旦和交大在不同的地域都有着相同的地位，有着可类比性。我不喜欢北京，在我高考之后，我的姨妈也跟我说，你如果不报考北京的大学，你肯定会后悔。我来到了上海，到现在我从来没有后悔过，我觉得自己能来上海是因为我运气好，我真的选择对了。因为我喜欢上海这样的环境，一个非常国际化、非常开放的环境。它可以包容很多东西，无论你是外地人还是本地人，无论你是学什么的、做什么的，在上海你都可以或多或少找到自己的位置，找到自己的机会。只要你肯做，总会有机会的。

而其他的地方不是这样的，像北京，政治色彩太浓了，没有一定的背景你很难爬上去；在上海的话，只要你有能力，总归可以做；像广州，学生受到的影响相对区域性，不是国际化的影响，所以广州这样的城市在规划上还比较保守，不像上海是完全发散式的。

当时我就想到上海来闯一下，看一下外面是怎样的，所以没有报考中山大学，因为中山大学我太熟悉了，我想见识一些不一样的东西，开阔一下眼界。那么说到上海，以我当时的成绩，就是考复旦和交大。交大偏向工科，思维比较理性，比较逻辑性，也是非常符合我上高中时一条线的思维，但是我不能再去助长这样一个趋势，让自己去走一个极端，而是往中间靠拢一些，吸收一些东西，包容性会更大。所以我会选择像复旦这样的一个环境，她是一所综合性大学，不是偏文或者偏理，而是两者都有，不同院系之间也会有相互的影响。你可以接触到许多文科的学生，你也可以学到文科的许多课程，无论是人文的东西还是理科的东西你都可以学到，这样的话，整个知识面就可以丰富起来，不是一个平面，而且你还可以往高处走，由两维变成三维。这样的一个环境，我觉得是比较适合我的发展的，所以我选择了复旦。虽然负面的影响也会有，但是综合各方面的因素来说，如果再次选择，我还是会选择复旦。

六、专业束缚个性：宁愿退学再考

◎汤宇虹：“大学的时候精力有限，前面太开阔了，你必须放弃一些东西，去做一些真正适合你或你喜欢的东西。……别人关注的是你的长处，而不是你是否和别人一样。……找工作的时候，用人单位除了要求你的成绩优秀外，其他的要求还是很多的。”

这么多年来，我收到很多大学生读者的来信，有不少人跟我诉苦说自己上了不该上的专业，又不能转专业，以致痛苦不堪，想退学回去重新参加高考。我先帮他们分析具体情况，建议他们不要轻易退学，除非万不得已，我自己就经历过因为专业不适而主动退学，不过万幸的是，我又上了更好的大学，读了自己想读的专业。现在想起来，过程是揪心的、复杂的，也是痛苦的，如果有一步走错了，那就全盘皆输。

汤宇虹是清华大学建筑学院建筑技术科学系大二学生，念建筑环境与设备工程专业。她是北京人，在2001年考入清华大学计算机系，大二结束后退学回去高中复读，2004年重新参加高考，再次考入清华大学。她的经历让我很吃惊，我在清华找到了她，想知道她的心路历程。

从小到大，考哪个学校并不是特别难以决定，因为在北京很好考，从小学到初中我是保送，从初中到高中我是保送，高中升大学的时候，如果实力够上清华，就不想去别的学校了，除非你想上别的学校。至于考计算机系，当时其实挺为难的，都不知道计算机系是干什么的，只知道与网络相关，小时候我对计算机挺感兴趣的，就报了计算机系。当时这么填了志愿，但没想过能考上，只是想着能进清华就可以了。当年我是超常发挥，就考到计算机系，挺幸运的。当年计算机专业还是挺热的，考进来后我非常高兴，但是后来发现大学生活不是我想象的那个样子。

当时感到身边牛人无数，像清华计算机系里好多学生都是奥赛金牌或者各省状元之类的，觉得比自己强的人怎么那么多！而且不光是学习，各方面比你强的人多的是，比如我喜欢打篮球，但是打篮球比我好的女生就挺多。在清华这个地方，你任何一个地方，都不可能显得很强，当时感觉很自卑，我觉得很多人进来都有这种感觉。虽然校园里学术氛围很浓，但是觉得很压抑。从校门进来的时候，就一下显得很安静，我觉得很别扭，因为在小学和中学我们热闹惯了。有一件事当时看了很有意思。主楼前面两个人骑车撞在一起，两个人谁也没说话，爬起来后各自推着车走了。我觉得一般情况的话，要么是骂两句，要么就互相问一声："没事吧?"

在清华里，大家的交流不是那么多，因为平时各自要学习，都不希望被打扰，慢慢就把自己封闭起来了。因为学分积在这儿，大家都瞒着一些事情，不想让别人知道，就算一个宿舍，可能也有隔阂，大家交流不是很多。

我在清华两个不同的宿舍住过。在计算机系紫荆公寓宿舍时，四个人各占一个角落，学习起来就是背对着背。刚进来的第一个学期，四个人都在学习，突然觉得很可怕，大家用着各自的应急灯，都不说一句话，静得连一根针掉下来都听得见声音。一个宿舍变成这样，真的很可怕，宿舍的格局也是造成这种情况的原因。

当时在计算机系的时候，好多人都跟我说，像我这种性格的人，其实不应该来清华，而是应该去北大。他们认为我的性格不适合清华这种环境，我的爱好非常多，比如运动、乐器、手工活等，在清华，感觉好像所有人都在学习，虽然社团很多，但是社团里的人还是典型的清华风格，感觉很压抑。如果想找一个人出去玩，你还得考虑他是不是要写作业。我对学习看得不是很重，但是外地学生将来想留在北京的话，肯定要比别人努力得多一些。

当时觉得在清华里像我这样的人太少了，想找一个人一起玩都很难。只有在“非典”的时候，大家在宿舍里一起打牌，或者去校园里放风筝，一起去打球，在草地上扔飞盘……我觉得这才是梦想中的大学生活。而其他学校，尤其是北航，常能看见一堆人抱着球在走，高高兴兴大声说话，在清华很少看见这样的情景。有一次我在校道上骑车，碰到一对清华情侣，他们搂着腰在走。我听到他们在说什么电子呀，在说学术问题……当时觉得表面上看到的跟听到的实在是太不一致了。

当年考计算机系，以为学的都是一些应用类的东西，但事实上理论性的东西很多，像纯数学、纯电路，就想是不是以后都是这个样子。看看其他的系，尤其是那些小系的，当初进来虽然分数低一些，但他们都过得很快乐。在计算机系是天天对着电脑，弄得自己掉头发，显得很憔悴，所以就怀疑这辈子自己一直这么搞下去到底值不值得。

我问：“后来你是怎么下定决心退学回去再考的呢？”

当时在大二下学期，我就已经想要退学了，等那个学期完了再退学。其实我向来是一个想到什么就去干什么的人，可能也因为是在北京，确实比其他地方好考多了。当时就想再考别的系，我不想学一些数学之类的纯理论的东西，而是想学一些实际应用的东西，学这些东西要好得多。我爸是工程师，搞设备的，我常帮他看一些预算图纸。我想自己喜欢的不是那种需要很深理论的但干起来又是很有意思、比较有成就感的东西。在清华，建筑比较特殊一点，当年想考建筑学专业。而且我在高中的时候比较喜欢画画，做一些模型之类的，觉得建筑系比较适合自己。

所以就退学了，再考建筑学。我爸我妈拿我没辙，但也会劝我。其实在我们系是有过这种先例——从计算机系退学再考别的系。当时很多同学都不知道我要退学，我只跟舍友，还有几个要好的同学说了。后来去办理退学的时候，那个老师还问我："你真要退啊？"因为他觉得很不可思议，我还是从计算机系退学的，当年好不容易才考进来的。退学之后我就到高中又复读了一年，然后又去参加高考。

我问："你做出这样的决定，你周围的人对你是什么看法？"

回到高中后，所有人都在问："你为什么要退学？"我就说那个专业我不喜欢，他们还是不明白，可能因为他们还没有经历过大学生活，他们就不会明白。他们以为还是像高中那样，老师要你学这些，你就要学这些。上初中或高中的学生对将来可能考虑得少一些，上大学后，看到周围的人都找工作，肯定会想到以后会怎么样。

因为北京不允许复读生插班，就是不能插到高三应届班，所以我未能回到原来的高中母校去。我报了实验中学的复读班，在那里上了一年。在那个班上，我的成绩也很好，比较有自信，不像在大二，不知道未来会是什么样的，很迷茫。高三复读的时候，写作业也很有积极性，不像上大学的时候就是觉得艰难，实在不行就抄别人的作业。

我们复读班每天只有半天上课，其他时间让你自己去学习，对我来说，这种时间安排跟我在大学里没什么区别。在大学里，早上我睡懒觉，然后下午起来活动，而现在去高三复读班，无非是把白天睡觉的时间用来上课了，剩下的时间该是多少还是多少。我知道很多大学生过得很颓废，年级越高的学生颓得越厉害。上大二的时候，我每次回到家，睡意朦胧，我妈就问我："你在大学里整天干吗？一回到家就这副样子！"当时我觉得干什么都没精神。

高三复读的时候，因为骑车到学校要40分钟，早上7点10分必须到校，所以每天五点半就起来，觉得精神状态特别好，不像在大学的时候一上课就犯困。我还奇怪，现在听高中老师讲课怎么一点都不犯困呢？这种情况我觉得可能跟周围环境有关。在大学上课没有人和你交流，老师自己讲自己的，周围同学自己听讲、睡觉或是干别的。上高中的时候一个班三十多人，是一个小班，一对一交流的机会比较多。老师一会儿叫这个同学站起来回答问题，一会儿叫那个同学站起来回答问题，那种感觉就是不一样。高中老师肯定讲得更为细致一点，大学上课的内容太多，一直在赶老师的进度，可能你这个还没听明白，他已经开始讲下一个了，听不懂就开始犯困了。高中老师会在一个地方强调很多遍，复读班第一节课是生物课，一个半小时下来，我记的笔记只有半页，当时觉得高中的课业强度比大学要轻多了。

后来我的高考分数跟第一次高考成绩一模一样，我爸去查分的时候，我妈就说是不是弄错了，以为那是上一次高考的分数。结果就是这个分数，跟上次一分不差，考的是643分，当年知道自己又考了643分时我特高兴。

复读时我报的第一志愿是清华建筑学院的建筑学专业，差两分未能考上，只能去读清华建筑学院的建筑设备专业。当时我心里很不舒服，因为之前我的模拟考试分数那么高，高考完了自己的成绩离清华的建筑学专业上线差两分，感觉是我的考试梯度做得不好，我退学就是冲着考建筑学去的。

再次进入清华后，直到现在我还一直在想着怎么转系，其实我们现在这个班好多人都在想这个问题。我们班一半以上的同学第一志愿报的是建筑学，最后进了属于同一个学院的建筑设备专业，说到建筑设备专业，刚进来时谁也不知道这个专业是干吗的。

我问："跟第一次相比，你第二次进清华感觉怎么样？"

跟第一次进清华相比，第二次进清华我感觉很无奈，因为我们刚进来时，做什么事都是跟建筑系的学生一起做的，他们的分数都很高，我们的分数低，在建筑学院，就感觉我们是低人一等。我们只有一个班，他们有三个班，就有点我们是建筑学院的附属品的感觉。这两年不知道怎么回事，建筑系的招生分数特别高，我考的那个分数在清华除了建筑系以外哪个专业都能上。当时就觉得很不舒服，而且有些人其实是瞧不起我们专业的，所以心里一直在想是不是要转系，我们班大部分人都想转系。

建筑系学生做的主要是房子外形、内部装饰以及让人们怎么住着方便一些，我们主要是负责怎么样让人们在里面住着更为舒服一些，比如说通风、采光等等。一个屋子如果只有空调，夏天虽然凉快了，但其实不舒服，觉得就是一个很憋闷的屋子，就要让它怎么样模拟自然风。当年“非典”的时候，我们专业学生做了一个项目，因为“非典”时医务人员要穿防护服，所以会很热，我们就在防护服里加一种材料，能让它自动降温，穿着也很舒服。所有人都自愿来参加这个试验，一帮人穿着这个防护服在屋子里跑来跑去，看怎么样能够舒服一些。

我们系有一个院士，世界上的奥林匹克场馆每年需要十几个专家进行评估，他就是这些专家之一。像北京那个鸟巢体育馆，当年设计的时候感觉很新颖，但是他们在计算的时候，发现体育馆里面的风是旋转着刮的，只能再去改它的结构。还有五棵松的那个篮球馆，计划要弄一个8000平方米的电视墙，这是一个法国的设计师设计的，设计起来将是世界上最大的一个电视墙，里面运动员在比赛的时候，外面可以现场直播，离得很远都看得见。其实这是抓住了中国人那种很喜欢争第一的心理，但是后来算下来，这个场馆建设要花20亿元，每年电视墙的维护费用要花8亿元，这是不符合可持续性发展战略的。后来才知道，原来法国有一家电视厂快要倒闭了，如果项目上马，就能救活这家电视厂，最后没有采纳这种设计。我们系研究的就是这些工作。在国外，我们跟建筑系是一家，你在设计的同时要考虑很多其他的东西，但这在中国是分开的，他们就是设计建筑，然后我们给他们一些建议，他们是不学这些东西的。

刚来的时候，学的都是基础课，基本上我都是学过的，所以很能适应。而周围同学都是跟我第一次刚进清华的时候一样压抑，感到要学的东西太多。大学不像中学，中学很多课都是安排好的。大学分得很细，但却有一股劲，想要多学一些东西，不舍得放弃任何的东西。去年我们班好多人都是去别的系听课，又选了很多很多课。当时我就说，在大学的时候精力有限，前面太开阔了，你必须放弃一些东西，去做一些真正适合你或你喜欢的东西。当年我刚进来的时候，就跟同学抄了一张别的系的课表，有想听的课就放上去，后来基本上没去听过。现在过了三年，看见周围的同学在做着跟我当年一样的事情，我就挺有感触的。

我问：“你在清华先是学了计算机专业，后来退学再考读了建筑设备专业，而你最想学的是建筑学专业，你现在找到自己的位置了么？”

我觉得是找到了，因为这一年多读下来我依然很开心，不像第一次进清华那样，老拿自己和别人去比，老觉得别人比你强，就在想自己是不是要变成他们那样的人呢。现在不是这样了，现在我觉得每个人都有他的优点，一定要发挥自己的长处，别人关注的是你的长处，而不是你是否和别人一样。而自己所追求的东西，就是找到自己真正喜欢的东西。我想要的就是将来找一份普通的工作，不一定非要出人头地，只要自己开心，能和朋友、家人在一起就可以了。

我问："作为一个清华学生，你对自己的要求高么?"

汤宇虹说："有些人可能一直在要求自己的成绩要怎么怎么样，但我对自己的要求是：我做什么事情，一定要做得非常认真，尽自己一切努力去做。像他们在关注学习的时候可能会忽略一些其他的东西，如果四年只是这么一味学下去，那么在大学到底读到了什么？仅仅是那些知识、有很高的成绩，然后找到一份好工作吗？其实，找工作的时候，用人单位除了要求你的成绩优秀外，其他的要求还是很多的。如果我按照自己的方式生活，自己的一些才能能够显露出来，这样就已经很好了。"

我说："你第一次上清华读了两年的时间，然后回去复读考上清华，这样你比同年级的清华学生多花了三年时间，你花了三年的时间去做一些调整。你是怎么看待你花去的这三年时间?"

汤宇虹回答："我在想，如果我当年不退学回去复读，现在又会是什么样子呢？现在我就已经毕业了，可能随便找一份工作。当时我是肯定不会再继续读下去的，混过来四年，然后随便找一份工作，是不是自己想要的那种生活还不知道，就等于自己的生活已经定型了，那样的话，时间越久就越难再改变。我用三年的时间找到了一条自己想要走的路，将来的生活我是可以想象的，付出这三年时间是值得的。而且现在在我们班，他们并没有把我当成比他们高几届的人来看。我们班的感情非常好，大家就像一家人一样，你想找谁帮忙的话，你找谁都一样。"

我问："你花了三年的时间，现在读的不是原来想读的建筑学专业，对于专业你是不是想就这样将就了?"

对于专业不再是将就，而是感到自己非常幸运地读了这个专业。如果非要以将来的职业来比较的话，我们一个老师说过，以年薪来衡量某个专业在这个社会上的重要程度，在美国，读法律毕业后年薪是十万美金，读建筑学毕业后年薪是三万美金，读我们这个专业毕业后是六七万美金。高考时，建筑学专业的分数要比我们专业高，我们是擦边进来的，但是以后出去工作我们要比他们好得多。在中国来说，那种比较实用的专业比较好就业，建筑这种职业要想在中国做出名堂来比较难，混事就比较容易。所以一年半读下来，我们班几乎所有人都觉得这个专业非常好。大一的时候，读建筑学的学生不知道我们在干什么，他们会有些看不起我们。辅导员说到了高年级，他们会非常羡慕我们，因为将来就业前景很好。

我给我爸看图纸，其实做的就是设备方面的工作，比如消防栓之类。现在发现这个才是我想象中真正喜欢的东西，如果要过建筑系学生的生活，他们熬夜画一张图特别辛苦。像我宿舍一个同学，她转系转成了，去读建筑学，有时熬夜画了一张很漂亮的建筑图，却毫无理由地被老师毙掉了。我觉得自己还是比较喜欢工科，可能一直就是这种思维。

现在我觉得这个专业非常适合自己，其实，上大学后，找到一个自己真正喜欢的专业是很难的。这跟当初进计算机系一样，是莫名其妙进来的，但结果却完全不一样。现在如果说转系的话，我们班没有任何一个人愿意去转，进来之后觉得机会很难得，因为我们班在全国只招一个班。为什么不扩招？就是要保证从这个班走出去的都是精品。而建筑学专业在全国一百二十多所大学都有，重点学科也很多，比如说同济，很多学校的建筑专业都很好。

清华的节能楼盖起来以后，像我们这么一个小的系有两个系馆。那个节能楼在全国做了两个实验项目，一个在北京，一个在上海，节能楼就是我们系的人做的，它用的所有技术都是全世界最先进的。比如它通过光导纤维去进行室内采光，上面那个灯可以感知红外线，只要有人进来，灯就自己亮了，其他地方就不亮，这样可以节约电，而不是一进教室就把灯全打开了。

我问："你对自己现在的状态满意么?"

汤宇虹说："其实现在比当年还累，但是累得很开心，自己可以做一些自己喜欢做的事情，来调节一下自己的心情。学习累了，可以找同学出去打打球，不像当年学习很痛苦，学累了只能在宿舍看看动画片什么的。"

我问："为什么两次都选择了清华？第二次为什么不选择北大？是因为要考这里的建筑学吗？"

汤宇虹说："第二次选择考清华，是因为在清华呆久了。清华和北大这两个学校就是老觉得自己比对方好，在清华呆久了就觉得清华是最好的。说到建筑系，肯定只能是清华好了。北大人文气息重一点，显得很激进，甚至有些浮躁，在清华呆久了就不喜欢北大的风格。如果要搞研究的话，还是清华人比较踏实一些。北大学生人文方面的想法比较多，我在性格上更接近于北大人，但真去了我的想法可能会被淹没了。"

我问："除了学习、你平时还做什么事情？"

汤宇虹说："很多啊，比如在话剧队搞话剧，现在在建筑学院男棒球队当领队。因为我们班女生少，只有五个女生，好多比赛要确保有女生在场，我们女生就必须去。我在我们班那些技巧性的体育项目还是比较强的，要求有女生参加的话，基本上就是我上，所以要参加很多比赛。现在我当了班委，一直忙着做学生节的活动。现在跟宿舍的人聊得比较多了，不像大一的时候一个宿舍的人都不说话。"

我问："你觉得清华有哪些欠缺？"

汤宇虹说："我觉得清华欠缺的是人跟人之间的那种互相关怀，在学校呆久了，很多人都变得很自私。比如现在做学生节的时候，你想找谁帮忙，别人就说自己有很多事情，先拣着自己的事情来忙，缺乏一种集体的观念。因为都是各地考过来的，又都是各地的尖子，在学习上特别好的人，在其他方面会弱一些，比如人际交往。好多人因为一直在学校呆着，看不到社会上的一些东西，有些想法就显得有些幼稚。有些人你让他做研究可以，但是让他做社会工作，虽然以前在中学可能是什么学生会主席、宣传部长什么的，但看他的工作方式，其实还是一个外行。在有些问题处理上，他可能觉得工作就是工作，不会考虑别人的感受。我有一阵子去打工，看了管理方面和与人交往方面的书，回来再看他们，觉得有些同学还是很幼稚的。"

我问："你怎么看待清华女生这个群体呢？"

清华的很多女生在性格上很像男生，也可能因为自己是北京人，我的性格也比较像男生。清华的女生没有想象中那么难看，她们其实比较实在，不是特别会打扮。北大女生据传非常漂亮，她们非常会打扮，常常会互相攀比，而清华女生很多穿着很朴素，性格像男生，在大事上可能会处理得好一些。现在清华的女生也开始打扮起来了，因为爱美是女生的天性。像我们宿舍一个同学，是从农村来的，现在也逐渐开始打扮了，但是刚来的时候还是不如北大女生会打扮。

为什么说北大美女多而清华美女少呢？这跟两个学校女生的人口比例有很大的关系，比如说在北大觉得满眼皆是美女；而在清华，你可能走三个校道才能碰见十个女生，本来清华女生就少，碰见美女的概率就更低，就觉得清华美女少。比如在清华话剧队里，美女实在是太多了；舞蹈队就更不用说了，还有国标队，一个个身材都那么好。

我问："对未来的自己，你希望是一种什么样的状态？"

毕业后干什么？其实只要找到一份合适的工作就行了，而且跟专业有联系。但具体是什么样的，现在说不好，因为好多专业课还没有上，只是说有一个模糊的想法罢了。我可能比较擅长于做一些创新的工作，而不是去做那些技术性的工作，可能那些企划之类的工作更适合我，因为要想一些不一样的点子。

未来最好的状态肯定是有一份稳定的工作，家里也要和谐，因为我不是那种重事业不重家庭的人。其他人可能看不出来，我从初中的时候就开始织毛衣。前一阵我们班在做中秋节的活动时，我还给我们班做饭，做了八菜一汤，很南方的那种菜，不是一般的炒菜。别人看我整天玩玩闹闹的，不一定能看出我在家里呆得住。

七、专业塑造人的个性

◎**杨静怡**："广告系塑造了我的个性……考核过程需要有团队精神，需要你敢于在公众面前展示的能力，这样的一些训练，对我的个性的塑造有着非常大的影响：性格开朗了，思想更加成熟，可以静下来思考一些东西，而不是原来那样浮。"

上大学很重要的一方面是培养自己的思维能力，而读什么专业跟培养什么样的思维能力是息息相关的。比如学文科专业的学生平时的思维是发散性的，因为文科专业要求学生有想象力，富于联想，要有创意，不能被条条框框束缚住；而学理工科专业的学生平时的思维是收缩性的，要在什么理论或定理下去思考问题。选择什么专业最好从自己的兴趣出发，而读上自己感兴趣的专业可以更好地挖掘自己的潜力，塑造自己的个性。

杨静怡是复旦大学新闻学院广告学系大四学生，2002 年入学，深圳人。杨静怡在初二的时候就希望长大后从事广告事业，从那以后，她就上网，问同学，问老师，找资料……当时的清华大学没有广告系，北京大学和复旦大学都有，但是北京大学的广告系不招收理科生，杨静怡上高三的时候是理科生，因此她选择了复旦。另一方面，她算是半个上海人，她出生在上海，在四岁的时候去了深圳，她会说上海话，而且在上海也有许多亲戚，到上海这边来会有个照应，家长也比较放心。

进入复旦后她是怎么样融入复旦并且找到自己的位置的呢？她说——

学习广告专业，是我在初二做的决定。当时那个决定可能会不太成熟，当时只是怀着对广告的一腔热情，当时以为广告系要做的是创意或者很有激情的一些活动，你要做创意，做 idea，想一些很好玩的东西，用广告手法表现出来。但是当你真正进了广告系之后，你会发现，复旦的广告不是真正学创意的，不是学设计的，而是学市场营销，偏商业化和思维化的东西，而不是创意化和感性化的东西，是偏理性的。

我记得第一节课是余老师给我们上的广告学概论。余老师是一个很有腔调的男人，很有腔调的上海男人，他当时问我们："你们认为什么是广告？"让很多同学发言，很多人都觉得广告是一个需要创意、需要激情的行业。听了我们的发言后，余老师跟我们说："你们现在进来的广告系可能跟你们以前所想的做创意、做设计的广告系是不太一样的，我们所偏向的是市场营销，偏 Marketing 的东西，所以你们会在这里有一个预期与现实的差距，但是当你们读完了四年的时候，你们肯定会庆幸我们的广告系是偏重市场营销的，而非偏重广告设计的。市场营销是一个更加理性、更加战略性的方向，而如果只偏向于设计的话，那么以后职业的发展会比较低。"

第一次上课，老师给我们的作业是周末去逛街。我们女孩子听了非常高兴，心想太好了，原来逛街还是做作业。但是老师说："你们逛街不是去买东西，最好不要带钱包去，你们去感受，每一个不同的商店会有自己不同的定位，它会卖不同的东西，它会有不同的装修，它针对的人群也不同，你们先去很感性地感受一下这种氛围，先去感受这种差别，之后你们再去学习理性的东西，就会很方便地融会贯通。”

当时老师就给了我们一个很模糊的但是很大方向性的概念，让我们觉得广告还是蛮有意思的，它既是感性的同时又需要理性，理性的同时又需要有创意的感性的元素在里面，两方面要结合得很好。

到了大二，遇到了程老师，也就是我们的系主任。他是我到现在为止最敬佩的一位老师，整个复旦的广告系从1994年建系一直到现在都是他在带领，从最初的默默无闻一直做到现在，连续三年，我们的广告系在全国大学专业排名第一。程老师是一个很有激情的人，他今年已经56岁了，但是他跟我们在一起的时候，思想非常活跃，观念很新潮。他给我们上的课是“广告创意与策划”，他上课的时候就是有那种魔力，他能够完全抓住你的思维，完全抓住你的注意力，把你带进广告那个奇妙的世界，让你们每个人都觉得：对了，我就是要做广告！广告这个行业实在是太好了，太有魔力了！任何听过他的讲座的人都会被他吸引。当时我在学生会做事，会主办很多关于广告的讲座，我的朋友们听了程老师的讲座后就跟我说：“你太幸福了，我好想转到广告系去。”

在某种程度上来说，广告系塑造了我的个性，我们的考试都是做presentation，不是写卷子。我们一个学期做一个case，我们有一个小组，大家回去后互相讨论。学期末写一份策划书，然后选一个人上去做presentation，在大家面前展示，然后老师在现场给每个小组打分，最后出成绩。这样考核需要有团队精神，需要你敢于在公众面前展示的能力。另外还有一些课外活动，比如在学生会的锻炼，以上种种对我的个性的塑造有着非常大的影响，性格开朗了，思想更加成熟，可以静下来思考一些东西，而不是原来那样浮躁。

从专业塑造个性的角度来看，一个人上大学是很重要的，上大学不仅仅可以拿到用来找工作的文凭，其实最重要的是锻炼了自己某些方面的能力。

在大学里你自己决定成长的快慢……认清自我不是一件容易的事情，我们很难真正找到自我，也许我们会认为自己知道想要什么，但实际上我们只是做了流行观点的奴隶……准确认识自己，并明确一个未来的自己，这也是一种竞争力，而马上去做，去努力，你所具备的竞争力内核将更加强大。

第二章
认识自我：主动去做，并相信自己一定能做到

大学跟高中最大的不同是，在大学里你是自己去成长，而上高中时是老师和家长在帮助你成长。在大学里你自己决定成长的快慢，你自己要知道不成长是不行的。

进了大学，你会发现不同院系的学生，面临的道路是不一样的，每个人的选择很多，等到大家毕业时，不可能会有一个公司说："我要招收3000人，你们都过来吧，我按照专业给你们安排工作。"所以每个人要去找自己的出路，没有必要别人做什么事情我也一定要去做。其实上大学最重要的不是你真正学到了什么课本知识，而是你在进入社会之前的这些日子里，通过不断的尝试，知道将来自己适合做什么，不适合做什么。

有些人的确非常聪明，但性格上有些缺点，比如说优柔寡断、懦弱呀，这都会限制自己能力的发挥，所以在大学里不仅要培养专业知识，而且还要培养EQ之类。一个毕业于清华的学生说："我很感谢清华的一点是，她给了我很多自信，让我养成一些比较好的习惯，这个对我以后帮助很大。我觉得自信所产生的力量太大了，清华是一块培养自信的好土壤。有一种精英论的说法，很重要的一点就是这个人要有一种气质，而这种

气质来源于自信，来源于他的出身，来源于他受过很好的高等教育。为什么说清华、北大的学生跟别的学校的学生不一样呢？并不见得他们的技术水平比别人高出很多，关键是他们有一种与别人不一样的出身。如果一个人的自信度是100%而能力度是80%的话，那么可以发挥80%的能力；如果一个人的自信度只有60%而能力度是90%的话，那么只能发挥54%的能力。”

有的人可能一辈子都过去了还不知道自己真正想要什么，认清自我不是一件容易的事情。也许我们会认为自己知道想要什么，但实际上我们只是做了流行观点的奴隶，并没有真正知道自己的内心想要什么。当然不能因为很困难就不去寻找，在寻找的过程中我们会慢慢认识自己，分析自己性格是因为前面20年的哪些成长经历和所处的环境造成的，将来自己有可能会走上一条什么样的道路，自己这种性格适合做什么样的事情。

准确认识自己，并明确一个未来的自己，这也是一种竞争力，而马上去做，去努力，你所具备的竞争力内核将更加强大。

一、刚进大学，让别人告诉你该怎么做

◎**刘雪清**：“我希望可以和很多的人聊天，沟通，让他们给我一些建议，我可以修正自己，使自己少走一些弯路，能够获取更多的信息，给自己一个很好的定位。”

从高考中走出来，走进大学校园，心想终于解脱了，可以放松一下了。其实，结束了人生一段艰难旅程，另一段艰难路程才刚刚开始，大学时代是人生非常关键的阶段，它决定着一个人的前途。

刘雪清是清华大学经济管理学院会计系大三学生，2003年考入清华大学，北京人。在大一的时候，她很迷茫，因为她的父母都只是高中毕业，对大学不是很了解，没能为她的前途做规划或者探讨一些问题，进大学后她发现没有一个人可以给她指引，教她思考如何寻找目标。她在大一唯一想做的事情就是去做一些社会工作，于是她去竞选班长，而且也选上了，全班29个人，她得了28票，失去的那一票是她自己的那张选票，她没有投自己一票。

当上班长后，她一直在忙班里的事情，对学习有一定的忽视，以致大一的成绩并不好。当时竞选班长出于这样的考虑：第一，自己从小就很喜欢做班长，以前只在上高一的时候做过副班长，上了大学有这样的一个机会，她很想试一下；第二，她很想为自己的同学做一些事情。

大一的时候还没有找到人生目标，当时觉得自己的大学生活还有四年呢，觉得那些毕业出路的问题离自己是一个很遥远的事情，她从来没有仔细考虑过。

现在回头一想，她觉得自己当时在学习方面太放松了，到了大三，确定自己要争取保送本院研究生资格的时候，发现自己已经浪费了很多的时间和机会，现在想要弥补回来很难，需要付出很大的努力。

刘雪清有一个很大的优点就是真诚，为同学做事情尽心尽力。辅导员跟她说："不管什么事情，只要交给你，我就会很放心，我不用去督促你，你也会按时把事情做好。"

但对工作过于投入，而对学习过于疏忽，使刘雪清得到同学的认可的同时，却迷失了自己。而这，原本是可以兼顾的。也许当时以为自己考上清华已经很不错了，毕业的时候能够找一份很好的工作，心态比较放松，现在想起来她非常后悔。

从大二开始她努力学习，经常上晚自习到 11 点钟，有一个同宿舍的同学跟她说："看到你上自习的时候特别投入，特别认真，我想睡觉都不好意思睡了。"这是她从同学的眼中看到的自己的一些转变。

现在上了大三，她的成绩处在保送的边缘，可能保不上研，所以现在她非常后悔大一的时候没有好好学习，她在大二的成绩还是很好的。现在她特别想跟一些新生交流，告诉他们："大一进来的时候一定要搞清楚自己将来毕业到底要干什么，是想读研，还是想出国？把自己的目标定下来后，你才能知道自己接下来应该怎么做。"

毕竟年纪还小，大一的时候往往定不下这样的目标，但是至少应该有人让他们去思考，在思考的过程中，他会找很多人交流，他的想法就会越来越清晰。当时就是没有人告诉刘雪清关于读研、出国这些方面的任何消息，她也没有找过任何的师兄师姐进行交流，多听他们的意见。

我问刘雪清："你在清华找到自己的人生定位没有？"

我一直在寻找自己的人生定位。高中的时候一个语文老师说过一句话："你只需要认真地走好每一步，社会会为你找到你的位置的。”我现在相信的是，我现在要走好每一步，努力做好每一件事情，将来自然会找到我的位置。

我问：“作为一个经管学院的学生，你渴望将来做什么？”

我渴望做人力资源方面的工作，我觉得自己的一个优势就是跟人交流。这是我现在的一个想法。我上大二的时候才对这个有一个初步的了解，当时我在帮一个师姐做她的毕业设计论文，她是人力资源系的研究生。在假期里我跟我的一个老师去企业做访谈，接触了很多人，在与他们谈话的过程当中，让我有了很多的思考，我发现自己在对人力资源这方面还是蛮感兴趣的，希望以后能从事这方面的职业。

我问：“你现在已经大三了，已经有了典型的清华人的特点，那么清华到底给了你什么？对你有什么帮助？”

我觉得，第一，周围的人都是积极向上的，这样带动我也有一股拼劲，做什么事情都很积极，我也愿意跟他们在一起工作，而且不愿意让自己落后；第二，清华学生做事比较踏实，这也是外面很多人对于清华学生的一个评价，做事情的时候，别人可能看不到你的光彩，但是你一定要把本职工作做好。

我问：“作为一个清华女生，有没有不一样的感受？”

因为经管学院的男女比例是一比一，所以在这方面没有什么太特别的感受。不过我们经常同情其他系的女生，有的工科系一个班只有一两个女生，她们会比较孤独，有时候想找人说话都找不到，尤其是搞班级活动的时候，总是会被不经意间遗忘掉。很多事情男女生交流起来比较不通畅，还是女生跟女生交流起来容易一些，也比较贴心。跟其他学校的女生相比，清华的女生可以说是非常非常地努力，而且很有思想，不怕苦。

我问：“大一的时候你迷茫过，后来呢？”

可以说，大二的时候开始思考，就是这个暑假渐渐地清晰认识到自己近期努力的方向，其实这是一个很难想清楚的问题。有一个师兄跟我说："大二大三我想了两年，还是没有想清楚自己将来要干什么，现在是走一步算一步，先把这一步走好，边走边想边干……"

我问："你想过自己在清华想要什么吗？"

我一直很想总结一下，但是一直没有抽出时间来，想给过去两年的自己来一个总体的概括。有时候自己也不知道在忙什么，参加一些活动，组织一些活动，很难静下心来用一天的时间来总结自己的过去。平时要上课，周末的时候还要写作业，比如今天有一节课的时间是空闲的，但是我有作业明天要交，所以我必须把它用来做作业。就是这样，没有时间让我来思考。

今天我们几个同学在走路的时候突然发现，其实清华的南北主干道两边的风景很漂亮，以前从来没有注意过，因为以前每天都很忙碌，骑车路过时都是一直往前赶，着急去做自己要做的事情，根本没有注意到每天经过的地方的变化。其实我经常想找一个比较安静的地方，比如寺庙，好好思考一下自己的处境。从上学期开始我们宿舍的四个女生打算到潭柘寺或者什么地方，让心静一静，但是一直没有机会。寺庙里会比较安静，可以坐在那里的山上好好想一想自己的过去和未来。

我说："其实在清华，第一年你会觉得，我还是我；过了两年你会想，我怎么会变化这么大；到了第三第四年你会想，我还是我吗……"

我现在就是处在这样的一个状态。大一的时候，我的心态还是很好的，很平和，很开心，做什么事情都没有太大的压力，尽自己最大的努力去做就是。抛开学习这方面，我觉得自己是很优秀的。

到了大二的时候，我突然发现自己缺乏很多东西，比如说组织活动的能力，会比其他人差，我觉得要向他们学习，多参加一些活动锻炼自己。我也遇到很多人，他们给了我很多不同的想法，于是我开始思考自己：我以前的想法是错的吗？我是否应该改变一下自己？以前我走的路是笔直的，渐渐地，我的路偏离了原来的方向了，我开始怀疑，我走的方向是对的吗？也许这只是一个成长的过程，没有对与错之分，但是，我不知道自己是以前的那种状态好还是现在的这种状态好。

我问："你有没有想过自己要在剩下的两年大学生活里怎么提高自己的素质和能力？"

现在我想需要改进的一点就是，我的视野很不开阔，我看到的事情和接触的人都非常少，所以在以后两年的时间里，我希望可以和很多的人聊天，沟通，让他们给我一些建议，我可以修正自己，使自己少走一些弯路，能够获取更多的信息，给自己一个很好的定位。知识方面，在这两年我还是希望能够很好地利用清华的资源，好好上课，多听一些讲座，在图书馆里面多看看书。我现在觉得清华图书馆里面的资源太丰富了，有太多想看的东西。

我问："你还想得到什么？比如说友谊，爱情……你觉得现在的状态好吗？"

我已经拥有很好的友谊了。至于爱情？不是很急，因为刚刚和前任男朋友分手，现在处在一个相对平静的时期，我也不希望刻意去找一个男朋友，我只是想在这段时间做好应该做的事情。

我对自己现在的状态比较满意，已经调整过来了，觉得现在很平静，知道自己要做什么。现在我是一个很积极的人，每天能为自己安排应该做的事情，不会像以前那样很迷茫——不知道今天应该干什么，明天应该干什么。

不管是长期的也好，短期的也罢，只要有了一个目标，你就会为这个目标去努力，自己的时间肯定是不够的，所以自己应该去为自己安排很多事情去做，虽然会很累，但是很充实。比如说暑假的时候，我就做了很多的事情，两个多月的暑假，我只在家里呆了7天，其他时间都在做事情，每天7点钟起床，晚上7点钟回宿舍，特别累，躺在床上，倒头就睡，但是睡得很踏实，而且觉得每天自己的收获都很大。

这样的状态是我以前渴望的，大一的时候我忙班里的事情，剩下的时间觉得自己很空虚，我现在想，当时是因为自己没有一个明确的目标，不知道自己应该干什么。

当我有了一个目标，知道了自己想做什么的时候，我就会努力，为自己的将来做一些铺垫，多去学一些东西，每一分每一秒都有收获，虽然会很累，但是很开心。

其实，我也不知道到底有什么具体的收获，但是我能够感到自己在一点点地成长，思想在一点点地成熟，一些想法也变得越来越真实……当自己感到有一股力量的时候，心里就会很踏实，做事很有干劲，对前面的路充满了信心，不管遇到什么样的困难，都有勇气去面对。

二、在清醒与迷茫之间震荡

◎**蔡志楠：**“我在一年前，几个月前，甚至几天前，还在考虑怎么去找工作，但是现在我已经到了读研的轨道里来了。如果把走向目标的路径定得太死，可能不一定好，走一个曲线绕过去，虽然过程艰辛一些，距离远一些，但是至少达到了目标。”

在大学的成长阶段，迷茫是正常的，也是无法避免的，关键是怎么面对它，然后怎么从迷茫中走出来，没有统一的方法，因人而异。需要有心理准备的是，成长会有阵痛的时候。

蔡志楠是清华大学化学系大四学生，2002年入学。考大学之前，他喜欢的是金融或经济专业，但是他在老师和父母的指导下上了清华的化学专业。他一直在清醒和迷茫之间震荡着，刚进大学的时候是迷茫的，但是冥冥之中又有一个念头就是：我要想尽办法退学！当他跟老师谈过话后，这种迷茫就消失了。他之后的一个愿望是：想办法找到自己热爱的东西为切入点，要对自己就读的专业感兴趣。当他找到并且慢慢开始喜欢自己专业的时候，又进入一个迷茫期，不知道下一步该怎么做、实现什么目标。他到一些社团去做事，这时候又会有新的目标出现，当这些目标一个个达到的时候，他又在想：这离我最初的梦想越来越远了。这时候又会陷入理想的迷茫。

到了大四的时候，马上面临毕业了，他不知道以后自己要去做什么。他有从事金融或管理工作的理想，但是在大学这三四年里他并没有从事这方面的学习，以后会很难入手。如果完全放弃最初的理想，他可能会一直在理想的泥潭里挣扎，所以他非常迷茫。他不知道是应该工作还是考研，不知道是应该回到化学这个专业还是多花几年时间去补一些经管方面的课程再回来考研——再回到自己原来学习的方向去，还是做一些其他的事情？

很多人在听到他说这些的时候会觉得很奇怪，他们说："你有很多的选择，为什么还会迷茫呢？"他觉得清华学生的迷茫和外边学生的迷茫是不同的，外边学生的迷茫可能是因为他们没有选择或者选择太少了，所以觉得很无奈。而清华学生是因为选择太多了，不知道该选择哪一条，这个时候确实会很迷茫。

蔡志楠在毕业时已经推研成功，而且过程富有戏剧性，在推研的过程中，他经历了一些事情——

我有一个同学叫王宝玉，他在寝室里跟我讲："大家在为推研努力的时候，你也应该参与进去，免得以后后悔。"因为我的本科成绩不理想，本来我是要放弃推研的，想去工作或者出国，完全不会考虑留校或者读研，因为我觉得我没有资格。后来我觉得他说得有道理，又经过多方打听，知道清华有些院系是没有本科生的，他们只能从清华其他院系的本科生中招收研究生，他们不太看排名这些东西，他们看重的是能力，只要那边院方的老师愿意接收的话，还是可以过去的。

这个时候我开始准备各种各样的面试，我曾经想去清华大学的核能研究院，因为我想留在学校里。我是一个比较重感情的人，但是我重感情并不是对化学学科的感情，而是我对周围的环境，对老师和同学有感情。我觉得自己是一个偏文科的人，感情对我来说还是很重要的，尤其是我对友情看得很重。

我去参加了核能研究院的面试。那边的老师确实很认真地考察，老师在考虑的时候觉得他们要留下来的人毕竟是做科研的，所以他们更希望要基本功更扎实的人，要一个对他们来说能力更强的人。但是我的成绩摆在那儿，他们难以接受，我就这样与这个机会失之交臂了。我知道这是自食苦果，因为最开始的时候我一直在闹退学，把自己的成绩弄得很烂。

我去尝试了，但是最后失败了，这让我备受打击。

后来想过外推，去中科院的化学所、长春应用化学所等地方，甚至还考虑过很多和化学不相关的地方，像食品所、心理学所，这些地方我都想过。当时的想法就是我要留下来。

尽管我也想过去工作，但这是一个无奈的选择。说实话，我对走向社会很迷茫，有抵触心理，因为我不知道在社会上会面临什么问题，对我来说，我更愿意留在一个比较安定的环境中，把自己充实得更好，然后才出去和大家竞争。

后来学校恰好有一些支教的名额。支教是一件非常光荣的事情，学校规定，作为对支教的同学的补偿，回来可以免试攻读本校的研究生。但是去支教的名额非常少，在全校范围内募集，最后只有15人入选。我在假期的时候去了河南，所以对这个方面的事情非常感兴趣，而且我本人对现在的教育状况也非常关心和了解。我是从西部（内蒙古）过来的，而且是少数民族，我们那边的教育条件非常差，所以我从小知道在边区得到被支教机会非常难得。我想如果有这样一个机会的话，就去把自己的经历和体会告诉那边的孩子，让他们不断努力，前途才会更好。我一直有这样一个朴素的想法，当然我不排除有想争取到这个免试读研的资格的想法，所以就去争取，也报了名，参加了两次面试。

去支教对政治面貌的要求很高，我当时仅仅是交了入党申请书的积极分子，并不是党员或者预备党员。很多报名的同学是党员或者预备党员，而且他们的社会工作也很出色，比较优秀，也有理想。公布的结果是15名正选名额里没有我，我只在候选名额里，也就是说只有正选名单里的人放弃了，自愿失去这个资格，后边的人才可能补上去。这对我来说又是一个打击，我觉得自己又没有希望了。

过了几天，校团委的老师给我打来电话，说学校今年可能有一个保留的名额，获得这个名额的学生必须留校做两年老师，然后再读研。想争取到这个保留名额比支教更难，因为这相当于学校选拔一个人留校做青年教师，它还涉及到人事等各方面的问题。这个选拔非常难，老师问我愿不愿意试一下。当时我想：我和那么多人一起去争取支教的名额都没有成功，这件事怎么可能成功呢？所以我就想放弃了。

这里面碰巧出现了一个插曲，一个支教的同学恰好因为别的机会而被外推到其他院系去，这么说前面的一个正选名额空出来了，我又恰巧在候选人的名单里，以我的条件是完全可以补上去的。老师问我愿不愿意补上去，我当然非常愿意补上去了，这是我求之不得的。

团委的老师因为比较看重我的能力，所以他们说更希望我能去争取保留的名额，留下来在团委工作。我说："留下来当然好了，但是我的竞争力比较差，如果我争取留下来，我必定要放弃去支教的名额，这其中有风险。如果把这边放弃了，我又争取不到保留读研的话，就是竹篮打水一场空，什么都没有了。"但是老师们都说："我们相信你的努力会有收获，你应该努力面对这个挑战。"我说："好吧，既然老师们决定让我去竞争这个保留的名额，我就把这个支教的名额让给更需要这个名额的同学。"其实当时我更希望赶快把这件事定下来，而不是继续无休止地面试，总是处在一种不确定的状态中。

方向定下来之后，我一门心思地准备留在学校，所以我又是写简历，又是准备材料，还要到处跑。最开始参加保留面试的时候，第一个面试就有很多人参加，然后由老师投票通过。我听说当时有十个老师，我却只得了两票。我的运气好，虽然也有人得高票，但是也有人得一票，还有人没有得票。按照比例来算，我恰好处在边缘进入了复试。那我得好好准备一下，我觉得进入复试之后恐怕还有希望。其实当时我做了两手准备，已经开始参加学校的各个就业宣讲会，开始递简历了，我的英文简历也写好了，并且开始向各大外企投递。当时我还开始准备语言考试，准备去法国，所以我认为争取保留读研的过程其实只是锻炼面试的机会。

那段时间我真的很辛苦，每天都有很多事情，包括团委的种子基金这边还有很多事情，所以每天只能睡几个小时，很多次都想放弃。这时候，我的两个室友给了我很大的鼓励，他们说："你都已经准备到这个程度上了，放弃就太可惜了。咬紧牙关，一定没有问题的，你应该相信自己的能力。虽然有些人会盯着你的成绩看，但是了解你的人知道你在其他方面一定是更优秀更出色的，首先你自己要有自信。"我们班的班级气氛很好，周围同学也给我很多鼓励，于是我决定还是不要放弃。

复试有上百人参加，8 点 30 分开始面试，十分钟一个人，我被安排在下午 5 点 40 分。这个时间段非常不理想，已经到晚饭时间了，老师们肯定已经疲劳了，我当时就想：恐怕又没戏了。这么想着，心情就相当轻松了。这个岗位是留下来管理计算机网络的，好在我在计算机方面还不错，懂得比较多的知识。

本来是说这个面试结束后还有一到两次面试，但是当天晚上我接到了老师的电话，他说："这件事情定下来了，你不用再参加以后的面试了。"我说："没有关系，还是谢谢老师，这段时间老师对我的帮助很大。”老师说：“是这样的，你的表现相当出色，在这么多人中你是唯一一个全票通过的，所以我们就把后面的面试取消了，你直接被录取了。”我当时听了这话就傻了，整个人都呆住了。

这种事情就像是天上掉下馅饼一样，我正好被砸中了，当时确实非常震惊。名额只有一个，等于是被我完全把握住了。紧接着，当我还没有缓过劲来的时候，老师又说：“你知道这件事情的形式吗？”我说：“还有什么形式吗？”老师说：“形式就是哪来哪去。”我说：“什么叫哪来哪去？”老师说：“你在这边工作两年，两年之后要回化学系读研。”我心里一下子就凉了，我费了这么大的劲，最后争取到的结果还是要到一个不是我梦想的地方去，我很难接受。

我非常受打击，从兴奋的状态一下子跌入低谷了，就在短短的两分钟内我经历了这样的大起大落。我说：“我读研的时候想去公管学院。”老师说：“这件事的可能性不大，因为这需要对方的院系录取你。”那个时候各个院系的研究生招生工作基本上已经结束了，所以老师说：“这个很难，只有你们本院可以，因为这还涉及到对你的面试。本院对你的面试会很容易，老师对你比较了解，可能完全不经过面试就可以给你发一个接收函。外院对你根本不了解，他们需要面试，但是面试的工作已经结束了，他们的工作很忙，不一定会安排时间面试你，所以希望很渺茫，你自己考虑吧。”

那天晚上我在想：如果我接受了，就跟我的梦想越来越远了。既然这样，尽管这个名额很宝贵，干吗还要它呢？我宁愿放弃，宁可去工作，以后再想办法考到公管学院或者经管学院去。当时我就这样定下来了，也打电话回家跟我爸我妈说了。我爸我妈挺想不通，他们觉得这么好的一个机会，就这样放弃了挺可惜的。他们知道我在那段时间挺苦的，就对我说：“你要好好考虑。”但是到最后他们还是说：“我们两个都支持你的想法，以后的路毕竟是你自己走，不管我们怎么说，最后决定还是你自己。”

我觉得我不能完全等着这件事情落在我身上，我还是应该抗争一下，所以我上公管学院的网页上去看那些老师的情况。施老师的研究方向恰好是我喜欢的区域经济学，既跟经济相关，又是现在的热门，是我喜欢和想要的。我查了施老师的手机号码，非常唐突地打过去了。施老师很热情，听了我这个情况，说愿意在第二天9点钟和我面谈一下。

既然有了面谈的机会，说明还能够通融。我就准备了一些材料给老师发了过去，在信里面也说了我的情况，包括我跟他说我的大学三年生活很坎坷，我离我的梦想很远，在慢慢靠近的过程中，最后发现有一个不可逾越的鸿沟。他觉得很奇怪：为什么我会有很坎坷的经历呢？尤其还是在清华里？为什么会离自己的梦想很远？离得很近的时候又有不可逾越的鸿沟呢？他觉得我有很多很有意思的想法，跟我面谈的时候也给我提了很多问题。我跟他聊我求学的过程，还有我整个人生的发展过程。后来他又考察了一下，觉得我的个人能力比较适合到他的方向上来做研究，因为我本身是少数民族的，他又研究区域经济，所以他也觉得这样的人能够跟他一起做，可能容易上手。后来他给了我一个非常振奋的消息，他说："没问题，我愿意接收你。"

我觉得很开心，但是还有一个问题，施老师说："我是公管的老师，我同意接收你，但是这还涉及到一个人事的问题——我们的学院愿不愿意接收你？我们的学院愿意接收，你才能够过来读研。"也就是说我只是争取到了一个愿意接收我的导师，但是我可能还没有去公管学院读研的资格。施老师说："所以你需要去找我们学院研究生处的老师，再找学生科的科长，再找我们的副院长……"我说："我去试一试。"

我直接找到了主管研究生的熊老师，熊老师很热情，愿意帮助我。后来我又联系到了王副院长，然后就去跟他说这件事情。去找王老师的当天我还有一门经济学的期中考试，找到王老师时我把材料给他之后就去考试，考试之后我又直奔公管学院，无论如何我要听一个结果，哪怕是被拒绝也无所谓。跑过去的时候，熊老师和我说："王副院长和其他老师正在讨论你的事情，你可以直接和王副院长面谈一下，因为大家都有些犹豫，并不了解你。"于是我就在毫无准备的情况下去和王副院长谈了一下，当时我的发挥还是不错的，谈得也很投机，王副院长也觉得我比较适合学这个，他们很欢迎。结果五分钟之后，他们人事部的老师就给了我一封正式的接收函，于是我就可以正式转入公管学院了，我完全把这个机会抓到手了。我不但得到了保留资格，还如愿以偿地转到了公管学院读研。

我问："你对自己的未来是怎样设想的？"

在没有上清华在没有考大学之前，我对未来想得很多很多，当时有很多设想，有很多规划，但是现在我觉得对未来有一个设想真的太难了，因为周围的环境变化得太快了，我想去做一个短期的设想，比如一年的目标，也仍然有很多变数。我在一年前，几个月前，甚至几天前，我还在考虑怎么去找工作，但是现在我已经到了读研的轨道里来了，等我把研究生读完的时候是2009年。这个时候国家和社会究竟是一个怎样的状况？我自己学到了什么东西？是什么状态？尤其是我所学的这个专业是什么样的情况？真的不敢想象，所以很难设想自己的前途，我也不敢设想。

如果把目标定得太死，可能不一定好，就像我以前老是想做一件事情，非常执著，但是实际上前面有很多阻碍，老是撞墙，即使撞得头破血流也还是要过去。后来发现，像现在这样走一个曲线绕过去，虽然过程艰辛了一些，距离远了一些，但是至少达到了目标。如果现在再制定一个目标或者一个计划的话，可能以后会完全背离这个计划，所以现在已经不敢去想得太远了。

说一个比较大的目标，我觉得我从政是有可能的，比如进某个政府机关，去做一些实际的事情，发挥自己的特长。因为我是理工科的背景，读研学的是公共管理方面的知识，在管理学的院系毕业，这三方面的综合可能恰好是那地方需要的。另外还可能有这样一个状况，如果是经商或者去一些公司的话，我可能会去一些咨询类、投资类、策划类或者管理类的岗位。学校对我有要求，希望我留下来做一些事情，所以我还可能留校，这些应该都是我想追求的。

我问："现在你基本上可以看到自己的方向了，也知道怎样实现自己的人生价值了。你在个人素质方面的完善也得到了很大的锻炼，毕竟经历了很多事情，我想你对自己的大学教育应该比较满意吧？"

对。我觉得我在大学里学到的书本知识只是一部分，但是各方面能力的锻炼占了很大的一部分，更多的是整个人格的完善，或者是自身的一个成熟的过程。进大学的时候我觉得自己已经很成熟了，越是刚刚进入大学的人，越是想把自己变得成熟一些，或者会扮得成熟一些，但是在经历一些事情的时候，觉得自己还是非常幼稚的。现在这个时候，整个人才是真正意义上的成熟，做一些事情的时候不再莽撞，知道去取舍，知道怎样为一个目标去奋斗，或者怎样为一个目标去把握。

我觉得人生重要的是应该积极主动地和周围的人交流，这很重要，因为在清华这个地方，任何一个人都有值得你学习的地方。学习是必要的，而学习的过程就是交流。每个人都有他自身的优点，都有它闪光的一面，所以应该主动地去交流，找到自己的朋友，找到自己的队伍，应该形成自己的小圈子，形成一个群体，这时候奋斗才不会失去方向或者没有动力，因为周围总会有人支持你。

还有一点就是不要放弃自己的理想，应该不断地去追求，当然，某些时候也不要过分执著老是一条线跑过去，要想一些曲线去达到目标。这应该是一个戏剧化的过程，有些事情我现在回忆起来还觉得非常有趣，我以前完全没有想到，自己在清华走过的三年多的路，最后有这样一个转变，跟我小时候的预想完全不同，尽管走了一条弯路，但是最后的目标还是达到了。或者从一定意义上来说，这个目标远远高于当初的设想，在这个过程中我学到了更多东西，得到更多的锻炼。

三、弱水三千，我只取一瓢饮

◎**杨静怡：**“你在学生会要的是什么？不是头衔，而是经历。而且学生会的部长不是做事情的，而是做一些决策，副部长则可以接触到第一线，我更加看重的是这方面的经历。企业需要的是有实践经历的人，不是那种在房子里面看书写东西的做研究的人。”

很多人不知道自己在大学里想要什么，这是中国学生的悲哀，在中学阶段只想着一个目标——考大学，而没有去想上大学后干什么，自己真正适合干什么……从而导致很多人进入大学校门就陷入迷茫的困境，这不仅影响了自己的大学生活，甚至影响到自己的一生……很多需要在中学阶段思考和解决的问题，被他们带到了大学，由于自身条件的不足和大学客观环境的限制，很多人根本就无法解决那些在中学阶段遗留的问题，同时在大学阶段又有新的问题需要解决，这些问题越积越多，造成了困惑和痛苦，最后对自己非常失望，对人生失去信心。

杨静怡是复旦大学新闻学院广告学系大四学生，2006 年毕业。刚来复旦时她并不知道自己想要什么，在上大学的过程中她才知道自己想要什么。她说：“在大二下学期的时候，有一种顿悟，觉得那层纸终于被捅破了，我也不知道确切的是为了什么，在什么时候在什么地方顿悟了，但是我知道是在大二下学期的时候，会明显地感觉到自己跟大一整个都不一样了，整个思维的方式、想问题的深度都不一样了。”我问她：“那你在某些方面迷茫过吗?”

我比较少迷茫，我的目标定得比较早，比较清晰，同时可能自己运气比较好，一路上蛮顺利的，一直达到目标。所以对我来说，迷茫的程度相比一般的同龄人会少一些，但是还是会有的。

比如初中毕业考高中，刚上初一我就想好了自己要考哪所高中；考大学也一样，我上初二就知道自己要考哪个大学的哪个系。到了大二的时候，我决定要工作，不去考研也不出国。那么工作去哪个公司呢？我想去宝洁，想做 Marketing。也就是在今年的 12 月 2 日，我拿到了宝洁的 Marketing 的 offer，也就成功了，可能真的是运气比较好，整条路都很顺，每个点都可以踩到。当然，中间一些小的事情也是迷茫过的。

学生会换届改选，当时我是副部长，去竞选部长。我没有上交一张表，我觉得那个是一个很程序化的东西，不交也没什么关系，而且当时我是得到了前任部长的推荐，其他的两个副部长都上交了这张表。后来主席团跟我说：“你没有上交这个表格，在程序上不符合，就没有这个竞争的机会。”就这样，看着之前和自己同辈的人上去做自己的部长，我当时也在想自己还要不要留下来做，留下来会不会觉得很尴尬。但是后来我想，你在学生会要的是什么？不是头衔，而是经历。而且学生会的部长不是做事情的，而是做一些决策，副部长是可以接触到第一线，那么作为一个副部长的话可以接触到更多的东西，我更加看重的是这方面的经历，所以留了下来。做到大二下学期，又有一轮改选，说是为了补偿我，主席团让我在大三做部长。

那时候想，做下去吧，总算是给自己混出一个部长的名头；不做下去吧，挺可惜的，别人都已经给你这个机会了。但是后来想，如果答应了，后面还有很多的责任和事情，不仅仅是个名头，还有整个学期的任务。我对自己的大学四年的规划是：大一大二两年安心学习，在学校做社会工作，在这两年这些全部结束；大三大四开始实习，准备找工作，我要找像宝洁这样的公司。如果我继续做学生会的工作，跟我之前的规划的目标是有背离的，所以我拒绝了，就开始实习。

实习的时候，很多同学都说我已经不像是一个学校里的人了。因为我从大二开始实习，没有停过，一直实习到大四。我认为大学和社会是应该紧密联系起来的，虽然我们说大学需要有她象牙塔这方面的气质，不能太沾染社会上的一些拜金文化。但是，如果你的目标很明确，你是一个将来要找工作的学生，实习、提早进入社会绝对是有必要的。所以，我在大二的时候去了联合利华做 Marketing；大三上学期去的全球最大的 PR 公司 webershandwick（万博宣伟），做的是公关；大三下学期，我去了奥美，也是我非常喜欢的广告公司。每个广告人应该都知道 David Ogilvy（奥格威），奥美这个品牌就是 David Ogilvy 创立的，他是一个影响世界的人，一个非常伟大的人。这个公司有非常好的文化，我知道这是每个广告人都希望去的地方，我很庆幸自己能够去，在那里我认识了一些非常好的朋友，直到现在还有联系。到了大四的时候，我觉得我还差一块，那就是销售，我想如果做 Marketing，跟销售有很大的关系，所以后来我就去了欧莱雅，做了销售方面的实习。我的实习是各个方面都尝试过了，我想这也是为什么后来找工作非常顺利的一个原因吧。

我问："你的大学经历还是蛮清晰的，跟其他人相比，那你算不算是对自己的大学道路看得很清楚的?"

我觉得很多人都可以看得清楚，但是他们不知道自己要什么，所以他们会迷茫，而不是因为他没有看清楚。可能我看得还没有他们清楚，但是我知道我要的是什么。我知道我要什么，所以我可以定下目标，朝这个目标前进，不管是狂奔，或者是蹒跚前行，或者是一步步地慢慢走，但是还是朝着那个方向走的，所以我觉得，知道自己想要什么是很重要的。

我说："大学里很多人不知道自己想要什么，这非常痛苦。"

是的，大学里有很多人不知道自己想要什么。像我们学院大四直研，直研是有名额的，你要先报一批人过去，然后面试，筛选出一批人。直研很重要的是要看学分积的积点，但是积点高的人有一部分并不是想做研究的，但是他们想，我的积点这么高，不报白不报，直研了之后，我也就不用考研那么辛苦，不用找工作那么颠簸，然后就报了，面试也过了，最后也就稀里糊涂地定下来读研究生。我跟他们聊过，他们很多人还是不喜欢做学术，不喜欢走研究这条路，但是因为有这么一个直读研究生的机会，就去试试，试了一下成功了，那就去吧。所以说，在大学里很多人都不知道自己想要什么。

我现在的身份很奇怪，因为我是我们班最早拿到offer的，最早签了公司定下来的，很多人现在还在很痛苦地找工作。我有一个同学，简历投了52家公司，至今没有成功的消息，他参加了很多面试，但是最后还是什么都没有。他整个人的状态就有点急躁了，原本很自信，现在都开始怀疑自己了：我是不是不应该找那么好的工作？是不是应该降低要求去找家名不见经传的、福利稍微好一点的公司就算了？

我觉得这个跟每个人的预期有关系，如果说复旦的毕业生出去随便找一个小公司，每个月1000块，绝对是找得到的，我敢保证如果都是这样，复旦毕业生可以百分之百就业了。问题就是出在你的期望，不管你在什么等级的大学里，你对自己有个期望，如果你的期望比你的能力高的话，现实总是痛苦的。

我问："你们对自己的工作期望，按薪水来算的话，一般是多高？"

至少税后3000元，有些公司因为竞争大，特别是一些有名的公司，它就会压低价钱，有一些世界五百强的大公司，交完税金，交完其他的东西后，也就1000多块钱，日子怎么过？如果你是上海人，家里有房子，吃住都没问题；如果你是外地人，租个房子就要1000多块钱，加上吃的，更不用说买衣服了，就是买一些最基本的生活用品都很困难。我不知道是因为我们的期望太高，还是这个社会的工资水平不合理。

我知道去年整个复旦毕业生的平均工资是3000多一点点而已。

我问："在你找工作的过程中，复旦可以说给了你很多的帮助，你觉得是什么让那些公司给了你这个offer？"

性格和经历吧，因为我觉得宝洁是一个个性很明显的公司，它喜欢的人就是那种开朗的，善于与人打交道，同时要自信，思想要有深度。如果你是一个思想很有深度的，但是你很内向的话，它会觉得——你很优秀，但是你不太适合我们公司。宝洁是一个性格取向很明显的公司。还有一个就是经历，它需要的是有实战经历的人，不是那种在房子里面看书写东西的那种做研究的人，所以我的实习经历可能帮了我很多忙。

我问："我觉得复旦女生也挺有特点的，你是怎么看复旦女生的？"

人们都说复旦是中国最小资的大学，首先是跟这个城市脱不了干系的，上海是中国最小资的城市。一个在北京的大学生，比如说北大的学生，天天看着天安门，看着人民英雄纪念碑，看着故宫，和一个天天去外滩看到国际名牌奢侈品的大学生的心态肯定是不一样的。特别是在18到22岁这个性格长成的阶段，环境给你造成的影响肯定是不一样的。

我认为每个大学应该有自己的不同风格，如果每个大学的风格都是相同的，那么这么多大学就没有区别了。就是因为它们在不同的城市，有不同的风格，培养出不同风格的人，这些人才组成了这样一个非常多元化的社会，这个世界才丰富多彩。如果全世界的人都一样的话，那么这个世界就没有意思了。

复旦女生一个理想的状态是，她们有知识，有文化，有积累，有一定的思想深度，同时她们有全球化的视野，对当前很时尚和很流行的东西有着一定的触觉。北大的女生可能除了有以上这些外，更偏向学术的，或者政治的。复旦的女生虽然小资，但是作为一个大学生该有的素质和文化都是有的。每个学校所培养出来的人不一样，所以这个世界才美好。

我问："那你怎么评价自己？你自己是一个什么样的女生？"

我是一个很直率的人，很多事情别人不敢说的我都敢说。在生活上，我的一个很大的生活理念就是：要去享受生活，这个享受生活不是说我有很多钱砸下去，我要过得奢靡，过得舒适。即使是你在遭受挫折，那也是享受，你要有一种去经历去感受自己人生的态度。我不太相信有下辈子，所以觉得自己的人生就那么短，最黄金的时候也就是那么20年或30年的时间，每一件事情，不管好坏，我都要去经历。如果我经历的所有事情都是好事情的话，那么这些事情也称不上是好事情。就是因为有一些困难的事情，有一些挫折，反衬过来，你取得成功之后才会喜悦。所以说，无论是好是坏，我都用心去享受，用心去经历，因为这就是人生，也只有这样的人生才会有意义。这是一个态度的问题。

但是，在这种积极的态度下，你要有自我约束的能力，这一点我最近特别有体会。我们寝室的四个人全部选择了找工作的路，上海的冬天有时候很冷，面试的时候你要穿正装，正装肯定很薄，一定会很冷，其他三个人可能会说，早上很冷啊，想赖床啊，面试就不去了，这样就白白浪费掉很多的机会。还有，比如写论文，老师要求星期一交，而她们一定会等到星期六或者星期天才开始准备。而我是那种——你布置了作业，我尽量马上做完，不会拖到最后一两天才做，而且，即使我早上很困，我也会说服自己，让自己起来。我觉得自制能力是需要的，如果每个人都顺着自己的性子来的话，那么肯定不会成功。如果那样大家都可以成功的话，那就无所谓成功了，每个人都不需要去努力就可以成功的话，那么这个世界就没有意义了。

所以说，我在两方面表现得很明显，一个是态度，一个是自我约束力。

我问："如果我是一个刚要进入复旦的大一学生，你有什么建议吗？"

我觉得还是要回到前面说的，你一定要知道你想要什么。首先搞清楚你要什么，然后再去想怎么去要，怎么样去达到这个目标。就像是在一片森林中，你连自己的目标都不知道是什么，你肯定是要像无头苍蝇一样乱转的。

但是如何去了解自己想要什么呢？我觉得有以下几个途径：

第一个途径是跟资深的人聊，可以跟自己的导师，跟自己的家长，跟自己的师兄师姐聊。我认为，你交朋友，最好交一些比你年长的朋友，对你来说绝对是有着很大意义的，因为他们经历的事情比你多，有一些经验和教训跟你分享的话，你就可以少走很多弯路，所以跟一些资深人士交流，做朋友，是一个很重要的途径。

还有一个途径就是要对自己有所了解，要知道自己是个什么样的人，要知道自己跟别人的区别在哪里，那么你就会知道你的特色在哪里，你就知道你能往哪个方向去走。

还要对你目前可以选择的情况了解清楚，就是我可以走哪几条路，我有哪些 choice，按照我现在的这种状态，哪条路我走下去可能会更好，而且是符合我的性格和意愿的。

这三个方面合在一起能够更好地帮助你了解到你到底想要什么。一个是自己要认识自我，一个是多听别人的意见，一个是选择你要面对的东西。

我问："毕业后你想拥有一个什么样的未来？

我们班的人都说我以后会成为一个女强人，我说："啊？那样我就嫁不出去了。"我现在的计划是在宝洁好好工作，工作到一定阶段我会出国进修，因为我觉得人要经历不同的环境。我想如果你在中国呆过了，一定要到另外一个国家去居住一段时间，不是旅行，而是定下心来居住两三年，然后你整个人的视野就会不同，可能在那边找工作，也可能直接回来找工作，但是最后肯定是要回国的。回国之后，组建一个家庭，然后安心地好好工作，我不希望在家庭和工作方面有任何的偏颇，但是这是很理想的状态。事实上，这两方面肯定不能完美地结合，肯定有一点冲突的地方，但是愿望是好的，我希望这两方面都能兼顾得到。"

四、自信从何而来

◎**凌云：**"你一定要相信自己是这个世界上独一无二的，自己的一些特点是别人不具备的，虽然有相似的地方，但他不是你，你依然还是你自己。"

◎**王婧：**"把一件件事情做好，也就逐渐有了自信。"

一个复旦女生说："自信不是说站出来我很敢说话，我很敢 show。自信是建立在你要有基础的积淀，是厚积薄发的。我知道我学到了很多东西，教我的老师都是很优秀的，通过这些我才自信，而不是说因为我是复旦的学生才自信。"

遇到挫折或者遭遇失败的时候，自信心会受到打击，可能会萎靡不振，变得自卑；盲目自信也不是好事，会导致做一些不切实际的事情。

凌云是清华大学新闻与传播学院大四女生，北京人。2002 年她从北京四中考上清华大学，曾任新闻与传播学院学生会主席。对于自己现在的状态，她很满意，算是掌握了自己的生活节奏和命运，而不是那种——比如看见谁又去自习了，谁又考了什么好成绩，谁又拿了奖学金，就对自己没信心。

她说："在清华这种地方，如果你找不着自信，对自己没有一个定位的话，那真的活得很痛苦。你一定要相信自己是这个世界上独一无二的，自己的一些特点是别人不具备的，虽然有相似的地方，但他不是你，你依然还是你自己。你要有自己的一个世界，有自己的生活方式，没有任何人可以对你横加指责，除非你太没有道德了。你自己的一些选择是值得尊重的，这样一想，就会觉得跟别人没什么好比的，我没拿那笔奖学金，但我依然很快乐。自己以后怎么走，完全由自己掌握，这个多好啊，多自由啊！所以我觉得，这种有自我的状态特别好。"

她对自己的要求不高，从来不给自己很大的压力，一般就是有一个很高的目标希望自己能做到，如果做不到她也不会逼着自己去做。就是那句话：一切顺其自然。她会尽量用那些又笨又傻的方法把很多问题想得简单一些，她不会逼着自己去做一些有可能做不到的事情，但她想做到就尽量去做，比如她想推研，就努力推上了；她想做班长和院学生会主席，就努力去做，结果也成功了。她说自己的父母也不指望她去做像吴仪、何鲁丽这样的人物，而是健健康康，平平安安，对社会有用，不坑害别人就可以了。她希望自己以后健康快乐，对社会有用，能给别人带来快乐，自己也比较开心就可以了。

大三的时候凌云当上了院学生会主席，各种各样的问题接踵而至，当她把它们全部解决之后，就发现这对自己的成长非常有益，增强了自己对生活的信心，只要一步步走下去，还是会走得很好的。

每个人的情况是不一样的，不一定看见别人怎么生活自己就怎么生活，可以借鉴，但不一定非得按照别人的生活方式去生活，把握好自己的生活就可以了。

王婧是清华大学材料科学与工程系大四女生，山西人，2002年考入清华大学，大三作为交换生到香港科技大学读一学期。本科成绩年级第一名。从小她就知道四所名牌大学：清华、北大、南开和复旦。她不知道清华是一个什么概念，只知道清华是一个很好很好的大学，仅此而已。她真正知道清华，是到了高中的时候，她所在的高中是省重点学校，老师给他们的目标就是："考大学，考重点大学，考名牌大学；做人才，做优秀人才，做拔尖人才。"在那种环境里，清华意味着什么是很清楚的，就是要考高分。

她考了两年清华，第一年没有考上，她复读了一年，第二年才考上。

当时在山西，清华是和三个学校一起捆绑录取的，其中一个是哈尔滨工业大学，第一年参加高考，她的分数上不了清华，招生的老师打电话问她去不去哈工大，她说不去。她爸还是有点犯嘀咕，对她说："你再仔细想想，到底去不去?"她还是决定不去哈工大。晚上，招生老师又打电话过来，王婧就跟招生老师说："我不去了，这个名额还是让给别人吧。"尔后，王婧还非常开心地跟爸爸说："一个小孩的命运就这样被我改变了。也许他本来上不了哈工大，但我把这个机会让给他，他现在能去了。"她爸说："我不知道那个孩子的命运有没有被改变，总之你的命运肯定是被改变了。"

因为复读了一年，所以第二次高考的时候就已经有好多高中同学在清华了，在王婧第一次参加高考那年的山西省状元也在清华，王婧打电话给那个状元问专业应该怎么填。专业志愿要填三个，那个状元跟她说第一志愿可以填哪些系，第二志愿可以填哪些系，第三志愿可以填哪些系。当时他跟王婧说的第二志愿中只有材料这一个系，所以她就填上了。前一年王婧也有一个同学进了清华材料系，而且当时有那么一句话："材料、信息和能源是三大支柱。"当时填材料专业还是盲目的因素多一点，其实王婧特别想去数学系。

王婧特别感谢生活，因为每当到了一个重要关头，甭管是她糊里糊涂做出的决定还是什么，最后发现还是很适合自己的。有时候她觉得自己总是在独木桥上爬来爬去，却没有掉下去。每当自己处在一个人生转折点的时候，总会有一个或者几个人给她很大的帮助，并且最终帮助她选择了正确的道路。当时她并不知道是不是对的，但现在回过头来看，觉得非常幸运，有那么多条路摆在那里，为什么偏偏会选择这样一条呢?

清华的学生在进清华之前都是所在中学的佼佼者。进了清华，王婧马上觉得自己好像是从巅峰掉到了谷底。进清华之前，王婧极度自信，但是进了清华之后，她极度自卑。

当时王婧想到自己身边的人，都是考上清华的人啊，唯独她二度考试才上的。她郁闷了很长一段时间。因为怕失败，所以很多事情她都不敢去参加，她觉得这样的心态在清华新生里很普遍。她现在做大一新生的辅导员，就特别能够理解他们的心态，新生入学雄心勃勃的，但是第一次期中考试结束后，落差立马就会出现。

王婧的心态一直都不是特别好，但她觉得非常幸运的一点是，她知道自己现在应该做什么和不应该做什么。清华的学生遇到挫折有两种结果，一种是咬牙坚持，另一种是自我放纵。王婧的性格是比较好强的，所以她不允许自己出现那种自我放纵的做法，她一直都咬牙坚持着，跟着大家往前走，没有掉队。

她的心态真正发生变化是在她去香港科技大学做交换生的时候，在大三上学期，她交换去香港呆了四个月。在香港四个月的学习给她的最大收获是，她知道自己真的不像自己想象中那样差。香港学生的理论基础普遍不如他们这些从清华过去的交换生，但是香港学生在王婧看来都非常自信，有时候王婧甚至都不知道他们的自信从何而来的。

王婧跟那些香港学生聊过，他们不是特别在意成绩，相反，他们很注重自己的全面发展。他们也羡慕人家成绩特别好的，把那个叫做 Deen List，但那只是一种荣誉称号，没有奖学金，也没有其他的东西。他们的观点就是："我们以后的工作压力那么大，那我现在在大学里就要做一些自己想做的事情，要好好享受生活。"王婧在香港那边的朋友经常跟她说要"及时行乐"。他们在考试前也会整宿不睡觉。即使这样，他们做出来的东西还是很不错，他们的实验报告写得也让王婧非常佩服。

王婧觉得这跟人的视野有关系，她在去香港之前其实是不想去的，因为回来还要补上清华这边的很多课。王婧的辅导员就跟她说："你的视野太狭窄了，就只盯在你那几本书上。"真的是这样，视野对一个人太重要了。

在香港的时候，有一次课间，王婧趴在椅子上睡着了，等她醒过来的时候，有一个香港同学跟她说："哎呀，国家给你的压力太大了。"真有意思，香港的小孩就这么说王婧这个从内地来的学生。

到了大三大四的时候，王婧的心态才慢慢地放平稳，而大一大二的时候基本上更像是高四、高五的感觉。其实在清华也可以看到很多世面，在这里呆上两年，你也自觉不自觉地会变得不仅仅只去关注自己的课本，尤其是到了大四，大家的变化都很明显，再也不会从早到晚整天呆在自习教室里。

王婧刚来清华的时候，就有同学跟她说："大学是用来生活的，学习只是生活的一部分。学习是生活中很重要的一部分，但不是生活的全部。"

王婧基本上还是强调在"学习是生活中很重要的一部分"上，但她很庆幸自己能分清楚什么时候做什么，这是很重要的。她不会像有些同学那样为了多看两页书就不去参加班级活动，不会因为不想去开会而撒个谎说："哎呀，我的实验报告还没写呢。"

王婧觉得骄傲的事情还有就是从来不抄别人的作业，从来不改试验数据，从来不翘课。每次试验结束后，如果做出了不太好看的数据，王婧都抱着这样一种态度：低分就低分吧，该是什么样就是什么样。但往往这样做的时候她得到的分数并不低，她想可能是老师也知道他的仪器能做出什么样的精度吧。

也有比较得意的事情，王婧三年的素质测评在班上都是第一，她觉得这个东西真的比任何荣誉都要珍贵。

王婧在大四的时候做了大一新生的辅导员，一个年级三个班，她是小辅导员，有一个大辅导员带着她。大一新生开学典礼那天，辅导员要穿正装，王婧就穿了一天的高跟鞋，跟大一新生在校园溜达了一天，累得脚都一瘸一拐的了，学生们跟王婧说："王导，明天你别穿高跟鞋了，脚多疼啊。"在王婧推研面试的头一天，她收到了三十多条大一新生发来的给她加油的短信，她非常感动。

把一件件事情做好，也就逐渐有了自信。

一个人有自己的定位，只需要清楚自己每天都在干什么就好，而不必事事都朝别人看齐……人往往会被这种成就感所迷惑，会不断地追求这些成就感，追求一个个小圈子里的存在感，而找不到理想或者最终的道路……懂得放弃是很重要的……在大学里，要分清主次，抓住主要的，投入尽可能多的时间和精力。

第三章
找准定位：坚持本色，绝不迷失自己

每个人对大学四年都应该有一个规划，从而根据自己的规划努力地付出，收获不同的结果。一个人有自己的定位，只需要清楚自己每天都在干什么就好，而不必事事都朝别人看齐。明确目标，把握清楚需要在哪一方面去发掘潜能，培养自己。

这跟做人是同一个道理，你把自己放在社会里，要根据自己在社会里的定位以及你所在的环境、你自身的素质等综合起来后进行人生发展考虑，按照这个人生发展的规划去做，而不是盲目而虚空地坚持我要做一个什么样的人。你看总统很好，网络公司总裁很好，但是你没有考虑你周围的环境，没有考虑你的学识背景，没有考虑自己的性格，你沿着这个方向走下去，你很可能是不成功的。假如你很喜欢文学，而周围的环境允许你以此为生，你又找到了当中的意义，这是一个理性形成的人生规划，朝这个人生轨迹走下去就会越走越高兴，遇到困难的时候你就会有足够的毅力征服它，也不会后悔。

在大学里，有很多事情会影响你，如果这些事情都是有积极意义的，你去做的时候会有一种成就感。刚进大学的时候都会这样，人人都会被成就感所吸引，比如你指挥别人干点什么事情，你会很有成就感；你经过思考后得到一个感悟，也很有成就感；或者你去打篮球，你打得很好也很有成就感。一开始都会这样，很多人会不断地追求这些成就感所带来的满足感。

人往往会被这种成就感所迷惑，会不断地追求这些成就感，追求一个个小圈子里的存在感，而找不到理想或者最终的道路。在大学里最重要的是要抛开这些干扰，找到一个真正属于自己应该前进的方向。

懂得放弃是很重要的，因为每个人的精力有限，你不可能什么感兴趣的事情都去做。在大学里，要分清主次，抓住主要的，投入尽可能多的时间和精力。一位学建筑的清华学生跟我说："把建筑设计做好了，做得很舒服，其他的事情干得不太好，自己心里也会很愉悦，很放松，但是，如果建筑设计这个事情干不好的话，干其他的事情也会很沮丧，很不爽。"

在大学里要学会思考，有很多事情不能干完了就过去了，一定要把它留下来在脑袋里仔细思考，想一想自己为什么会这样，你就会知道自己下一次应该怎样进步。真正能让人内心得到满足，让人的心情达到平和的，是心灵召唤你去做的事。

在寻找定位的过程中，可以有主道，但一定不要轻易放弃支道，因为你有很多能力，有很多你擅长的方面。在丰富自己的过程中，你会逐渐形成自己的定位。这个"丰富"不是说什么都接触，而是能引起你兴趣的就尽量接触，不要回避它。

上大学后，很多人都面临寻找下一个目标的问题，但很少有人在大一入学时就知道自己在大四毕业后要做什么。这是一步一步走下来的过程，有很多的岔路口，每个路口都会有选择。在大学里，每个人都在不停地寻找自己将来在社会中的位置。不管是做社会工作，还是学习，首要目标是要发现自己是个什么类型的人，这个任务需要在大学本科四年里去完成。

一、懂得追逐，也要懂得放弃

◎**李天**："我也懂得去追逐一些东西，更懂得去放弃一些东西，懂得了在这个过程中，成长才是最重要的，个人能力水平的提高是最重要的。……我的社会活动能力提高很快，比如跟人交往的感觉、说话的能力、思维的能力等。现在我想事情会比以前清楚，考虑得很全面。”

有的大学生知道自己喜欢什么，但是不敢去追逐，怕有什么闪失，担心自己不但没有得到想要的东西，反而把自己原有的东西也丢掉了，所以一直不敢迈出这一步。其实，年轻的时候输得起，在大学里遭遇失败的成本远比出了社会后小，那么为什么不敢鼓起勇气去改变去追逐理想呢？

由于社会没有统一的价值取向，每个人的价值观很不一样，大学生很容易受社会导向的影响。现在很多学生想的是：我怎么找到好工作？将来我要干什么？是出国还是考研？就是非常现实，这是价值取向不同决定的。

李天是复旦大学管理学院统计系大四学生，2006年毕业，西安人，曾任复旦校学生会副主席。当年他为什么选择考复旦大学呢？他也有清华、北大梦，但是当时他的高考分数比较尴尬，差清华两分，差北大一分。陕西省是先报志愿后出成绩，他选择了复旦，觉得这样比较稳妥。他读的这个系是调剂进来的，当时报志愿的时候什么都不懂，后来他想了想就报了，当时他报的志愿都是瞎报的。

当时他很喜欢上海这座城市，上初中的时候来过，觉得比西安有活力。那时候浦东还在建设，他目睹了城市每个月甚至每天都在变化。

我问："进入复旦之后你是怎样融入这样一个大环境，怎样找到自己的位置的？"

我一进大学就进入学生会了，一直做到复旦校学生会的副主席，一个礼拜前刚刚卸任。如果说我融入了这个环境的话，可以说我是通过学生会融入的。在学生会里来自全国各个地方的学生都有，我在复旦的大部分时间也是在学生会度过的。

我觉得复旦的学生工作很有特色，校方投入很多精力来培养，复旦的学生工作相比于其他学校算是顶级的，我投入了至少60%的精力在上面，我也在其中成长了很多。

我不断地思考一个问题：在大学里做这些事情值不值得？你会有很多选择，有很多人都去考证，去考GRE和托福；有很多人学习很刻苦，成绩也很好……一开始，我是因为朋友的关系一直留在学生会，也是从干事做起，然后做部长。其实这个过程更多的是付出，自己收获的比付出的要少得多。后来随着我站的平台越来越高，收获的东西也越来越多了。我在思维上的成长是呈几何指数的，也是因为学生会，我可以接触到五花八门的人，不光是学校里的人，社会上的人也接触了不少，比如每年我要往北京跑一两次，就是因为工作上的事情。

我问：“从中学进入大学，很多人都在找自己想要的东西，你在复旦知道自己想要什么吗?”

这个问题我从大一入学就开始想，我的辅导员在本科和研究生阶段都是念市场研究的，他现在在研究心理学范畴的幸福学，这是美国一个新兴的学科，主要研究人怎么样才可以快乐。他从一开始就给我们灌输：从一开始就去寻找自己喜欢的东西，不要被社会和主流的东西束缚。他告诉我们：“你们要保持一种思考，去追逐自己喜欢的东西。”后来跟辅导员交流得少了，但是这个问题我一直在想，有时候会想到晚上睡不着觉。我会想自己到底想要什么，自己要成为什么样的人，自己究竟要从事什么样的职业……想了很多很多。

后来我发现，这些问题其实是想不清楚的，思考的过程更重要一些，我懂得去追逐一些东西，更懂得去放弃一些东西，懂得了在这个过程中，成长才是最重要的，个人能力水平的提高是最重要的。

在大学里想得到什么呢？我觉得一个就是朋友，大学让我明白，人是多么需要朋友，而且大学里的朋友也不是中学里理解的那种朋友。其次是自己水平的提高，我觉得最主要的是思维水平的提高，这在做事情上会体现出来。我现在已经大四了，我希望能跟最好的几个朋友做点事情，或者叫做创业吧。

有一个师兄在这四年里对我的帮助很多。他是一个社团的社长，从我进入大学，他就教给我很多东西，让我进学生会。我经历的很多事情都有他的帮助，他对我的影响相当大。

我在大学的水平提高不在学术上，而是在社会活动能力方面，比如跟人交往的感觉、说话的能力、思维的能力等。现在我想事情会比以前清楚，考虑得很全面。随着眼界的开阔，逻辑思维的能力也增强了。

现在我在准备出国，希望在国外呆两三年，然后回国。说得俗一点，出国就是为了开阔一下视野，学一些国外的思维方式。在中国，社会上的东西要求你把一些棱角包容住，反而压抑住了你一些很原始很冲动的诉求，我希望到国外能把自己最原始最本质的东西释放出来，只有把在国内形成的束缚打破之后，我才能寻找到自我。我希望自己在这两三年里能把自己原来的价值观彻底摧毁掉，重新去思考，因为我已经在这个价值体系里被框得很死。

我希望能出国去开一开眼界，感受国外的生活习惯，跟国外的人交流，去学习他们先进的东西；更深层次的就是，我希望彻底地换一个环境，打破中国一些很独特的观念去思考。这就是为什么出国风险很大，但是我仍然选择出国的原因。

我问："在大四要做出选择的时候，你是怎么考虑的？你想出国留学，如果你申请不到学校怎么办？"

大学毕业后，我可能会在复旦再呆一年。

我觉得在大学四年里，我懂得了去放弃，懂得了去接受失败。我觉得中国教育出来的学生是不懂得去放弃的，从小就觉得当了班长就要当三好学生，当了三好学生，就一定要在国旗下讲话。到了大学，到了现在，与其说在选择，不如说也在放弃。我是校学生会副主席，有免试直读研究生的机会，这是没有风险的出路，但是我放弃了，我不读研究生，可能会选择出国，我觉得我放弃的是一种平静的生活态度。

其实我选择出国是需要勇气的，我同样有勇气去接受失败。我周围很多人不敢去接受失败，比如找工作，经管学院的学生在上海最差也能找到诸如四大会计师事务所的工作，这样的工作就是每天重复劳动，极其枯燥，但是薪水很高。之前大家会说："我绝对不会去'四大'！"但是现在，大家绝对接受不了找不到工作的现实，所以很多人都去了"四大"。

到了大四面临出路选择的时候，很多人都很懦弱，大家都去选择风险最小的。我不觉得有人真正去思考自己想要什么和去追求什么。现在很多人问我要是出不了国怎么办，我说没关系，我家里不着急让我去赚钱，我就是还想读书，去想一想我还没想明白的问题。我就是还不想离开校园，这不是一种恋校情结，也不是一种恐惧社会的情结，我觉得我对社会的了解比一般的大学生多。我非常想去学一学统计，希望在学术上有一些发展，我觉得这对一个人的思维水平是有很大提高的。别人可能会觉得很枯燥，是没有money的事情，但这是我精神理想的体现。我觉得出国留学申请不出去也没关系，别人笑话我也没有关系。我敢于接受失败，这是我成长很大的一个进步。但真正去做选择的时候，你就会不一样。

我问："对即将进入大学的学生你有哪些忠告呢？"

李天回答："在大学里多思考，努力去认清自己，这就是我最想跟他们说的。在大学里太容易迷失了，我很赞同你刚见面时说的那句话：'大学是去体验的。'不要一进来就给自己确定一个目标，我要去美国名校怎么怎么样，或者我要去创业怎么怎么样……我觉得从高中进入大学，你还是一个不会思考的小孩。我觉得这四年我最重要的收获就是学会了思考，我希望刚进入大学的新生能更多地思考。"

二、培养团队意识，再谈个人奋斗

> ◎**李鹏**："我不是一个纯粹的学生，我希望能够兼顾学生的角色和一个管理者的角色。……对于我们管理学院的学生来说，研究并不仅仅是坐下来写论文，更多的是去和别人接触，了解别人的想法，然后把别人的这些想法归纳起来，形成创意性的管理思想。"

进了大学就是到了一个新环境，有的人很难适应新环境，显得格格不入，这会影响自己的情绪和心情，从而影响自己的生活和学习。周围同学来自五湖四海，南方人与北方人的性格差异都会影响彼此的相处，不管怎样，大学四年大家要在一起生活，朝夕相处，最好还是互相适应，而比较快适应环境融入集体生活的人，大学生活会过得比较惬意，收获也会比较多一些。

李鹏是复旦大学管理学院管理科学与工程系三年级研究生，他觉得对于每一个自认为优秀的人来说，所谓的位置就是能够在自己很关心的这个领域做到一二名，他也是在朝这个方向努力的，要达到这个位置并不是一个容易的过程，但是他会去努力，也有一些方法。

首先是尽可能地融入这个集体，实际上每个人都会有一个融入的过程，只有当你完全融入到这个集体后，你才可能再去谈奋斗。李鹏从自己的经历谈起，他认为首先要更多地与人交流，尤其是在大一刚进入到大学这个环境时，你会碰到各种不同的同学，这些同学来自不同的地方，他们有不同的想法，这跟局限在一个省里或者一个城市的高中是完全不一样的，所以一开始要更多地和别人去沟通，去交流各自的想法，然后就会找到彼此间共同的梦想。

大部分大一新生都是有梦想的，这些梦想包括将来我应该做什么，我希望在大学里学到什么，我希望把自己的人格培养到一个什么样的层次，或者说达到一个多么成熟的阶段……跟别人去交流这些，比玩一些低级趣味的东西要好得多。

大学是一个非常自由的环境，而我们要去适应这个环境。

在这个环境中，不会有班主任或者说一个家长式的人物去管束你，大家住在一起，如果你对自己有要求，你就会成长得很快；如果你只是贪图享受，去关注那些低级趣味的东西，那么你也会堕落得很快。名牌大学的学生不一定都是优秀的，这完全取决于自己。我们从一开始就要树立这样一种信念，要告诉自己："我是优秀的，即便我现在做不到，将来我也可以做得到。"很多有志向的人都是从大一的时候就开始朝着这样一个成为卓越者的方向努力的。

李鹏说起了自己的经历——

从大二开始，我的个人兴趣开始变多了，我学的是管理学，所以很多东西都不是从书本上可以学到的。我们在大一大二所学的东西都是蛮枯燥的，都是一些基础课程，因为学校也需要培养学生的基础。

我不是一个纯粹的学生，我希望能够兼顾学生的角色和一个管理者的角色。我是在大二的下半年找到我自己的位置的。那时我报名参加我们学校所办的一个"管理精英大赛"。很多同学都是到了大三才参加这个活动，而我那时候还只是大二学生，所以相比较来说还是比较小的，可能是所有参赛者当中最小的一个。

这个比赛是这样的：一个礼拜之内，主办方会给你一个课题，我们拿到的是为一件新产品做一个营销企划的方案。你有一个礼拜的时间去开展这个课题，最后做成一个报告。

到了决赛的时候，我跟两位电光源系的大三同学以及两位经济学院大三的同学做搭档，一起做一个课题。那个时候我非常快乐，以前我只是念书考试，但这时候我能够把自己的创意融入到自己的作品中去。我们做了一个地铁广告的营销方案，创造性地设计了多媒体广告，比如说一些 flash，也做了一些海报之类的，主题就是地铁内的广告更有新意、更多形式，能够帮助不同的企业创造更多的价值。

那一个礼拜我们天天在一起工作，晚上很晚才睡觉，有时候还会整晚不睡觉，第二天还逃课去做这个课题。最后我们获得了第三名，也算是一个不小的荣誉。

从这个时候开始我觉得已经找到自己的定位了，我不是一个只会读书的人，我希望能够把想法融入到作品中去，这是我在这次比赛中最大的收获。从此以后，我参加了非常多的比赛，在下一届“管理精英大赛”中，我领导一个团队，做了一件更有意思的事情。当时，汽车金融是一个非常热门的话题，我们做了一个关于汽车金融的证券化产品。现在回过头来看，这个产品有很多东西都是很不专业的，但是让我非常高兴的是我能够把这样大的一个团队融合到一起，最后做出了这样一个方案，最后拿到了第二名，而我自己也获得了“最优秀选手”的称号。

之后我又参加了“挑战杯”。“挑战杯”是一个全国性的课外作品大赛。那段时间是我最投入的一段时间，我是全校唯一一个参加了两个项目的选手，而且还在两个项目中担任领导角色。这两个项目在初赛时分别获得了复旦赛区初赛的第一名和第二名，都是我做的报告，当时真的是一个非常享受的过程。其中的一个项目在进入二辩时被淘汰了。

后来我把自己的精力基本上都花在第二个项目上，最后拿到了全国铜奖。这并不是一个很好的成绩，但是在这个过程中我的兴趣慢慢转变了。虽然我提前学了一些知识，而且能够把这些知识应用到我的实践中去，但这还是不够的。我还是一个大三的学生，没有什么社会工作经验，如果真的要创业的话，知识储备是不够的，所以那个时候我慢慢地投入到研究工作中去。

我参加了一位老师的国家自然科学基金的课题，这个课题研究的是中国不成熟市场营销的情况，我们会调查消费者，也调查一些企业的市场营销措施，就是去看他们是怎么样把自己的产品营销给中国这样一个不成熟的市场体系下的消费者。

我跟随的这位老师是我们管理学院的副院长，他把自己的学生分成若干个 Team

（团队），分派到全国各地，那时候我去了七八个城市。我们每天走到街头跟消费者做一些访谈，他们是服务产品、快速消费品和固定产品的使用者。有时候我们也会去一些企业，比如长虹，去和这些大型的生产厂商做访谈。

这个工作是利用暑假以及暑假以后的一段时间来完成的，大概用了四五个月的时间，其间也逃过不少课。我觉得自己学到了很多的东西，最大的收获就是看到了原来做研究是这么有意思的，在这些研究的过程中也提高了我与人打交道的能力。对于我们管理学院的学生来说，研究并不仅仅是坐下来写论文，更多的是去和别人接触，了解别人的想法，然后把别人的这些想法归纳成一些有创意的或者集大成的文字，这就是我们的论文。

李鹏找到了自己努力的方向，他的毕业出路非常好，有几家投资银行和咨询公司要他，这跟他在大学培养起来的从业素质是直接相连的。

三、选择决定努力的方向

◎**黄静静：**“一定要尽早弄明白自己想干什么，然后为这个目标不断努力，为自己做一些计划，做什么事情都要有计划性，提前做好人生规划，这样删繁就简，从最近的目标开始，才会一步一步地走向成功。万事挂怀，只会半途而废。”

在大学里应该早点为毕业出路做出选择，是参加工作还是读研？还是出国深造？有的人是到了大四才去考虑自己的出路问题，那时候太晚了，因为大一至大三的时间如何度过，基本上决定了一个大学生的毕业出路，这三年应该好好准备，为目标去努力。遗憾的是，很多低年级的大学生根本就不知道自己将来要干什么，所以没法确定目标，没法做出毕业的选择，这就导致了到大四毕业时找不到好出路。

黄静静是清华大学公共管理学院一年级研究生，2005 年在清华大学外语系本科毕业后，推荐直读研究生，山东人。黄静静长得漂亮，个子很高，在新丝路模特公司做过模特，是清华某一届风采大赛的第一名。我问她是如何融入清华这个大环境当中的，她说这是一个摸索的过程，刚来的时候她对自己的定位不是很明确，当时就想，既然大学是跨入社会的最后一道关，当然是以能力为主了，也没过多考虑学业上的问题。当时才大一，懵懵懂懂的，那个过程是很茫然的，不知所措，认为周围的人都特别牛，他们外语系的学生有很多都不是填报第一志愿进来的，甚至还有不少理工科的学生，总的来说英语不太好的同学都是被调剂过来的，黄静静感觉到在这样的班里在学习上没有什么动力可言。

清华的社团非常丰富，开学的时候社团开始招新生。在高中的时候黄静静就很喜欢从事这方面的学生工作，高考的时候因为自己是山东省优秀学生干部加了一定的分数。她当时兴冲冲地报了很多部门，有学生会、外联部、女生部，还有一些协会。女生部有一个礼仪队，校团委还有一个紫荆礼仪队，黄静静四处报名，觉得终于找到一个可以施展自己才华的舞台了，而在学业上倒没想太多。直到大二下学期，那时候正好闹“非典”，马上要进入紧张的大三。大三是决定一个人命运的阶段，必须为一年后的毕业做准备了，要么工作，要么推研，要么出国深造……可以说正处在人生的十字路口。那时候黄静静的学习成绩不是很好，在班里只是一个中上等水平，这种成绩不是她想要的。最后她决定对自己的计划做一下调整，开始在学习方面空前投入，每天除了上课就是自习，很少有休闲娱乐的时间。她说——

其实，我这个人做事的计划性还是比较强的，这是我从小到大养成的习惯，我每决定做一件事的时候，都要考虑好第一步做什么，接下来几步做什么，如何衔接……当然有时候也会调整改变。像我上大一的时候，计划在能力上有所锻炼，而忽视了学习，其实那时候我很迷茫，不知道以后自己到底要向哪个方向走，对自己的定位不是很明确，感觉推研也好，出国也不错，工作也可以，就是这样一种心态。直到大二下学期才确定自己要读研究生，因为现在成功的人大部分都是那种知识型的，在21世纪，这种人才是最有竞争力的人才。当今社会奉行能力主义，崇尚个人才学。

在学校里接触到一些读MBA的学生，还有从社会上考进来的读不同专业的硕士生和博士生，他们都觉得自己的学历不太够，所以再考回来读更高的学位。我就在想：与其将来跟他们一样费那么大的力气考回来读硕士或博士，不如把握住现在的机遇直接保送读研。当时我比较明确地想读研了，我对自己的计划做了一些调整，决定走读研这条路。那么要怎样获得保送推研的资格呢？清华每个班都有保送读研的名额，一般是按照本科成绩排名来定，我就先算好在接下来的必修课要拿多少分才能保证我在班里进入前几名，这样非常辛苦。大三那一年我的成绩在班里是第一名，所有的课加在一起的平均分是93分，其中包括很变态很难拿高分的课，比如德语，第一学期我考了98分，第二学期是99分，一直是班里的第一名；还有马克思主义哲学，能考90分以上是很恐怖的，结果我考了92分。

我问黄静静："你迷茫过吗？你是怎么定位自己的？"

迷茫是肯定会有的，因为这是一个人成长过程中不可避免的。我最大的迷茫是对自己的定位，以及对自己未来发展的定位。刚上大学时，很多人都是雄心壮志，将来想出人头地。时间长了才能真正了解自己是个什么样的人。我有过大学这几年的经历后，得出一个结论：自己并不是想做有很高社会地位的人，没有想过要有很多钱呀！我想要的生活是：可以跟自己心爱的人在一起，有一份稳定的工作，拿一份可以供养自己的工资。

未来还是个未知数，我现在想要的生活是这样子的，那么就向这个目标奋斗。将来有什么改变的时候，我会权衡一下，再做一些调整，比如要放弃什么，牺牲什么。

我问："在大学里你经历了许多别人无法企及的事情，那么你有没有挫败感？"

这个肯定会有，我觉得一个人的成长，就是一个成功与失败交替出现的过程，总结失败的教训，以失败为参照，寻求成功的方向。像我这么一个比较多愁善感的女孩子，受到最大的挫败就是感情方面的，在别人看来这个很意外，不太可能。我觉得这个和我性格有关系，我是一个很认真的女孩子，对爱情的期望也很高。

我问："作为一名清华学生，你对自己的要求高吗？"

不高，真的不高。我没有要求自己在学术上有多么高的成就，而在社会工作中，也从没考虑过以后将要达到一个什么样的位置。在工作方面我所得到的一切，都不是对自己期望高而得来的，而是自己在努力的过程中所应得的收获！

我觉得自己是一个双重性格的人，一方面我对你说，我对自己要求不高；而另一方面，别人评价我很好强，什么事情都想做到最好。大学这几年走过来，我认识到自己并不是那种特别要强的人，也许是心态比较好，我能接受生活对我的考验和眷顾，感觉自己还是甘心做一个默默无闻的人，而不是别人一直认为的那种领军人物。大学四年我一直都是风风火火，轰轰烈烈，在想法和行动上根本不一致，所以有时候我怀疑自己是不是一个很矛盾的人。

我反复提到一点，就是一定要尽早弄明白自己想干什么，然后为这个目标不断努力，为自己做一些计划，做什么事情都要有计划性，提前做好人生规划，这样删繁就简，从最近的目标开始，才会一步一步地走向成功。万事挂怀，只会半途而废。另外，我们要不断地锻炼自我，有意识地参加一些社会活动，我们只有不断地捡拾“柴火”，逐渐地加温，最终生命才会沸腾。如果想读研究生的话，从大二开始就要在学术上做铺垫；如果想毕业后就参加社会工作，那么大四的时候就要多参加一些社会实践活动，把握住每一次实习的机会，这样不断丰富自己的工作生活，通过锻炼，才有可能在今后的实际工作中更快地进入角色；如果你打算以后去国外生活或者工作，你首先就要学好英语，考好托福。总之最重要的一点就是尽早为自己定位。

至于我，以后打算去外企工作，想从事人力资源和市场营销方面的工作。但有些工作有时候太辛苦，不太适合一个女孩子做，而且外企本来就是把女人当男人使、把男人当驴子使的一个地方。反正我觉得，如果让自己太辛苦，透支青春来换取那些所谓的高收入也好，物质生活也好，绝不是我想要的，那是划不来的。我想要的就是，在物质生活可以保证的前提下，有充足的时间来享受自己的生活，多和家人在一起，感受家庭的和睦与温馨，我觉得自己还是比较传统的。

四、兴趣才是个人成就的原动力

◎**毕成功**：“我觉得最重要的是兴趣，永远不要放弃自己的兴趣。如果喜欢就玩，如果愿意就试一试，没准真的就成了，当然成功并不像说的那么容易。”

有的人把自己的兴趣发展成了职业或者事业，或者只能一直把它当成工作之余的爱好，不管怎样，兴趣是引领一个人往前走的原动力。

毕成功在2005年毕业于北京大学历史系，留校任校团委文体部常务副部长，北京人，工作后将继续读北大历史系的研究生，在本科阶段曾经去日本一所大学做过交换生。他在北大是个知名人物，写过很多歌，很多北大校园歌手是他“包装”出来的。他喜欢艺术，然而他是学历史的，他是怎么做到学业和爱好兼得发展的呢？他说——

我的爷爷是我的历史启蒙老师，他激发了我对古典文学和传统文化的兴趣。我上幼儿园之前，他就教我背《三字经》、《百家姓》和《千字文》。可以说，我从小就对古典文学和传统文化感兴趣了。

我在初中时选择了日语作为我的第一外语，是因为我很喜欢《三国演义》，在初中的时候就很迷一个叫《三国志》的日本游戏，但是我看不懂里面的日本字。为了能看懂，我就选择了学日语。以这个为桥梁，我又对日本的历史产生了浓厚的兴趣。

高考时我的第一志愿就选择了北大历史系，原来想过报中文系，后来觉得学历史更有意思。其实很少有学生第一志愿报历史系的，大部分历史系学生都是被调剂过来的，而我是因为兴趣来到了这里，最后我选择了日本的中古史为自己的专业。

我说：“来到北大之后，你是如何融入这个环境并找到自己的位置的呢？”

首先我觉得北大的学生可以大体分这样几类：

一种是纯粹学习型的学生。这种学生的学习成绩非常好，但是只专注于学习，论真才实学，我倒真不以为然。不过他们的成绩真的非常好，出勤率也非常高，他们中的大部分人在本科毕业时会被保研继续学习。

第二种是出国型的学生。这种人跟前一种相比，把更多的精力放在英语学习上，他们都热衷于考G考托、考雅思等，他们都以拿到美国知名大学的入学通知为最终目标和价值的体现，当然他们的学习成绩也都很好，跟第一类学生相似。

第三种是求职型的学生。所读专业有利于求职的人多属于此类，他们大多数的英语口语都比前两类学生好，但是学习成绩可能不如前两类人，像北大光华管理学院的学生，从专业角度来讲，找工作非常有优势。也有一些专业非常不利于求职的人也属于这类，像我们历史专业的学生，他们深知自己的专业不好找工作，所以就早早地做准备，也会有一些人能够进入很不错的公司。

第四种是社团型的学生。他们以做成一个活动为自己价值实现的体现，他们通过办一台晚会，或是办一个讲座来拓展自己的人际关系，来认识外面的企事业单位，从而为自己找到一条出路。

第五种是网络型的学生。这些人几乎不是活在现实生活之中，这种学生往往是理科生，平时非常忙，他们的生活乐趣就是在论坛上灌水，或是在网上约好很多不认识的人一起出去吃饭，在聚餐的时候也不报自己的真实姓名，都说自己的网名。

第六种就是文艺型的学生。我大概就属于这种类型，我们就俗称自己为“艺人”。

其实北大里面也有自己的“演艺圈”，当然这不像社会上的演艺圈有那么多的规则，但是在学校里它有着自己的特点。我出道的时候是在大二，那时是作为一个小品演员出演《大话西游》里面的“唐僧”，在那台晚会上我的演出挺火的。在军训的时候，我还演过《大话军训》，当时我的身份是剧本创作者加小品演员。后来我去了日本某大学做一年的交换生，从那里回来后他们说我转型了，从“周星驰”转成了“周杰伦”，开始自己写歌。那时候我先是变成了一个歌手，一个钢琴伴奏者，后来又成为一个创作型歌手，就开始写歌了，现在我又成了幕后制作人。

我问：“那我很想知道，你是如何做到这些的呢？”

毕成功回答：“我觉得最重要的是兴趣，永远不要放弃自己的兴趣。如果喜欢就玩，如果愿意就试一试，没准真的就成了，当然成功并不像说的那么容易。现在音乐是我的第二兴趣，我的第一兴趣是电影，这个从来没有变过。我现在是新浪网的电影评论专栏作家，专门给他们写北美电影排行榜、奥斯卡奖的预测和评论什么的。总的来说我的兴趣分为文化历史、音乐和电影这三部分。”

我说：“北大的百周年纪念讲堂是个大舞台，我在那里看过很多演出，你说自己是北大里的艺人，那么说说你的一些从艺的经历吧。”

我在北大出道有三个恩人。第一位是现在团委研究生与青年工作部的孙老师，他原来是我们系的团委书记。那时我们学校在举办中国共产党成立八十周年的纪念晚会，孙老师组织了我们系的诗配乐朗诵。我是钢琴伴奏，我的一个室友作诗歌朗诵。那是我第一次登上北大百周年纪念讲堂的大舞台，我弹的是号称全国高校里最贵的一台钢琴，100 万元买来的“史坦威大人”。我们加上一个“大人”称呼，表示对它的尊敬。孙老师是我即兴伴奏出道的领路人。还有一位团委组织部的张老师，他在我们军训的时候是我们连队的指导员，就是他把我们自导自演的戏剧《大话军训》搬上了汇报演出舞台，从那以后，我们开始了“大话系列小品”的创作。所以说张老师是我在喜剧演员方面的领路人。而团委综合办公室的陆老师相当于我的制作人，把我带上了创作歌手的道路。

我本科最后一年里给人突出的印象是原创歌手。众所周知，歌曲是最容易普及的一种艺术形式，我们北大每年的十佳歌手大赛从我上大一时就开始全校海选，而且是动员了最大范围的人，像今年报名参赛的就有 600 人，比例相当大。我参加过，而且拿过奖，后来自己也给别人制作过，比如王安安，我给她作词作曲，还给她做钢琴伴奏。这两年我都是在初赛和复赛大面积推广我的歌手，每一场晋级的歌手都有唱我写的歌的人，我还开玩笑说，他们是我“毕氏唱片公司”旗下的歌手。今年我派了四个人参赛，有三个人进入了决赛。

我原以为自己能够踏踏实实做学问，但是后来觉得自己骨子里是个艺人，以后还是要折腾。

我问：“我觉得你在北大能够做到现在的这个样子已经很不错了，那你有没有什么更高的目标呢?”

我不是一个野心很大的人，我觉得作为一个艺人或是演员，只要能够站在舞台上演出，有鲜花和掌声，有灯光照在我的脸上，我觉得这就很幸福了，这样就是我人生价值的体现。其实每一次我们都在承受着心理落差，因为每一次演出结束后，我们都和观众一样地散场离开，不同的是，我们不能够走热闹的大门，而要从小门离开，自己再慢慢地走回宿舍，疲劳而落寞。

“校园歌曲”这个概念到今天已经发生了变化，原来传统意义上的校园歌曲是什么呢？就是很清纯很上口的流行歌曲，很容易博得学生共鸣，属于流行歌曲的一类。发展到今天，校园歌曲里的元素什么都有了，电子乐也有，摇滚乐也有，重金属也有，爵士乐也有，蓝调也有，说唱也有……我做的有些作品拿到市场去卖绝对大卖，一点也不夸张。今天校园歌曲已经非常多元化，从编曲和制作上讲可能还不成熟，但是旋律和主题完全能够主宰市场。校园歌曲的“校园”已经只是一个地理概念，被困在校园里，还没有推广出去，不是过去那种清清纯纯的歌曲才是校园歌曲。

各种文化产业发展的终极形态就是职业化。什么叫职业化？就是商业化。现在有很多人的脑筋转不过来，觉得只要是象牙塔的东西一沾钱就有铜臭味，其实这根本是一个非常荒谬的想法。你看体育文化产业，从足球开始，有篮球联赛，排球联赛，乒乓球联赛……全部都变成了职业联赛。职业是从哪里来的？没钱就没有职业，说白了就是商业。商业跟艺术之间从来就不矛盾，商业是硬件，艺术是软件，只有你的硬件越高，有创作软件的良好动机，你才能创作出更棒的东西来。

包括我对电影的鉴赏也是，原来我非常追捧欧洲的那些电影大师，认为他们每一个人都是反好莱坞的一面旗帜，他们拍摄的不同手法，比如长镜头，缓慢的步调，大段刻意的旁白……今天在我看来都是挺扯淡的。人家看电影是要看一个故事，然后想寻求一份感动，而不是看完我觉得人性本恶，觉得世界真黑暗，把我灵魂拷问了一番。看一回可以，很震撼，但是看两回、三回……十回的时候，你就受不了了，你需要休息，不能总喝猛药，有时候你得喝点茶或者可乐什么的——好莱坞的电影给你的就是这些，给观众一个叙事性很强的故事，给你一份想要的感动，或者说让你看了很快乐。后来我就认可好莱坞了，全世界的电影大多数是它生产的，它每个部门的整体水平都是全世界最高的，那么你怎么能忽视它而去承认小众电影呢？

虽然说商业电影是利益驱动，但是，如果不是这样，到最后都没有人愿意投资了，你拿什么拍电影呀？别说商业电影，艺术电影照样拍不了。北大想推行校园歌曲，只能走商业化的道路，我们不以销量为目的，但我们也追求销量，价格会便宜，主要是让更多人听到北大的原创歌曲。

我说：“那对你来说，你在大学里面迷茫过吗？”

毕成功回答：“我只有在做大学毕业论文的时候迷茫过，不知道要选哪个方向来写。我是一个目的性不强、很随意的人，我没有给自己设定什么很长远的目标，而经常是走到那一步时再考虑应该做什么。我平时只要做到衣食无忧，有一些朋友经常在一起交流或是共同实现自我价值就很满足了。”

我说：“我发现北大有很多的圈子，就像你属于演艺圈一样，确实是这样的吗？”

毕成功回答：“其实不是说北大分了很多的圈子，而是北大的包容性很强，她吸纳了各种各样的人在这里。当然这不仅仅是北大，北大属于北京这个城市，而北京就是一个包容性很强的城市。也许有人会认为外地人在北京发展不是那么顺利，只要你有自己的能力和地位，北京不会排斥你的，北大也拥有同样的特点。”

我问：“你对你现在的状态满意吗？”

毕成功回答：“我对自己还比较满意，按好莱坞的电影评价标准，我能给自己一个B，或者是B+，因为我还是很容易满足的。”

五、一定要有属于自己的坚持

◎**李烨**：“在高中的时候，大家的人格都是不完善的，因为那时候我们考虑的事情很少，跟社会离得太远。……上大学是一个人从学校到社会的过渡，你在里面需要学会如何去做一个人，做一个有智慧的人。”

我一直认为，如果是你的心灵召唤你去做的事情，一定是你真正喜欢的，因为你的心灵不会欺骗你。

李烨在2003年考入清华大学建筑学院建筑系，他很优秀。我去过几次清华建筑学院大楼找他，看他们班的同学画图或者做建筑模型，觉得挺有意思的。他很有激情，也很有想法。

当年高考李烨是可以保送的，他高中上的是长春外国语学校，给他的保送资格是可以上北大，有三个专业可以选；也可以来清华，可以读英语系；还可以去浙江大学，专业随便选。当时李烨觉得：不行！我非要考不可！因为他觉得保送特没意思。当时他特别激动，就觉得自己是为了一个理想去干一件事情。现在想一想，他觉得自己当时挺单纯的，如果以现在的心态来面对当时的选择，那么他很可能就选择保送上清华的英语系了。

其实李烨来清华之前并不知道“建筑”是干什么的，当时只是想清华建筑系要读五年才能毕业，清华是那么好的学校，在清华能比其他系的本科生多读一年是好事。李烨的优点是想法很多，非常适合学建筑，大一第一学期过得很愉快；到了第二学期，过得就很郁闷，因为想法用光了，专业课“建筑设计”学得很不好。灵感被掏空了之后，这时候要求你要有一种发自内心的自觉，或者是平时积累下来的习惯，以及你对建筑的理解，才能比较坚强地坚持下去。经过半年的努力学习，学了很多东西，他才挺了过来。

刚进大学的时候，李烨觉得大学和高中很不一样，上高中的目标就是考大学，按一条线去走就行，但是到了清华之后，再往后是什么样子就不知道了。进来之后，李烨感到眼睛完全是花的，面前摆着很多东西：专业课、社会工作、谈恋爱、跟朋友玩乐等等。有很多时间想干什么都可以，可以选择任何一条路。绝大部分人都是看着这个好就朝它去努力，看着那个好就去尝试一下，有些人把所有的东西都尝试了一遍。

李烨感慨上大学太不容易了，清华的学生适应社会要比其他人晚，因为清华这个地方太纯洁了，太理想化了。

我问李烨：“你说你找到了自己的位置，你身边是不是还有一群人并没有像你这么早就找到自己的位置，或者说到现在还没找到呢？”李烨回答——

不好说。我想，上大学最重要的还是对一个人人格的完善。在高中的时候，大家的人格都是不完善的，因为那时候我们考虑的事情很少，跟社会离得太远。有一些人，包括我现在遇到的很多人，他们的想法很单纯，还是按照一条线走下来，比如说就是要取得好成绩。社会上有很多不好的事情，跟我的理想不合拍，面对这些东西我该怎么办？很多人就会想：我要保持我自己的性格。比如老板会要求我做一些不符合我原则的事情，出于我内心的坚持我就不做。在为人处事方面需要更多的应该是一种智慧，而勇气是放在第二位的。上大学是一个人从学校到社会的过渡，你在里面需要学会如何去做一个人，做一个有智慧的人。

进清华东门的时候会看到一块大石碑，正面写的是“清华大学”四个大字，这是你离清华有一定距离的时候看到的东西，这就是你原来的目标；当你考上了清华大学，走到那块大石碑背面的时候，你的理想是什么呢？就是那块大石碑背面写的那句话："自强不息，厚德载物。"

我觉得每个清华学生都应记住这句校训，然后把它内化。它分为两部分，一个是对自己主观世界的要求，你往自己心里看，自己应该怎么样？应该自强不息，为了自己的理想而奋斗；再往外看，如果把你放在这个社会上应该怎么样？你不应该像一块很不合群的东西放在那里，而应该厚德载物，像大地一样，去承载你身边的所有。

在考清华之前，李烨差点想放弃考清华了，后来有一个人跟李烨聊。那个人是成年人，思想比较成熟。他告诉李烨："你是哪个大学毕业的，脑袋上就会盖一个章。你是清华大学毕业的，脑袋上就会盖一个清华的章；你是吉林大学毕业的，就会盖一个吉林大学的章；你是财经学院毕业的，就给你盖一个财经学院的章。这个章会跟随你一辈子，你走到哪里，人家就会看你脑袋上的这个章。你是想让自己脑袋上是一个清华的章，还是一个什么学院的章？"李烨就说："我要盖一个清华的章！"于是义无反顾地考了清华。

李烨从来没有后悔过当初的选择，即使现在让他再考一次的话，他还是会考清华的建筑系，因为在建筑系学习让他找到了自己的位置，找到了能使自己内心愉悦的专业，他感到很幸运。他的性格跟这个专业非常吻合，他的优点和建筑设计这个专业所要求的素质有高度的契合。

我问李烨："在过去的两年时间里，你做事情的时候是不是知道自己下一步要做什么？"李烨说——

这种意识逐渐在增强。上大一的时候不会这么想，大一的时候可能有很多事情摆在你面前，你要么选择做一样，要么选择都做，都尝试一下。后来觉得专注做好一件事比尝试做很多事要重要得多。

做建筑师很累，有时候你要为一个设计而熬夜，有时候不得不受别人的限制，比如我给你盖房子，你非得要在院子中间立一块匾，或者种点花，我就觉得种花破坏气氛，这样主雇就有冲突。

清华建筑系虽然是国内大学最好的建筑系，但是在国际上跟一些国外大学的建筑系相比还差得很远。现在我还会坚持走自己的路，我已经给自己设计好了——我想出国，不是毕业之后，而是读完研究生再工作两年后出国。你如果真正知道自己要学些什么，到国外就会学得更有效率，更有目的性。像有些现在已经工作的人，回来读清华的研究生，会非常刻苦，因为经过工作之后知道自己缺什么，在哪方面不够，要学些什么，这样你再去学，效率是完全不一样的。

现在本科生有些人想上课就上，不想上就不上，因为他们不知道学的东西将来会有什么用处。所以我的想法就是一定要先工作，明白我缺少什么，还差些什么，然后再出国。国外是必须去的，它的先进理念和思考问题的方式都是值得学习的。如果我在很懵懂的时候出国，可能收获的东西很少。

你想要什么是在不断经历和学习之后才真正发现的。要想找到自己的人生目标，关键是要去经历，去思考，不要怕走弯路，与此同时，不要忘了对自己内心世界的探索。

在大学里开始建立自己的优势……比如，你的定位是将来做职业经理人，那么在大学里搞科研写论文发表就不一定是你的优势，还不如在外面公司找实习多掌握公司经营的经验……个性、意识与习惯、兴趣、影响力、综合素质、社会责任感，优秀潜伏其中……时刻准备着，优秀其实是一种习惯，这种习惯就是竞争力。

第四章
建立领先优势：将优点做到极致

名校与非名校的环境是有所不同，但并不是说在非名校里就不能跟在名校里的人一样优秀，关键在于你对待大学生活的态度。

如果拿到清华或北大的文凭找到很好的工作或者出国留学就算是一种成就的话，那别的一般大学的学生没法比。但从人的整个一生来看，拉开空间和时间，大家投入的程度是一样的，那么收获的数量差不多也是一样的。如果这段时间做一件事情付出很大代价没有成功，那么你应该坚信会有一天你的付出会以另外一种形式给你回报，在你的生活当中体现出来；如果今天你侥幸得到了很多东西的话，那么将来有可能因为你今天的侥幸而付出代价来偿还。从人的一生来看，命运是公平的，你付出多少就会得到多少。

其实，让自己走向卓越的道路只有一条，那就是找到定位后努力，再努力！有人说自己没有好机遇，其实机遇的出现有早有晚，一定要对自己有信心，只要你做好准备，一定会有好机遇的。

怎么才叫做好准备呢？就是要建立自己的领先优势。优势是相对于别人而言的，比如你跟班上的同学相比，你在某方面有优势，但是你跟整个院系或学校的优秀同学相比，你的优势可能减少了，再跟其他名校的优秀学生相比，你的优势可能就是零了。这倒不怕，说明你还不够优秀，离卓越还有一段距离。

在大学里开始建立自己的优势，这个优势跟自己的长远发展应该是相关的。比如，你的定位是将来做职业经理人，那么在大学里搞科研写论文发表就不一定是你的优势，还不如在外面公司找实习多掌握公司经营的经验。

一、个性：决定命运的竞争力

◎**王昊：**“在清华锻炼了我这样的性格：做事能够沉稳地思考，遇到困难能静下心来好好想一想，不着急。这是一种比较有韧性的性格，不是急于求成。”

◎**周全：**“我从小就很讨厌自己为了一件小事情要犹豫很久的性格，当初选择元培就是希望自己能够学会如何去选择，如何去放弃，我觉得这些比具体的知识更加重要。”

◎**俞快：**“你的脑子里想象你自己成为什么人，你可能就会成为什么人，比如一个女生想象自己是奥黛丽·赫本，她就会变得很优雅。……走出第一步是最重要的，第一步走好了，以后就会一直很顺利。走第一步时一定要有自己的亮点。”

在大学要做的一件很重要的事就是人格的完善，现在的独生子女形成独立人格是非常晚的，不是说不用依靠家里人了，你的经济独立了，你就形成了独立人格，有的人可能一辈子也形成不了独立人格。

王昊是清华大学计算机系大四男生，2002年保送上清华大学，王昊的学习成绩是计算机系的第一名。王昊是保送生，上高中时获得数学、物理和化学奥赛全省一等奖，然后从山西省保送到清华。当时王昊选择了计算机系，其实那时他对专业也不是很了解，选择计算机系主要是父母的意见，他的父亲是搞计算机的。清华是以工科见长，对逻辑思维的培养比较有优势，王昊觉得本科阶段在清华学习能得到比较多的逻辑思维方面的培养，到了研究生阶段再转到经管之类的文科学院，整个知识体系相对比较完整。当时计算机系属于比较热门的系，相对于其他工科院系的学生在就业上比较有优势，他就选择了计算机系。

上了大学，王昊觉得第一个需要解决的问题是生活的态度，首先是要给自己定位。王昊给自己的定位是在系里处于中等位置就可以了，因为他是从山西来的，整个山西省的教育水平不像北京、上海这些大城市这么高，班上比他学习好的学生多的是。

来清华后的第一次考试是考代数几何，王昊准备了很久，因为他在中学搞过竞赛，这次成绩还可以，他得了满分。渐渐地，他有了一些信心，第一学期的考试结束以后他的排名是年级前三十，大一考完后他的排名是年级第一。

我问王昊："在大学期间，你做过什么样的事情让你的素质和能力提高了呢?"

有很大一部分得益于做社会工作，比如做干部，大一的时候我是生活委员，经常要去各个宿舍和同学聊天，逐渐地大家对我比较了解，我对大家也比较了解。上大二时我担任团支书，同时兼任系团委办公室主任。在大三做的是系学生会副主席，负责维权和生活方面的事情。现在我在校团委组织部做事。

我问："你觉得清华对你的成长提供了哪些帮助？她跟别的学校有哪些不一样?"

我觉得第一个帮助是个性上的培养。我在火车上遇到另外一个山西同学，他是北京大学的，北大的那个同学给人的感觉比较张扬，别人可能都会说："哇，清华、北大的同学真不简单啊!"清华的同学听了可能也就笑一笑说："没有什么。"北大同学的回答可能是："我们这就是混呗。"比较风流倜傥。而对于清华学生，表现出来的是木讷，或者说是朴实。

清华的校训是："自强不息，厚德载物。"这跟我崇尚的宽容是一样的，我比较喜欢。如果承载的东西越多的话，能得到的收获是越大的，对以后的发展是有帮助的。如果太张扬太外向的话，许多东西会接受不了。在清华锻炼了我的性格：做事能够沉稳地思考，遇到困难能静下心来好好想一想，不着急。这是一种比较有韧性的性格，不是急于求成，这是我在清华收获最大的一个品质。

在与人的沟通和交流方面，我的收获也很大，主要也是做学生工作的收获。刚来清华的时候我不太会与人沟通交流，说点什么也容易脸红。经过这几年的锻炼，我感觉自己在这方面进步挺大的。

还有一个是理解和思考问题的层面，跟高中相比进步很大。听一些师兄师姐的想法的时候，觉得他们的想法都很有深度，我从他们身上学到很多，所以我现在自己思考问题至少不会跟高中的时候一样，别人说什么就以为是什么，我会自己去思考别人说的话到底对不对，也会站到对方的角度去思考一些问题，会想如果是我的话会不会也这么做。这样的话，有很多事情也就容易解决了。

剩下的就是专业课和其他一些知识的收获了。

个性的培养对一个人将来从事什么工作很重要，而大学校园浓郁文化培养出来的学生会有明显的本校特点，比如清华、北大的学生就会有明显的区别。

周全是北京大学元培实验班经济专业大二男生，2004 年考入北京大学，湖南省文科高考状元。我问周全："你有没有去考虑应该在哪些方面提高自己的能力？"周全说——

很多时候都在想这个问题，实际上自己的能力还是有很多欠缺的，从小到大，可能大人为我做的事情太多了，导致自己的自主判断能力很差，这也是为什么当初我会选择北大元培的一个原因。

我从小就很讨厌自己的这种性格，为了一件小事情要犹豫很久，做不了决定。当时很多事情都是大人给我安排好的，自己也没有什么动力去改变这些。当初选择元培的原因就是希望自己能够学会如何去选择，如何去放弃，我觉得这些比具体的知识更加重要，虽然现在这方面的能力有了提高，但我还是觉得远远不够。

还有就是主动性的问题，其实与判断也有关系，如果你都无法判断一件事情的话，你更不可能主动去争取什么，当然，这个主动性是一个更高层次的态度问题。实际上从我大一一年的观察来看，比如说，两个人同时加入某个学生组织，同样干一年，同样勤勤恳恳，为什么有的人就能够成为组织的骨干？为什么有的人还是碌碌无为、默默无闻？我觉得这还是主动和用心的问题，成为骨干的那个人可能只是每次开会的时候不迟到，每次提前五分钟来，他会把椅子摆一下，把会场打扫一下；每次有活动，他可能会多做一些；每次有重要的任务，他都会去领"英雄帖"……这样一年下来，这个人学到的东西就要比其他人学到的东西多得多，他所得到的评价也比另外一个人高得多。不管做什么事情一定要主动，只有主动，才能得到别人的承认，使自己的能力得到锻炼。

我的性格可能比较内向、矜持，如果去找人说："这件事情让我来做，你交给我吧。"我会觉得有些掉价，而我想要的是需要别人三顾茅庐似的请我来做事才带劲。现在想想，其实这样挺不好的，毕竟这个世界上刘备是少数，你自己也不见得是诸葛亮。即使有刘备这样的人，人家也不一定非要请你，还有很多人他可以请呀，所以很多事情要靠自己去争取。

高中的时候想的总是推掉任务，挑那种最能提高自己的影响力、最出风头的事情来做，但是在大学里就完全不一样了。

俞快是清华大学环境工程系大四女生，2002 年考入清华大学工程物理系，大二转到环境工程系。她说：

"我有一个师兄现在在 Morgan Stanley，我们聊天的时候，我俩都觉得一个人的性格其实是可以改变的。我以前也不是很愿意表现自己，在公众面前讲话会比较紧张，跟男生讲话也会紧张，你知道我是怎么训练自己的吗？就是在一些公共场合，比如说课堂或讨论会上，老师或演讲人问问题，我就会逼迫自己先把手举起来，这时所有人都看着我，我就会临时想说些什么，至少不能丢脸。我就是这样慢慢练出来的，每次逼自己先把手举起来再说话。我以前看过一本书，里面说你的脑子里想象你自己成为什么人，你可能就会成为什么人，比如一个女生想象自己是奥黛丽·赫本，她就会变得很优雅，我觉得这个真的很管用。"

我问："你是怎么样提高自己的能力的？怎么样去努力的？"

跟改变自己的性格一样，不要说我的性格天生就是这样不愿与人竞争，逃避竞争，其实你要想成功，就必须去竞争，就必须逼迫自己做一些事。往往得到第一个机会后，你就会得到很多收获。大家本来是在同一起跑线上，这时你就在别人前面了。然后再跟另一个更优秀的人竞争，你通过这个又上了一个台阶，这样就形成一个良性循环，你就会永远走在别人前面。

走出第一步是最重要的，第一步走好了，以后就会一直很顺利。走第一步时一定要有自己的亮点，比如你的英语好，或者特别能说，这样你才能走好，如果你的英语不好，成绩又不好，什么都不会，你怎么能获得机会脱颖而出？最重要的是走出第一步，第一步走好了，后面就不怕了。

我觉得自己特别有活力，可以做很多事情，非常向上，非常积极。我跟别人沟通的能力也比较强，不管你将来干什么工作，都要学会怎么样跟别人沟通。我还特别喜欢帮助别人，比如现在有同学想要申请出国，我就帮他们改 personal statement，即个人陈述，因为我的英文比较好，就帮他们改。现在我宿舍有个同学想要考导游，我也给她辅导英文，每天辅导半个小时。我们系有个老师英文不太好，想提高英文水平，我每天也帮她补习半小时。中午给那个老师补习，晚上就给我宿舍的同学补习。

一个人有优势，也有劣势，知道自己的不足之处可以更好地提高自己的能力和素质。我也知道自己的劣势在哪里。我跟别人讨论问题，当讨论到一定程度的时候，如果还与别人有分歧，我就会显得非常 aggressive，就是特别有攻击性，一定要争个输赢。我跟别人合作，当我觉得别人不行的时候，当我不相信别人的时候，我会特别急躁，特别着急。我曾经在一本书里看到，书里说人生的重点不是拿你自己的短处去跟别人的长处比，而是要把你的长处变得更长，短处就尽量避免掉，因为把短处变成长处的机会成本太高了。我有时候跟我男朋友吵架，就是因为我们在讨论问题时各自都比较强势，都想说服对方，我比较急躁，其实本来没有什么事。就像辩论一样，习惯辩论了，你就很想把对方说服，辩论的时候态度也不太好。

还是那句老话：“性格决定命运！”一个人到了大学一定要注意个性的培养，如果忽视了这一点，那么将来会因为自己的性格不好而吃亏。

二、意识与习惯：决定评价的竞争力

◎**刘斯恩**：“有的人很文静，我们都很喜欢他；有的人很开朗，我们也都很喜欢他。……也许性格会决定你做事情的方式，但做不做还是跟你接触的事情和你的意识与习惯有关，你的这种意识与习惯培养得越早，你的领先优势也许就建立得越早。”

曾经采访过一个学工科的清华女生。她有些孤傲，在清华校内咖啡馆见到她时，她没有其他学生那么热情，感觉有些冷漠，我一直想把她的激情调动起来，可是她让我失望。我问她将来想从事什么工作，她的回答让我大吃一惊，她说："我想从事财经类的工作，比如金融行业的职业经理人，或者公关总监……"也许，她被电视上那些很风光的高级商业女性吸引住了，觉得那类工作非常好，收入高，平时出入高级商业场所，接触的都是工商界高级经理……然而，在我看来，她不适合做那方面的工作，因为她还没有那类职业女性的素质。平时她在大学的实验室做实验，工科学生的思维，待人又不热情，跟人打交道不懂得如何让对方舒服，这样怎么能从事商业呢？

后来我指出了她的不足之处，帮她分析了将来做商业女性需要具备什么素质，言行举止需要注意什么。很重要的一点是，从现在开始要有这方面的意识，然后培养这方面的习惯！习惯成自然，比如，只有平时有微笑的习惯，在一些重要场合微笑时才不会显得那么假模假样。她听了我的一番见解后对我的态度马上大转变，她说以前没有同学这样指出她的不足之处，也没有人帮她分析，她很感谢我，分别时，她握住我的手说："以后还能见到你么？我还想听你的高见。"

刘斯恩是清华大学经济管理学院金融系大四学生，2002 年考入清华大学，山西人。在清华这几年，刘斯恩感觉自己改变了很多，有了很多工作方面的积累，也有很多基于这些事务上自己思考的积累，现在跟刚进校时相比，自己的很多想法不一样了。他觉得，清华是念给自己的，不是念给别人的。如果你把清华念成了自己以后的一个回忆，或者说念成四年之内家人的一个谈资，说起来值得骄傲的挂在别人嘴边上的标准校阀，那样的话真的没有必要来清华。刘斯恩说——

当你知道自己很优秀的时候，你会相信一些绝对的东西，你会觉得有些东西只要自己足够优秀就一定可以得到，你会忽略实力以外的东西。在竞争中最终决定你胜败的还是实力，但是帮助你取胜的不仅仅是实力，你会发现其他的帮助对你有多重要，你会觉得友情有多么重要，你会觉得懂得推销自己、展现自己、懂得表达有多么重要。

当一个老师开讲座的时候，你冲上去说："老师，我可以问您一个问题吗？对您刚才所说的观点我有一点不同的看法。以后能跟您继续交流吗？"如果你没有这样的习惯，你得到的只是一种自我陶醉感，看别人去问那些傻乎乎的问题，我自己才不去问呢。你失去的是什么？你也许一辈子都不会再有机会结识这个老师了，也许他只是从美国来讲课的一个教授，一个过客，你为什么不去结识他呢？这是你自己实力能解决的吗？不是。这是一种性格上的优势，你要懂得展现自己，要懂得推销自己。

以后这个世界不会再有这么多的机会给你，让你以一种安安静静的考卷上的文字去展示你的优势，你必须把自己展示的形式变得多种多样。清华讲究“行胜于言”，而言行并举才是上策，当然行是最重要的，但是你必须会说，你必须通过种种的方式，要会说，要会做，你要用形象、气质甚至用多方面的努力去打动别人，你要去展现自己，证明你会做出贡献，你是很优秀的，我愿意和你合作，我愿意和你一起把事情向前推进。

以后也不会再有那么多的机会像高考那样凭着一张试卷，让你安安静静地坐在那里，以那样一种安静的方式去竞争。你会发现竞争无处不在，当你不主动而在等考卷的时候，也许别人已经把你的考卷拿走了。因为以前的环境都是那么安逸，一个中学生只要等着别人把卷子发给他，他安心地用笔写下来，等老师公正地判出个分数来，然后，OK，他是优秀的，然后父母昭告天下说：“我儿子上清华啦！”“我姑娘上清华啦！”你会发现以后在人生的道路上这样的机会越来越少，不再是简简单单的一张纸，一支笔，一个很安逸的环境，让所有人在同一个起点上，真的不会了。你需要展示的地方太多了，在每一个可能让你出击的方向，你都不可以放弃，这样你才能做得更多。

我说：“你会发现有的人某些方面做得很不错，而有的人一点起色都没有，我觉得这跟每个人的个性有关，那么个性应该怎样去完善呢？”

有的人很文静，我们都很喜欢他；有的人很开朗，我们也都很喜欢他。性格固然起到很重要的作用，但是我觉得主要的是意识和习惯。当你有那种意识的时候，你是一个文静的人，你可以选择去发邮件和别人联系；你是一个开朗的人，你可以直接和别人联系。当你没有那种意识的时候，你的开朗只会让你在宿舍里和别人聊天，你的文静只会把你关在图书馆里独善其身。也许性格会决定你做事情的方式，但做不做还是跟你接触的事情和你的意识与习惯有关，你的这种意识与习惯培养得越早，你的领先优势也许就建立得越早。

有些话提前告诉其他人，固然是对他们成长的推动，但是也许对他们成长不公平，因为有些经验必须让他们自己去体会，他们才会真正弄懂。可能别人提起这些话的时候，只有跟他生活的体验有类似的地方，有相通的地方，他才会高度地认同；如果真的是涉世未深的话，他可能未必会懂，直到碰到类似的事情，直到碰到钉子才知道痛。

我说："碰钉子也是一种收获，会有一些想法，或者有某方面的意识。有的人进了大学还是用中学的那种生活方式去好好学习，只知道读书，这样交际面比较窄。不管你将来做什么事情，交际能力的培养对自己将来都是有帮助的。有一位清华化学系的硕士生，他当时推研选择自己这个导师的原因是，这个导师不仅学术做得好，而且很会交际，在中国科技界的人脉很广，他就喜欢这样的导师，将来毕业时可以帮助自己，指导自己去推销自己。一个人在成长中如果有了这种意识，应该尽早去培养这样的习惯。"

刘斯恩说："我小时候自我意识特别弱，所有的事情都由父母做主，根本就没有'我要干什么'或者'我想干什么'的强烈意识。上了大学以后，这种意识就逐渐有了，知道自己一步一步怎么走。"

其实意识是多方面的，好习惯也是多方面的，对个人的发展有益的就要去培养，付出一定的时间和精力，包括耐心。

三、兴趣：决定成就的竞争力

◎**汤志斌**："对于市场的兴趣是我从本科到研究生的这个过渡阶段才引发出来的，我做了很多的事情，感觉到市场部是最能够发挥自己的沟通能力和创造能力的。这些能力来源于我致力于学生会工作。兴趣与能力成正比，工作成就与兴趣也成正比。"

兴趣不一定是天生的，很多是后天培养的。在一个人的成长中，有的人比较幸运，可以得到父母或老师对他在兴趣方面的培养，而有的人只能靠自己主动去培养。

汤志斌是复旦大学物理系三年级研究生，他的本科也是在复旦大学物理系念的，大三结束后直接上研究生。他在本科和研究生阶段都是学物理的，毕业时却选择了外企的市场部作为自己的职业发展开端，就是做 Marketing。

在复旦的前两三年，他并没有考虑太多自己今后要走什么样的路。上高中时他在学生会做事，进入大学后的第一反应就是去报了学生会的文艺部，一方面是自己比较喜欢做这方面的工作，另一方面是文艺部是一个比较需要有 creative idea 的地方，能脚踏实地做一些组织性的工作。他做了一年多，做到了副部长的职位，很多大型的活动他都搞过了，对于学校里做什么事情应该找什么人，能做什么样的事情，这些规则化的东西都已经搞清楚了。

后来，上面让他做部长的时候，他拒绝了，因为他觉得在这样一个大组织里，自己做事情缺乏自主性，要考虑到某些人的想法太多了，不能很放开手去做一些事情；另一方面，他也听说了一些关于学生组织里面腐败的事情，他不太想接触那些东西，所以大二的时候，他决定跳出来，回到自己院系，帮自己院系做一些事情。他觉得以自己的资历可以做到一个比较高的位置，在这样的状态下可以实现自己的一些 idea，以前没做过的也可以尝试着去做一些。

汤志斌去竞选团学联主席，在这之前他没参加过任何团学联的活动，唯一做过的就是帮自己的前任主席做过一个“物理人节”的闭幕晚会的组织工作。但由于经验丰富，他被选上了。

汤志斌说：“在当时这是一件很让我兴奋的事情，但是工作很郁闷，作为一个‘空降兵’，我在团学联这个地方是没有任何的人际关系基础的，而且没有工作的磨合。好在我这个人比较善于跟人打交道，而且，每年师弟师妹进来的时候，我总会第一个到他们寝室里跟他们聊天，所以跟他们比较熟。至于磨合，我倾向于把它做成一个兄弟班的形式，去跟他们一起做一些事情。”

在团学联做了一年，到大三上学期的时候，有机会报一个“3 + 3”的 program，当时汤志斌面临着两个选择：一个就是接受这个 program，去读研究生；另外一个就是再读一年，然后出来找工作。他当时是不想出国的，因为当初刚进物理系的时候他就对它没有太大的兴趣，如果出国去搞学术更不太可能。

当时他想，如果以自己现在的状态去找工作的话，就算多读一年，也不会有太大长进，因为自己的整个活动范围还是局限在学校里面，之前从高中到大学本科都只是在学校里做学生会的事情，虽然会因为拉赞助跟外面企业的人见面，但是对外面的世界并不了解。找工作去哪个公司，不去哪个公司，都是一些很模糊的概念。在当时的情况下贸然决定去找工作的话，他觉得从心理上还没有做好准备，而且也没有一个很好的缓冲期，所以当时决定接受这个“3 + 3”的 program，读硕士。

在硕士期间有两个任务：第一个任务就是到外面去，做一些兼职、实习，不在校园里面混了，要到外面去，接触的人群不同，看东西的视角和方式也会不同；另外一个，因为选的导师是当时系里出了名最 tough 的一个导师，而我是最没有志向做物理的，我就怕如果我太专心于校外的一些工作的话，那么我在校内的一些学术上的探索就没法做了，我需要有一个人来 push 自己做一些事情。导师在他的领域是非常出名的，他会推着你去做某些事情，会给你很大压力，在学术方面，他是一个非常有力量的人，所以你没法抗拒。锻炼自己如何在这种压力之下把事情做好，这对我是一个很大的挑战。

最初我选择这个导师的时候，我的很多朋友说：“你怎么会去选他做导师，这不是找死吗?”因为他们都知道我是一个爱到处跑的人，而我的导师需要的是一个专心在实验室里干活的人。

研究生阶段，第一年我觉得自己以前在学校里做的事情范围还是太窄了，所以我到处找兼职，做了一些接待性的工作，帮一些财经会议做一些组织性的工作，比如强生公司的一些活动，我去帮他们做现场组织。还有帮一些杂志做一些网上调查的数据处理。我还帮人家写歌，帮飞利浦公司写新产品发布会的流程，还有一些数据剪辑上的工作也会做。在做事的过程中，各种各样的人我都会碰到，不论是高层次的还是下面底层的人，这样我就能了解到不同层面的人都是怎么想的，比如在策略上是怎么定的，你要做一件事情的话，有什么实际的问题是你需要考虑到的。

我问汤志斌有没有为之奋斗的人生目标，他说，从短期来说，自己的目标是在五年内争取做到一个市场部的品牌经理或者一个更高的职位。对于市场的兴趣是他从本科到研究生的这个过渡阶段才引发出来的，就是他在实习和兼职的时候发现自己有这样的兴趣。当时也很后悔，为什么当初自己参加高考时不去报考市场营销？自己做了这么多的事情，感觉到这样的一个部门是最能够发挥自己的能力的，第一是沟通能力，第二是创造能力。

汤志斌在学生会里做的一些创造性的事情可以锻炼他的创造能力，在一个团队里做领导也会锻炼自己的沟通能力。做 Marketing 也会牵涉到一些数据处理的问题，作为一个理科学生，在这方面肯定没问题，而且还可以发挥自己的直线思维的一些好处。

汤志斌已经找到了工作，毕业后去上海的强生（中国）公司。这份工作总体还是很满意，强生是他比较喜欢的公司，同时，要去的部门也是他比较喜欢的部门。

四、影响力：决定持久度的竞争力

◎**罗迪**："清华的时代论坛给了我一种海纳百川、有容乃大的胸襟和气魄。表现在竞争中，我可以比别人站得高，保持一种脱俗风格，可以用牺牲与海纳百川包容一切。"

◎**黄静静**："人与人交往其实就是意志力和意志力的较量，不是你影响他，就是他影响你，而成功的人都有意培养自己的影响力，这样才能成为最强者。"

好几年前，我在西安交通大学采访一位创业的女博士，她是学管理的，她说："一个人越想在社会上有影响力，那么他越快走向成功。因为想要有影响力，就要努力去挖掘自己的潜力，在某方面做到最好。"这句话我一直记着。那么，在大学里，要如何培养自己的影响力呢？

在大学里做社会工作是培养影响力的一个途径，大学的学生会组织或者社团都是很好的舞台。罗迪在 2002 年保送上清华大学人文学院，后转到经济管理学院，曾任清华大学校学生会副主席。罗迪觉得自己是一个很适合做社会工作的人，在高中做学生会主席的时候她就认识到做社会工作能给自己带来什么样的发展，于是上大学后加入了校学生会，刚开始时很随便地选择了一个部门——新闻中心。

加入学生会后，便开始按部就班地了解这个体制是怎么样运转的。直到去年，她有机会开始做时代论坛。清华大学时代论坛在 2003 年 8 月开始做第一期，罗迪在第二年开始接手并负责这个项目。做项目的过程中有很多酸甜苦辣，比如邀请嘉宾，在这个过程中她收获了很多东西。

罗迪对时代论坛很有感情，她跟我说——

时代论坛集合了清华很多做社会工作的牛人，包括许多院系的学生会主席。这是我们一起奋斗打拼过的地方，我们一起很坦荡地做项目，很纯洁地做事情，不带有任何个人的功利目的，这也正是我深深爱着这个团队的原因。我在做时代论坛的过程中得到了很多发展机会和锻炼。这是一个个人理想和实际需求相结合的地方，因为做活动结识一些大公司的总裁并获得欣赏，在我们团队有很多这样的故事。我更看重的是理想层面，更愿意把它看作清华同学获取资讯和找寻机会的地方。

我一直在想，将来我要过一种什么样的生活？特别是上大三以来，我对于成功的理解，经过了几次颠覆。我到底应该追求一个什么样的目标？这是非常让我困惑的。最终我选择了出国，也是为了能给自己留下足够的时间，继续寻找这个目标。希望在我离开大学校园的那一天，我会找到答案。

到底什么才是真正的成功？什么样的生活真正适合我？我现在也没有真正想清楚。小时候我认为做银行家是一项非常伟大的事业，可是随着自己慢慢地成长，对这个行业有了更多的了解，我发现它会剥夺很多属于我本性的东西，而且有很多综合的现实因素要考虑，包括我事业起步时的原始资本，包括我的时间和精力。很多人选择自主创业开公司，我自己也有一个甜蜜的梦想：拥有一家自己的公司，拥有一个属于自己的品牌，这个公司能够代表我对企业文化的理解，代表我对我的事业的定位。

这样的梦想如果能够实现，我觉得就是实现了个人价值，同时兼顾社会价值，这是很有意义的。

每所大学都会帮助她的学生成长，这是大学的共性。清华最让我感动的地方是，她让我知道世界上还有这样的一种无私存在，这种无私的程度可能已经超越了一般人的理解。这样的结论是我从诸多的经历中总结出来的，因为我做时代论坛，让我有机会采访过很多清华院系的老师，他们的人生经历和故事让我一次又一次地感动，他们付出了很多，比如名利、家庭和幸福……然而，他们做出的贡献是为了全人类的。

清华对于我，有一点是非常重要的：她给了我一种海纳百川、有容乃大的胸襟和气魄。务虚的东西很不好说，比如表现在竞争中，我可以比别人站得高，保持一种脱俗风格，可以用牺牲与海纳百川包容一切。比如说在我的班级中，每次期末考试之前，大家不会偷偷躲到角落里自己复习，一个人获得了什么有用的信息，他会及时发到 BBS 上让大家来分享。学习委员会组织大家一起复习，大家互勉互励，有竞争，才有双赢。

清华是一个竞争很激烈的地方，但是大家表现出来的不是尔虞我诈的狰狞，而是从容不迫的大度。换句话说，大家的竞争心态很健康。

出国留学是罗迪长期以来的目标，她认为，如果在清华读两年研究生再出去的话，就意味着自己的职业生涯会因此推后两年，可能到那时她的优势在社会上就不是那么明显了。她很希望能尽快开始自己的职业生涯，但又感觉到现在还没有完全把自己武装好。

还有一点很重要，因为是女生，罗迪看到国内很多女生在踏出校园后很容易失去激情，她们的斗志被一种责任感压灭了，比如对父母或家庭的责任。罗迪认为如果自己读研，对自己只是把职业生涯推后两年，而对于父母，罗迪觉得自己有责任早点创业，然后赚钱照顾他们。

对于未来，罗迪首先想要的是个人价值的体现，创办自己的公司也好，加入一个非政府组织也好，她想在其中贡献自己的能量，但有两个要求：一是按照自己脑子所想来做事，二是充分发挥自己的不可替代性和比较优势。每个人天生就有自己的个性，加上一二十年的教育塑造，都会有属于自己的与别人完全不同的特点。

2006年7月在清华毕业后，罗迪赴英国留学，就读于英国帝国理工大学，攻读金融硕士学位。

我在清华还结识了一个真正的美女，上学时做模特，她叫黄静静，是清华大学公共管理学院一年级研究生，当年考入清华大学外语系，本科毕业后直读研究生。她跟我说——

从小我就是一个很爱美的女孩子，从初中开始我就很关注那些我喜好的东西，比如时尚啊，资讯啊，模特表演和服装秀啊。那是高二的时候，我们学校举办艺术节，有一位很有创意的女老师，她把我们学校所有身高超过一米七的女生组成一个简单的队伍，总共不到10个女生吧，然后在现场用床单和丝巾裹出各式各样的衣服让我们穿，都是在现场做的，都是很简单用别针连接起来的，裹完后就是一个裙子，或者是一套风情万种的旗袍。结果这个节目轰动了整个校园，当时我表现还不错，算是其中一个特别抢眼的女孩子吧！

上高三的时候也有一次很偶然的机会，我参加了一个省级的模特大赛，初赛的时候顺利晋级，复赛的时候我犹豫再三，毕竟当时已经高三了，无论如何也不能放弃学业，应该把更多的精力投入到学习当中。模特这方面以后想发展还是有机会的，可一旦错过了学习的黄金时期，以后就很难再有这样的机会，最终我还是打消了去参加复赛的念头，这也算是我高中时的一大憾事吧！

类似活动在清华里面还有很多，大一下学期，就是2002年的4月，学校举行了“清华大学第三届校园服饰文化节”。前两届是美院的学生主办的，参加的同学大部分都是美院的，而第三届的比赛地点设在学校的大礼堂，笼络了清华所有高个子女生来参加，还邀请了服装学院模特女生过来指导编排。在校外拉了一些很有名气的服装牌子做赞助。当时只有女模特，没有男模特。第一套是个性展示（自己选择衣服），第二套是职业装，第三套是晚装，就这样搞了一场轰轰烈烈的服饰大赛。赛前我们也做了很多宣传，每个人都拍了一套宣传照挂在清华校园的宣传版上，路过的人都可以看到，还相互议论着哪个女孩子漂亮。

到了第四届校园服饰文化节，比以往还要热闹，拉了更多的赞助，展示的服装有很多套，记得第一套我们穿的是活力装，其实就很类似于泳装了，就是那种练习健美操穿的衣服，当然不是比基尼式的那种。因为这里毕竟是一所学校，活动不是以商业为目的的，它会注意在社会上造成的不良影响，包括在清华的游泳馆都是不可以带照相机，不可以拍摄的。那时候我们刚刚进入校园，身上还有高中时候的腼腆和稚气，也没有专业的模特训练，但是走台步还是有一定基础的，高中我也训练了一段时间，而且我被评价为“从小就走猫步的人”，最后我拿了一个最佳台步奖，其他方面的表现还不够老练成熟，我后来看了一些片子，录像也好，照片也好，感觉自己在镜头面前不太会表现自我，不太会吸引观众。

去年举行那次大赛，我快毕业了，当时学业压力也很大，我也想适当参加一些活动来排解这种压力，骨子里我毕竟喜欢这个，所以我就和男朋友一起参加。他也是个子高高的，长得蛮帅。也许是因为以往经验的积累吧，再加上我表现得还算成熟，所以那一年我拿了冠军。不管怎么说还是很兴奋的，因为这次比赛搞得特别正式，包括培训、导演、场地搭设、服装的提供都是由新丝路模特公司赞助的，当时的导演也是很出名的顶级大师，还有新丝路的总裁来给我们做评委，所以搞得轰轰烈烈，规模空前，观众非常多，影响相当大，覆盖整个清华。

那届冠军特别有影响力，之后学校推荐我去参加各种大型的比赛，和我一同去的还有一个清华男生和一个清华女生。我们有机会接受了魔鬼式的培训，就是那种完全专业性的培训，大概进行了两周，在这期间以及回去之后都有许多演出，包括大型的服装秀、发型秀、美容等方面的演出，还做车展模特，体验和接触的演出比较多。

那段时间真的给我留下了不可磨灭的回忆，因为每天都要培训十多个小时，其中上午站四个小时，下午站四个小时，不是站就是走，而且晚上还要演出，就这样整天没日没夜的。虽然很辛苦，但非常有收获，以后的比赛演出我都是全身心投入，取得了不错的成绩，拿了北京市第七名，就是北京赛区的新丝路十佳模特，也算是在这方面达到了顶峰。我很喜欢模特这一行业，我喜欢在台上表现自己，但是这个过程实在是太辛苦了。比如说，我们最后一场比赛，之前我们训练到后半夜3点多，第二天早上6点多起来又要继续训练，中午吃完饭就是化妆，一天根本休息不了几个小时，而且那段时间天天如此，大家都被搞得身心疲惫。在这里我深深地体会到，做模特是要付出很大牺牲的。为了学业，我最终选择了离开这个队伍。

离开还有一个重要原因就是，你周围的人和你并不属于同一类型的。她们在一起的时候可能会谈论一些不堪入耳的话题，很多社会上做模特的女孩抽烟喝酒，喜欢过夜生活，拉你去酒吧，而我还是个很纯真的女生，在这些方面根本无法接受，所以我觉得，如果你让我去表演几场，我没有问题，但你要求我从事这一职业，整天接触周围那些人，做那样的事，这点我做不到。这是我没有继续发展下去的主要原因。

我说：“在你清华本科毕业后没有去做职业模特，而是选择了在清华读研究生，并且将来准备去外企工作，我想你的选择是理性的。”

我没有把模特当成职业去从事，而是生活休闲的一种方式。我喜欢做模特，投入的时间不多，只会想点简单的事情，比如服装怎么展示，台上要摆什么POSE，所费的脑力，跟清华的功课相比不值一提。现在我读研究生，课余时间还在某些机构做模特顾问。

做模特和外面的社会接触比较多，也是了解社会的一个窗口，感觉学校和社会两者的区别很大，学生还是太单纯太幼稚。包括在学校也好，去培训也好，参加演出也好，总能接触到社会上形形色色的人，去分析他们的言论，注意他们的行为，觉得自己这方面的欠缺太多了，和他们的成熟老练相比，自己显得过于年轻和理想化。清华是一个小的社会，而真正的社会还是非常复杂、充满变数的。在清华锻炼的空间毕竟有限，也不仅是在清华，这是所有大学的共同特征。外面人际关系非常复杂，难以预测，我更喜欢过那种简单一点的生活。

我问："在你个人的成长方面，你觉得清华对你有什么帮助？"

我身边的老师和同学，他们都是很优秀的，他们做人做事的原则对我影响深远，因为毕竟我们一起生活了四年。人与人交往其实就是意志力和意志力的较量，不是你影响他，就是他影响你，而成功的人都有意培养自己的影响力，这样才能成为最强者。所以四年当中，在这种环境的熏陶和影响下，我不断地完善自我，认识自我。比如说我现在这个导师，他主要从事国际关系与国际教育方面的研究，从大三开始他就带我做一些事情，那时候我是他身边的助理，他做人做事的原则给了我很大的感触和启发。他是一个学者，在这之前他在国家有关部门做了11年的工作，而且身居要职，曾经当过兵，到美国留过学，可以说是一位见多识广、德高望重的长辈，是一个不卑不亢、很懂得享受生活的导师。他做人做事的原则性都很强。

做人方面，他带的研究生，第一堂课就是要求我们知道自己以后想干什么，从事什么职业，对自己的未来有一个明确的定位。你有什么疑问，他会给你综合性的指导分析，循循善诱。他之所以能当我们的导师就是因为他能站在50层楼高的位置看问题，一定会帮你分析得清楚透彻。他强调做人要有目标有计划，同时要不失原则，不违背自己的本心。他很讲究人性，从人性的角度出发争取解决的方案——如果不是从内心喜欢去面对一件事情，你根本就不可能把它做得圆满，这是导师常常强调的。

在做事方面，他会经常提醒我们怎么做事，特别是他曾经有过在政府部门工作11年的经历，经常给我们讲，做事应该选择正确合理的角度。比如说，我做他的助理，他会经常指出我做事方面的不足，希望我能在这方面有所提高。"既然你是我的助理，处理事情的时候就要从我的角度出发，而不是随心所欲，想怎么样就怎么样。”另外我在学生会、校团委、女生部都是他帮助并启发我如何打开局面，如何将方方面面都打点好，这样慢慢地沿着他指点的方向，我学会了怎么做人和做事。榜样的力量真是太重要了，只有见贤思齐你才能不断地完善自我，超越自我。

五、综合素质：决定领域的竞争力

◎**卢亮：**“做学生工作对自己的综合素质的培养很有帮助，这是毋庸置疑的。……我属于跨学科考研，本科读经济，现改学了法律，所以我就更要多下工夫，我想能够多学些东西，把经济和法律很好地衔接起来。”

一个人的起点低并不会成为他人生失败的致命因素，关键是他有没有进取精神，如果有，那么总有一天他会攀上人生的高峰。高考是改变命运的一次机会，很多人并不能通过高考直接踏上光明大道，上的大学并不理想。有的人不甘落后，不甘平庸，追求自己想要的东西，最终增强了个人竞争力，有了很好的出路。

卢亮是北京大学法学院金融法研究中心三年级硕士研究生，2003 年从广州一所普通大学考入北京大学法学院，曾任北大研究生骨干学校秘书长。卢亮进入北大的经历跟别人不一样，当年他知道自己被北大录取为研究生时说：“我在 1999 年没考上北大本科和在 2003 年考上北大研究生都是意外。”他上高中的时候成绩非常好，按照平时成绩，他考北大一点问题都没有，但意外的是他落榜了。

离考研还有五个月的时候，卢亮开始准备考北大。他在本科读的是经济，北大的光华学院和经济学院对数学的要求很高，他在本科的时候做学生干部，两年多没碰数学了，所以他想自己再补数学已经来不及了。

他开始考虑文科，最开始的时候他想报考哲学，他对哲学很感兴趣，包括现在也是。他花了半个月的时间准备考哲学，但是那时候他发现，当一种爱好学它可以，但是把哲学当成考试来准备实在是太枯燥了。后来他拿到北大的招生简章开始挑，最后挑的是经济法。经济法虽说是法学，但是它和他在本科所读的专业有些联系，而且还不用考数学，所以他就报了。考完试后，他就直接找工作了，没有在乎考试结果，他找到了一份银行的工作，自己觉得还不错。后来分数出来了，他考了前几名，就来了北大。

我说："这几年考研的人还是很多的，你刚才说你高考的时候报了北大，不过失利了，那么你来到北大后是什么感觉呢？"

现在感觉很平淡，不会像高中那样觉得北大多么神圣、高不可攀。我到现在还是认为我的精神家园是我上本科的那个学校，虽然它并不出名，但是我的世界观、人生观和价值观是在那里形成的，它对我的影响非常之大。念本科的时间恰好是人从一个什么都不懂的眼界狭小的孩子变成有自己的评判标准的成年人的过渡阶段，这是最黄金的时期。当人形成一定的价值观后，他对世界的看法就相对稳定了，不管他以后到了什么样的环境，这种观念是不会轻易改变的。所以我现在的感觉是很平淡的，不管是北大的学生还是我原来学校的学生，我都很平等地对待他们。

北大很大，但她也有它的不足；我读本科时的学校很小，但是她也有她自己的特色。我以前在高中的时候会觉得北大和清华的学生很牛，高不可攀，他们都有别人所不具备的东西，但是我现在对任何人都是平视的，哪怕对一个民办高校的学生，我都是平视的。我对于他人，既不俯视也不仰视，我是一种平和宽容的心态，我觉得我对别人宽容时，别人也会对我宽容的。

我在本科的时候做了几年的学生干部，做学生工作对自己的综合素质的培养是很有帮助的，这是毋庸置疑的，但是不可否认的是，做学生干部确实会占用很多学习的时间，对专业学习会有影响，这也是不可避免的。哪怕你再刻苦，你在别人休息的时候都去学习，对你的学习成绩还是会有所影响，尤其是对于一个校级的学生干部更是这样。

到了北大之后，我很想把精力都投在书本上去，但可能也是阴差阳错，也可以说是一种意外，我还是加入了一个学生组织（研究生骨干学校）。这个组织是培养北大骨干力量的，我们的宗旨是培养"敢当大任、愿当大任、能当大任"的人，培养的是这样的时代先锋：既有长远眼光，又有务实精神；既有自己的个性，又有强烈的团队合作意识。我加入这个组织后也没有很惊奇的感觉，还是比较平和地参加它的活动，但是可能是由于我在本科做过很多学生工作，积累了一些经验，个人的素质还不错，所以在这个组织很快就脱颖而出了，一年之后我被确定为这个组织的负责人，当了秘书长。

最开始我来到北大是本着多学点东西的目的，我想多补一补本科落下的经济方面的知识。我属于跨学科考研，改学了法律，所以我就更要多下工夫，我想多学些东西，把经济和法律很好地衔接起来。但是做了这个组织的负责人，也一直是“在其位就要谋其政”，所以没有像我预想的那样读很多书，也没有去听很多讲座，没有预想的那样学得多。

现在快要毕业了，要找工作了，我没有后悔，我个人认为，这是我自己选择的路，我就要好好走。而且不管是我本科的时候做学生干部、考研，还是现在我做这个组织的负责人，我都觉得这是我当时的责任。很多人在谈责任的时候其实是在说空话，我不愿意说很多，我希望能够通过我走过的路来证明这一点。所以很多时候我对个人利益不会在乎很多，我始终有一个观点就是：一个人在社会里应该有回报社会的想法和作为。因为一个人脱离了社会是活不下去的，脱离社会就像是独自生活在一个孤岛上一样，亲情、友情、爱情这些人间善和美他都得不到，也包括物质方面，这些东西都是我们向社会索取的。

六、社会责任感：决定地位的竞争力

◎**周勃**：“现在有很多社会问题，有很多人非常功利，非常短视，但是至少在清华，很多孩子都很可爱，很多老师都很好，因为他们很纯洁，他们就在追逐理想，他们怀着一颗感恩的心，试图以每一个细节来感动社会，来感动他人，来引领这个时代前进。”

◎**王婧**：“清华的老师都特别有国家意识和社会责任感，我从他们身上学到的东西比从思想政治课上学到的东西多得多。”

◎**赵珊珊**：“很多高校并不注重培养学生的社会责任感，我见过身边的女生会花上千块钱去买一个名牌包，而不会把钱捐给一个山区的孩子让他完成学业。”

◎**刘庆民**：“如果北大代表一个民族的话，而你这个民族没有为社会做贡献的气节，没有这种高尚的精神，你怎么去跟美国竞争？哈佛或斯坦福的学生毕业以后有什么理想？就是rule the world，影响整个世界！”

责任是要和能力相匹配的，为什么当年NBA公牛队最后一投总是要由乔丹来完成？因为他是球队的领袖，他有领袖的气质和能力。这不是说你觉得自己有领袖的气质和能力，就认为自己应该是个领袖，而是需要经受锻炼。有了经历以后人会变得比较睿智，为什么一般都说老人都比较睿智，就是这个道理，他们的人生经历比较丰富。

一位清华女生跟我说："选择清华就是选择了一种责任，她会影响你担负起回报社会和引领社会向前走的责任。有的时候考虑问题就会从更大的方面出发，考虑更多的事情，眼光不再只局限于自己的生活，而是会想到人民大众的生活。虽然学生的眼光有限，不可能了解得很透彻，或者很深入，但是清华学生至少在朝这方面去努力。"

一位北大女生跟我说："我们的一位数学老师告诉我们：'你们想做21世纪的数学家，那么课上的这些东西一定要弄懂。'老师们无时无刻不在这样一个高度上教育我们：你们学习知识不光是为了自己，更重要的是为了社会，为了国家。刚才我在听一门课，老师在说：'有的人为了达到目的不择手段，外人可以，但是作为北大的学生，我希望你们永远也不要这样做。'在北大这个氛围里，无时无刻不体现着一种责任感。"

周勃是清华大学经济管理学院金融系大四男生，2002年考入清华大学，他说——

我的父母经常教育我，每个人应该时常怀着一颗感恩的心。举个例子，我在美国哈佛大学做学术交流的时候，得知哈佛学生每年的学费是三万多美金，哈佛是一个私立学校。我们在清华享受到的也是同样优秀的教育，我觉得也应该付一笔非常昂贵的费用，但是我们的学费是一年几千元，远远低于哈佛的学费。国家培养一个学生，每年花的钱远远多于我们交的学费，说白了就是社会，就是纳税人，就是中国每一个上税的公民交的钱让我们有这样一个条件接受这样的教育，所以我们应该怀着一颗感恩的心来回馈这个社会。

清华人一般都比较有社会责任感，因为我们知道，我们能够有这么好的教育和环境，能够有这样优秀的同学和资源，是社会给我们的，是国家和民族给我们的，我们要珍惜……现在有很多社会问题，有很多人非常功利，非常短视，但是至少在清华，很多孩子都很可爱，很多老师都很好，因为他们很纯洁，他们就在追逐理想，他们怀着一颗感恩的心，试图以每一个细节来感动社会，来感动他人，来引领这个时代前进，这就是我们现在在做的事情。

王婧是清华大学材料科学与工程系大四女生，2002年考入清华大学，大三作为交换生到香港科技大学读一学期。本科成绩年级第一。她说——

我们刚进清华接受的入学教育就是：清华的学生要有社会责任感。现在有一句很流行的话叫做“优秀是一种习惯”，我觉得社会责任感也是一种习惯。有一些东西在别人看来可能是非常高尚的行为，但在你看来，这就是你的习惯，而且你也会做得比较好。

清华让我们做社会工作来培养我们的社会责任感，在这个过程中，我觉得自己的收获大于自己的付出。也许花费了我一些时间和精力，也许我的学习成绩受到了一定的影响，但我在周围同学中所获得的认同感是我最看重的。我是一个很有荣誉感的人。

如果你给我一个什么优秀的奖状，我当然会很高兴，但是如果有了他们对我的认可，即使没有这样的奖状，我一样会很开心。我觉得他们给我的信赖感是实实在在的。一个人的信用就是这样建立起来的，而信用是一个人的无形资产，也是最重要的核心竞争力。

我对物质方面的要求并不高，但我对自己的学习、学术和科研的要求是很高的。我希望几十年之后，在我所从事的这个领域，会有人知道“历史上曾经有一个叫王婧的人是搞这个的”。我希望在材料发展史上留下一点自己的痕迹，至于自己赚不赚钱，我并不在意。

我们从小所受的正统教育就是要有社会责任感，而到了清华，你可以看到你身边的人究竟是如何实践“社会责任感”这句话的。从课本上看到的东西和你用自己的眼睛看到的东西毕竟是不一样的，我觉得那种震撼或者说给人的鼓励是完全不同的。知识的灌输是从外到内的，而这种震撼和鼓励，是从内到外的，它是更主动、更积极、更长久的。

我问王婧：“清华在你心目中的位置是什么样的?”王婧忽然盯着我的双眼反问：“你看我像一个清华学生吗?”我忍不住笑了，我说：“我觉得还是挺像的。”我心想王婧这个朴实的女孩有幽默的一面。

王婧说："我是什么时候开始觉得自己像一个清华的学生的呢？有一次我去上自习，书包就这么搭在身上，手里拿着水瓶，急匆匆地走，那是秋天，树上往下掉着叶子，风吹着我的头发，这让我觉得很沧桑，让我觉得自己像个清华学生的样子了。"

我问："大四毕业时，你为什么选择读博士？"

王婧回答："因为我想搞科研，而且清华的材料系在世界上还是比较好的，我的导师也很好。我去香港的时候和一个做访问学者的老师聊过，他不是我们系的，但也知道我们系的这位导师，而且建议我跟着这个导师读博士。我很感谢我的辅导员，我也想做辅导员，把这种温暖继续传承给下面的学生。"

我问："现在你已经开始在做了，感觉怎么样？"

王婧回答："是的，开始在做了，在传承温暖，我感觉自己是在和他们一起成长。在清华，你会感觉到你付出的爱是会得到响应的，不管是我的同学还是我带的那些小孩，对我都是这样。我的同学经常对我说：'王婧，你带的那些小孩对你真好。'虽然有时候我会很辛苦，但我觉得很幸福。"

我问："那些大一新生是怎么对待你这个辅导员的？"

王婧回答："比如，像我刚刚说的那样，在我面试读博士之前他们都给我发短信加油，我都感动得哭了。他们对我很好。我去推研答辩的那天很多小孩都去了，还举着一个写有'王导 WIN'的牌子。我觉得清华学生的这一点让人特别感动，就像马克思在《1844 年经济学哲学手稿》上面说的那样：'应该用信任去换取信任，用真心去换取真心。'在现在的社会里，用真心是不一定能换到真心的，但在清华却是这样的一个地方，在这里，你投给别人以木瓜，别人就会报之以琼汁，真的是这样一种感觉。你为他们做了一点，他们会加倍来报答你。"

王婧将来想在大学里当老师，或者去部队里做国防。我问她什么时候有这些想法的，她说——

做老师的想法是上了大学才有的，上大学之前我一直都想去部队，我甚至想报国防生，但因为我爸我妈都不同意，所以才没有去。我爸我妈以前都没有告诉我为什么他们不同意，但现在他们告诉我了。我妈妈说："做国防生是有很多限制的，如果你想去部队，即使你现在是普通的大学生，毕业以后也可以选择去；如果你上本科就做了国防生，就只能等着到时候分配了，选择工作的余地就会很小。”如果我是国防生，大三我也不可能去香港做交换生。我现在读完博士还可以去国外读博士后，如果我是国防生的话，基本是不可能有出国读书的机会的。且不说这边放不放你，国外的大学也会因为你是学国防的而不敢要你。

我有当老师的愿望是因为清华老师给我的感动，清华的老师都特别有国家意识和社会责任感，我从他们身上学到的东西比从思想政治课上学到的东西多得多。一个大学生，可能他的思维方式、性格和人生观早就形成了，但是大学恰恰是他进入社会的最后一关，这里的影响对他来说是更直接的。也许一个人的小学老师对他的影响很大，但他会因为后面经历的很多事情而改变这种看法，如果你在他快要到达终点的时候去影响他，那么他最后可能会更准确地打在你希望他达到的那个目标上，这就是“精确制导武器”。

就像我的同学跟我所说的那样，作为一个大学老师，如果仅仅把目标定在从思想上影响我的学生，那么我肯定会很郁闷，所以还是要以搞好科研为主。清华的“双肩挑”指的也是一边做好科研，一边做好思想工作。如果能做这样的老师，我觉得很好，但前提是我必须把科研做好，我还是很看重这方面的。

去部队是我从小就有的梦想。现在材料系的很多老师都说：“你们的材料能做得多好，我们的国防就能做得多好；你们的材料能做得多好，我们的飞船就能飞多高。”载人航天飞船是20世纪六七十年代的技术，为什么我们的载人航天飞船以前一直上不了天？是材料不过关，而不是因为没有技术。是因为材料的隔热、抗冲击等能力的问题，而并不是我们没有技术把它送到太空中去。我们的老师说，材料系的学生应该是“执戈矛以卫社稷的人”，我们应该充当这样的一个角色。

说到民用，我们是产钢大国，但不是产钢强国，这在和平时期并没有什么，但是一到战争时期就会被别人掐住脖子。如果没有钢，国民经济的很大一部分也就瘫痪了。现在连那些饮料的易拉罐的材料都是进口的，我们连这个都做不出来。你都不用谈什么“两弹元勋”，光看看我们的生活就够震撼的了。我们有一次去参观军事博物馆，看那些抗战时期用的武器，几十年前缴获的日本人的军刀，到现在还是亮闪闪的，再看看我们在当年战场上使用的大刀，早已锈迹斑斑，就是一块铁片。所以我们老师说：“看到这些，我们作为材料人是有耻辱感的。”在清华就算你再没有社会责任感，只要看看这些，听听这些老师的话，那么你心底最深处的那种已经被现实埋没了很久的东西也会迸发出来。

我说："你挺有前途的，会有自己很大的舞台的。"王婧笑了笑说："做好了就是有前途，做不好就是耻辱。"我心里不禁慨叹：真不愧是清华培养出来的！也许像王婧这样的学生就是清华要培养的又红又专的中国精英。

赵珊珊是北京大学元培计划实验班大四女生，念保险学与风险管理专业，2002年以全省第五名的高考成绩考入北京大学。我采访她时，她说——

很多高校并不注重培养学生的社会责任感，但北大很注重这一点。我可以给你讲一个例子，它让我坚定了我之前的想法。有一次，我们学校的"阳光志愿者协会"（为全社会白血病患者服务的非政府组织）在一个富人区的俱乐部募捐，他们那个俱乐部是为他们的宠物狗建立的。我们的同学到了那里，见到了很多以前从来没有见过的狗。应该说，那些富人是非常有钱的，拿出一点钱捐给"阳光志愿者协会"去做工作不是很难的事情。可是，有一个富人的孩子却说："我为什么要把我的钱给你们？我有钱可以给我的狗用啊。"

这是一个正常人讲的话吗？我觉得不是吧。虽然他是个孩子，但是他的这些想法一定是父母教的。更有甚者，他们并不相信募捐者是北大的学生，他们有特别高的戒备心，这让我觉得很不可思议。我真的很想改变这种现状，但是我一个人的力量很薄弱。

我有一个加拿大的朋友，他一直在世界各地的慈善机构里服务，这些机构很多时候是不发薪水的。他现在已经接近30岁了，可是还在继续做这样的事业，这让我很感动。

我说："我一直希望中国的大学生都有这样的社会责任感，如果这些大学生毕业后走进社会没有责任感，很难想象这个社会变成什么样子。"

赵珊珊说："我见过身边的女生会花上千块钱去买一个名牌包，而不会把钱捐给一个山区的孩子让他完成学业。当然，这些做法无可厚非，她有那个经济实力消费我们也管不着。不过我很想告诉她：'你可以把这份钱用来帮助别人。'"

刘庆民在北京大学经济学院毕业后，赴美国斯坦福大学商学院念经济分析与政策专业博士，获全额奖学金。他说——

我觉得北大和清华的教育缺少一种精神，这种精神是什么呢？从毕业典礼时校长的讲话就能看出来，在今年的毕业典礼上，我们的院长和校长始终围绕一个主题：你们要为社会做贡献。我不否认这一点，并且认为它很正确，但我认为校长或院长在毕业典礼上只讲这些还远远不够。

我知道的美国哈佛大学1998年的毕业典礼，请了一个时任爱尔兰总理的校友发言。那个校友是哈佛本科毕业的，他发言时讲到大家在哈佛毕业后要做什么，他说："你们要有一种责任感，你们要对其他人负责。这个'其他人'不是指你身边的人，而是指全世界的人，应该对人类负责，你们做的事情要为推动人类知识进步服务。"我觉得北大就是缺乏这种精神，这也是中国人普遍缺乏的精神。

别人可能会说，中国人还没达到衣食无忧的境地，考虑不了这么多，考虑不了为推动人类知识进步做些什么，或者对全世界的事情负什么责任。但我就反驳，北大的学生不应该这样想。北大是全国首屈一指的学校，北大的学生都不这么想（对人类的关怀），那别的学校的学生更难说了。如果北大代表一个民族的话，而你这个民族没有这种气节，没有这种高尚的精神，你怎么去跟美国竞争？

哈佛的学生毕业以后，斯坦福的学生毕业以后，他们就很牛气！我看过一个报道，哈佛或斯坦福的学生毕业以后有什么感觉？就是rule the world，影响整个世界！比如说索马里发生了大屠杀，美国人觉得我很受不了。为什么？因为文明发展到了今天，还有这么野蛮的事情，我作为一个人，我很悲伤。可中国会出现这种情况吗？大家可能会谴责，但不会悲伤。我觉得这是一种精神的丧失，如果中国想以现在这种精神状态进入世界民族之林，我觉得不太可能。

中国现在主要是发展自己，这无可厚非，但有一点，在像北大这种中国最好的大学里，应该有一批人要有关注人类进步的想法。我觉得现在的中国人就缺少一种思想体系，原有的思想体系被五四运动打破了。我接触过第一个在美国商学获得终身教授职务的中国人，他说五四运动打倒了旧文化，没有建立新文化，这是中国人最悲哀的地方。他说，他小的时候学四书学五经，古典文化告诉他一个做人的完整道理，一个完整的思想体系。但是现在中国没有了。

爱，原来很容易，就是轻轻地把他放在心里；爱，原来不容易，就是无法走到他心里……不是因为寂寞才想他，而是因为想他才寂寞。孤独的感觉之所以如此之重，只是因为想得太深……大学里的爱才是成熟的，因为长大了，懂得了责任，懂得了付出……这种人格的完善，也会是一种核心竞争力，人将以成熟的姿态走向社会。

第五章
体验校园爱情：在伊甸园里丰富、成长

当年我在清华时，跟同宿舍的几位工科研究生聊起了恋爱这个话题，我问一个恋爱一直不如意的哥们：“你谈过几次恋爱？你有什么恋爱经验？”他满脸严肃地回答：“恋爱带给我的不是经验，而是教训！”宿舍的人听了哈哈大笑。

每个人在成长的阶段都会遇到恋爱的问题，都会被不顺利的恋爱所困扰。大学时代是恋爱的黄金季节，是情感季风扑面而来的时候，恋爱很容易让人陶醉，也很容易让人迷失。

绝大多数的大学生体验过校园爱情，校园爱情给人带来了什么呢？有甜蜜、有痛苦、有快乐、有悲伤……校园爱情就像是一块调色板，里面有着不同的颜色，而大学生是一张白纸，每个人涂上的颜色也不一样，单一的、五彩的、绚丽的、灰黑的……年轻的情感让我们向往，迷恋；校园爱情带给我们无法抗拒的诱惑，我们追求着属于自己的爱情。

刚踏入大学校园的年轻人几乎都在做着同样的一个梦：在大学四年里拥有真正的爱

情……爱情是人类最美好的情感，谁都想拥有，但是，有的人相信大学里有真正的爱情，有的人却不相信，以致感到困惑和迷茫。有的人尝到了爱情的甜蜜和温馨，有的人尝到的却是爱情的苦涩与悲伤。有的人开心地笑了，有的人难过地哭了。

谈过恋爱的人都知道，爱一个人很不容易。那么，爱到底是什么？爱是一种感受，即使痛苦也会觉得幸福；爱是一种体会，即使心碎也会觉得甜蜜；爱是一种经历，即使破碎也会觉得美丽……

爱，原来很容易，就是轻轻地把他放在心里；爱，原来不容易，就是无法走到他心里……不是因为寂寞才想他，而是因为想他才寂寞。孤独的感觉之所以如此之重，只是因为想得太深……校园爱情的真实给我们带来的感受是一种心灵上的冲击，让我们的生命充满激情，对生活充满热爱。有的人因为爱而爱，有的人因为合适而爱，有的人因为寂寞而爱……什么是爱情？只有自己真正去体验才会知道，而且可能会有不同的答案。

在大学里拥有一份真挚的爱情是一份收获，也是人生的一大财富，至少可以留作以后年老时一份美好的回忆，也足以证明自己的青春是美丽的。有的人说中学时代的爱是不成熟的，更多的是找一个异性朋友玩一玩，而大学里的爱才是成熟的，因为长大了，懂得了责任，懂得了付出。这种人格的完善，也会是一种核心竞争力，人将以成熟的姿态走向社会。

在大学里常听人说："大一大二可能还有纯洁的爱情，不考虑别的，只要两个人相爱就在一起；而到了大三大四就不一样了，人变得越来越现实，所以两个人在一起考虑的因素也越来越多，感情就变得不那么纯粹了。"

一、为爱而懂得责任

◎**梦洁：**"我为什么说找男朋友一定要求他有责任心，因为责任心是一种性格，是随他一辈子的。这种责任心，在感情上是一种态度，在生活与工作中，则是一种保障。相爱是可以强化两个人的责任心的。"

在北大三角地举办的学生社团招新活动里，我来到了北大摄影学会的展位，有一位发传单的女生格外引人注目，她穿着一双旱冰鞋，在展位前滑来滑去。她的个子高高的，容貌漂亮，打扮得很特别。她热情地邀请我入会，我跟她聊了起来，主动向她要了手机号。她叫梦洁（化名），是北京大学医学部临床医学专业（八年制）的大一新生。

一天晚上，已经9点钟了，我抱着试试看的想法给她打了电话，约她见面，没想到她同意了，说现在就可以见面，于是，我匆忙赶去北大。我俩约在校园内的师生缘咖啡厅见面，等我进去时，她已经一个人静静地坐在那里等我了。

她喜欢甜甜地笑着，带给人无限美好的遐想。说到不开心的时候，她会可爱地撅一下嘴唇。她说她进摄影协会后，喜欢上了一位高年级的学长，但那位学长却依然喜欢已经离他而去的女朋友。梦洁跟我讲起了自己的感情经历——

我在中学没谈过恋爱，因为我当时要参加奥林匹克竞赛，集训队的生活很忙。

进北大以后，我在摄影协会认识了一个学长，他念大四，人很不错，当时他有女朋友。一开始是很理智的，他虽然人很好，也很合适，但是他有了女朋友，我就不往那方面多想了。符合自己要求的男生有很多，又不是只有他一个。过了一个月吧，我发现他跟他的女朋友分手了，就希望自己能替掉他原女朋友的位置，老跟他在一块搞活动或者出去玩什么的，我越陷越深了。

他是个很痴情的人，虽然跟女朋友分手了，但他还是喜欢她，而不愿跟别的女孩重新发展。我一直认为做不成情人就做朋友嘛，没有关系的。

也有男生喜欢我，那个男生——噢，郁闷死我了，从高二开始一路追呀追呀一直追到高三，我当时参加奥赛得奖，提前半年就定下来要保送上北大，他高考的时候所有的志愿都填北京这边的大学，现在他在北京理工大学。他本身就小我几个月，我感觉他像小弟弟一样，我想我跟他根本不可能在一起。

我虽然到现在还没有真正去恋爱，但是对恋爱究竟是怎么回事和人与人之间的关系还是看得很清楚的。我很早就知道两个人之间为什么会相爱，为什么会分开，可能跟我学理科的思维方式有关，对人对事都喜欢穷根究底。学文科的人可能会觉得，喜欢上了就喜欢上了，爱上了就爱上了，哪儿有那么多原因？但是我认为喜欢一个人是有原因的，而且原因都是一样的，就是互相需要。

我心目中的恋人是这样的：首先性格上要比较好；虽然对相貌没有太大的要求，但是长得不能太丑，个子起码不能比我矮吧；他要有责任心，这对于一个男人来说是很重要的。

我觉得两个人的爱情是建立在互相需要上。当你感觉在某方面很需要对方，而且你也感觉到对方在某些方面很需要你的时候，你就会对他产生特殊的感情，产生一种依恋，就是说你既依赖他又想去照顾他，这个时候你就会发现：嗯，自己已经喜欢上他了。如果一直喜欢下去，那可能就是一种爱了，两个人就会在一起了。

现在我们是学生，很单纯，需要也很单纯，比如觉得哪个男生很优秀，就想跟他在一起，满足自己的一种心理需要。但是出了校门以后，你那种需要完全改变了，为什么大学里的恋人在毕业的时候会纷纷分手？就是因为生活突然发生了极大的改变，你发现自己原来希望从他身上得到的东西不那么需要了，而你所需要的新的东西他不能满足你了，你就不会再那么依赖他了。

所以我为什么说找男朋友一定要求他有责任心，因为责任心是一种性格，是随他一辈子的，哪怕这种需要减少了，但是这种责任感是不会轻易改变的。他这一辈子肯定会有其他的需要，也许会喜欢上别的女孩，但是他最终出于一种责任感可能还是会留在你的身边，所以责任心是很重要的。这种责任心，在感情上是一种态度，在生活与工作中，则是一种保障。相爱是可以强化两个人的责任心的。

在我跟梦洁正聊着的时候，她的手机响了，她接完电话后告诉我说：“就是我喜欢的男生打来的，他吩咐我明天下午去拍一组照片。在摄影协会里，他吩咐我做什么我都答应，因为我爱他。”梦洁说的话我非常理解，我上大学时也喜欢过女生，也愿意为她做很多事情，是那种无私的付出。

我问：“你现在还喜欢那个大四男生，可是他又躲着你，你觉得这种希望是每天在增加还是在减少呢？”梦洁显得很平静地回答：“我觉得没有什么希望，我不会刻意强求，但是也不会干脆不理他了，顺其自然吧。”其实，我能感受到梦洁内心的那种苦闷，按她的话说这是一份没有什么希望的感情，但是她对那个男生还是难以释怀，我想这就是所谓的儿女情长吧。

我们班有34人，女生比男生多两人。目前我们班谈恋爱的人基本上都是保留原来高中的恋爱对象，估计过两年就要换了，毕竟异地恋是不好维持的。高中的恋人一般都是上大学后在不同的城市，两个人分开了，平时顶多是打电话，或者回忆过去。

高中谈男女朋友也是因为互相需要，因为高中的学习很苦很乏味呀，有一个异性的朋友跟自己在一起，两个人就过得很满足；一到大学生活变了，以前的男朋友离你那么遥远，无法满足你现在生活的需要了，所以基本上那些在高中谈的男女朋友就会分开，然后彼此都会有新的选择。感情真的是建立在一种相互需要上，你俩离得那么远，他照顾不了你，你也照顾不了他，生活环境也都改变了，光凭打电话维持感情能维持多久呢？打着打着你就烦了，也聊不出什么新的东西来了。说着说着就没有共同语言了，每天通电话就会变成一种负担了，说着说着你就会发现自己喜欢上别人了，说着说着两个人就分手了……

到了毕业以后也是这样，既然感情是建立在需要上，需要在变，爱就不会是永恒的。

我说："这种观点是你自己总结的吗？"梦洁点头称是，她说自己经常躺在床上想着想着就想出一些理论来。

很多人并没有仔细想过自己为什么会去爱一个人，如果仔细去想一想，会发现爱很简单，并不神秘，它是人与人之间很正常的情感，不只是局限于男女间的爱，还可以推广到好多方面，比如说父母跟孩子之间的感情。其实，人的感情都是建立在相互需要上的。

大一上学期我参加了摄影协会，协会举办的所有活动我几乎都疯狂地参加了，我喜欢的那个男生就是在摄影协会认识的，他是我的学长，我喜欢他，可是他一直躲着我，因为他还爱着已经跟他分手的原女朋友，所以我很郁闷，也很迷茫。

当时我们协会的一批人是怎么过大学生活呢？我们经常一起去吃饭，吃完饭就去K歌，每周都K歌，而且K歌是通宵。那时候我每周一般是这样度过的：星期六星期天玩累了，星期一早上睡一觉旷旷课。星期二干吗呢？星期二的课是不能旷的，因为是小班的课，那得去上。星期三晚上去K歌，是通宵的，所以星期四白天要睡一觉，那又要旷旷课。星期五是周末啦，兴奋啊，也静不下心来学习。到了期末考试就比较悲惨啦……

我一直在摄影协会呆着是因为我想跟他在一起。现在想一想上学期自己都不知干了些什么，考试又没考好，自己爱的人又躲着自己。我喜欢他他可以不接受，那我觉得做好朋友也行呀，可是他老躲着我。我比他小四岁，那么我当他的妹妹也行呀。可是他不作选择，我觉得他不够意思。

上学期期末圣诞节的时候，北京下了一场大雪，我是南方人嘛，第一次看到雪，心里非常兴奋，当时我想送他礼物，可是又担心他不要怎么办，而且人家毕竟是男生嘛，我送他礼物他要是不送我又会不好意思，但他在那个时候心里想的肯定是那个女孩。看着纷纷扬扬的大雪，我灵机一动，决定在男生楼后面的雪地堆一个雪人。我已经事先打探好地势，知道从那个男生宿舍窗户看下来是哪一片空地。我宿舍的女同学陪着我来到那片空地，然后我开始堆雪人。当时有几个女孩拿着气球走过来看，她们送了我两个气球，我把气球插在雪人上，并且我在雪人面前划一行字，就是“TO”还有他的名字。回宿舍后我给那个男生打电话，叫他往窗户外看，他刚开始以为我在耍他，他想了想说：“噢，那我看一看……”后来他给我发短信说，他很感动，但他还是会等他以前的女朋友回到他的身边，我就说：“没有关系……”

我跟梦洁一直聊到咖啡厅打烊，已经是深夜12点了。外面有些凄冷，月光幽幽，北大校园静悄悄的。我跟梦洁说：“我送你回宿舍吧。”梦洁迟疑了一下回答：“好啊……”咖啡厅离她所住的宿舍楼不远，在这条寂静的校道上，我看不到一个人影，一路上我俩没有再聊情感的话题，而是说了几句比较轻松的话。走到35号楼的前面，我发现楼门口亮着一盏灯，梦洁跟我道声“Bye - bye”便进去了。

几天后，我在北大南门外的老上海城隍庙偶然遇到了梦洁，我俩简单地打了个招呼，没说什么话。当时她在参加一位北大女生的生日聚会，而我发现她喜欢的那个学长也在那里。

暑假的时候，我给她打了个电话，她告诉我，她在西藏旅游。

等她从西藏回来，我好奇地问起她感情的事，她说那位学长刚交了个女朋友，是北大的女生。

从梦洁那忧伤的眼神里我能看出来，她失恋了。她忽然问我：“过几天我们摄影协会的几对新恋人请客唱歌，其中有一对是我喜欢的那个学长和他新交的女朋友，你说我去参加还是不去呢？”这确实是一个问题，去了难免会尴尬，但是不去又怎么跟摄影协会的其他朋友解释呢？我没法给她一个正确的答案，去有去的理由，不去有不去的理由，都同样充分。

二、爱要温馨感性，也要始终理性

◎**李秋**：“我觉得爱情就是生活中的调味品，最重要的还是两个人心灵上的沟通。他也是一样，他也不喜欢两个人一天到晚地黏在一起，天天在一起吃饭，一起上课，一起上自习。我觉得每个人都需要有自己的空间，我们会在自己的时间里预留出一部分给对方，但更多的时间我们是在做着各自的事情。”

李秋是北京大学法学院大四学生，在见到李秋之前，我一直在想她是一个什么样的女孩，她是高考状元，学习成绩那么好，在恋爱方面的收获跟她的学习成绩是成正比还是反比呢？毕竟一个人的时间和精力有限，在学习和恋爱两方面都大有收获的人恐怕不多。见到李秋后，她跟我说，在北大四年自己最大的变化就是变漂亮了。

上大学之前李秋没有谈过恋爱，主要是因为当时她心里想的是学习，没有把恋爱当作一件特别重要的事情来看待，所以就一直都没有谈过。班上有人在谈，有些人从初中就开始谈了，这个现象现在很普遍。

我问李秋：“那你在进北大之前对于大学里的爱情有过憧憬吗？或者说，你想过在北大谈一场恋爱吗？”李秋说——

想过啊，我进大学的时候都已经19岁了，如果这时候我还不想的话，那不是有点不正常了？以前在我的想象之中，大学就是一个特别美好的地方。很多考上大学的人也会跟我们说，大学里可好了，学习没有以前那么累了，可以有很多时间来做一些自己喜欢的事情。我当然也是抱着梦想而来的，而且北大的人都非常优秀，能在这里谈一次恋爱是一件很美的事情。

不过，我倒没有幻想过具体的恋人是什么样的，只是觉得他一定是一个品格很好的人，这个想法也许挺傻的，但他一定得是这样的人。很多女孩找男朋友要找帅的，对我来说，很帅倒不用，不过我比较喜欢高大一点的男生，这样的男生会更有安全感，可能很多女生都是这么想的吧。

我喜欢的男生必须是一个男子汉的形象，他不一定要长得很壮，但他在行为上要让你觉得他是一个男子汉。我见过一些男生，他们的所作所为让我觉得很丢人，这样的男生我不喜欢。

我比较喜欢看书，也喜欢看杂志，有时候会看到一些作家写的关于爱情方面的文章。我还是很相信缘分的，以前我看《西雅图夜未眠》的时候就是这么想，爱情是很神奇的，它到来的时候你可能完全没有感觉，不管你之前怎么想，你后来碰到的那个人可能会和你当初想象的大相径庭。我相信那个正确的人总有一天会出现的，这就是缘分，我一定可以找到我的 Mr Right。

我所向往的爱情是那种两个人可以在心灵上沟通的感觉，我觉得这个很重要，而不只是两个人整天都黏在一起。一个人在外面读书，有些时候会觉得比较孤独，缺少一个可以来和自己分享彼此感受的人。可能你的朋友有很多，但是你很怕自己去找他们谈一些事情，怕这样会打扰到他们的学习，或者耽误他们做别的事情，尤其是当你的朋友有了男朋友之后，你更不想去打扰人家的生活。如果自己有一个男朋友，那么我和他可以在一起交流彼此的想法，这就是我想象中的爱情。

我问李秋："你在北大体验到这种感觉了吗？"李秋犹豫片刻才回答："体验到了。"我问："是在你上大几的时候？"她想了想，终于敞开心扉向我讲出自己的情感往事。

我碰到过让我觉得双方可以在心灵上沟通的人，但是我们没有成为男女朋友，有一点遗憾。

大一的时候，我和他一起做很多工作，生活上有一定的交集，彼此都很熟悉。而且我们都是很健谈的人，也发现了很多共同的话题可以一起聊。慢慢地，我们就从一大帮人一起聊发展到了两个人聊，这种状态一直保持到"非典"之前。"非典"那段时间差不多也是这种状态，但因为"非典"，我们的生活多少有些改变。

后来我们觉得做男女朋友不是很合适，因为我觉得当初的那种感觉不一定是爱情，也许我们只是觉得在一起交流得很好，不一定就是两个人之间产生了爱。之前我们两个人在一起聊天，如果两个人成了男女朋友，无非也就是每天在一起吃饭、上课、学习，我觉得这蛮可笑的，觉得这可能并不是我想要的爱情。当你把这种感情回归到现实的时候，你会发现你不一定接受得了。我们后来还是很好的朋友，也会在一起很好地聊天、沟通。

我发现大学里有一个现象：两个人之间，有一段时间你们会特别熟悉，但是过一段时间之后你们的交集就慢慢失去了，因为每个人都有自己的生活。

后来，那个男生找到了自己喜欢的女生，所以我们之间的交集就更少了，因为我跟他生活在不同的圈子里。现在我想起来其实也没什么，可能就是有一点小小的遗憾吧。

我觉得无论是一见钟情，还是日久生情，两个人必须是彼此都喜欢，我不太喜欢那样的现象：一个人对另一个人并没有产生感情，但那个人还是狂追不止，最后追到了在一起。我不太能接受这种情况。在我的想象中，爱情就是两个人一开始对彼此都有感觉，或者慢慢地培养出了感情。后来有男孩子来追求我，我还是觉得彼此不够了解，不是特别合适，所以一直都没有开始，直到最后真正碰到彼此都有感觉的人，才决定在一起。

我问："那是什么时候?"李秋回答："你别笑我，是在我上大四的时候。"我接着问："是大四第一学期吗?"李秋有点不好意思地说："差不多吧，在第一学期快结束放寒假的时候，那个时候我在身份上还不是他的女朋友，但现在我是了，也就是确定了恋爱关系。他比我小，所以人家都觉得很可怕，我不仅是黄昏恋，还是姐弟恋呢。"

我忍不住笑了，我说："姐弟恋我听说过很多，黄昏恋我也听说过很多，但是两者结合在一起我还是头一次听到。"李秋大笑说："所以你又多了一个素材。"我说："我在北大听说过一个大四的女生和一个大二的男生在一起，你不会告诉我说你那个小男朋友是大一的男生吧?"李秋回答："他是大二的。我还听说过一个大一的男生和一个大四的女生在一起的呢，不过我不会告诉你的。"李秋又笑了，样子很可爱。

我俩是一起参加一些活动的时候认识的，他说他喜欢我很久了，这件事情搞笑的地方就在于，在他告诉我之前，我就已经喜欢他了，这差不多就是我理想中的爱情了，就在我们说破这件事情的时候，我们对彼此都已经有了感情。

他的个子很高，品格也很好。我的朋友对他的评价是：“为人老实，做事又有能力。”

刚开始时，他会有意无意地靠近我，之前我并没有觉得怎么样，我们平常生活的交集并不怎么多，毕竟他是二年级的，我是四年级的，我们也不是念同一个专业。他以前学的是理科，但现在的专业基本上可以划在文科里面。我对他的印象很好，但不是那种爱的感觉。我们在一起干活的时候，他会不自觉地离我很近，或者和我一起干，有时候也是因为分组恰好就分到了一起。后来慢慢地，我对他产生了一些感觉。

我俩都在北大的明德营做事，明德营的成员都是各省的高考状元和国际奥赛金牌获得者。我跟他进入恋爱的过程很美妙，当他慢慢靠近我时，我对他也慢慢地有了感情，然后我也靠近他。其实是我推着这件事情向说破的那一天走的。

那天我们一起参加一个活动，完了在麦当劳里休息。我觉得他对我是有感觉的，而且我对他也一样，但我觉得不应该让这件事情开始，或者说应该让它算了。无论我们是不是在一起，压力比较大的都是他。

他现在是二年级，课业这么重，而我现在是四年级，马上就要工作了；他这么小，我比他大这么多。这么多事情我都想不清楚，加上那天我发烧了，很不舒服。

有时候就是这样，怕失去，所以你不想去得到。

李秋忽然停了下来，好像陷入了沉思之中。我说：“没有得到，就没有所谓的失去。如果你预见到你们注定将要分手的话，就不想开始，对吗？”李秋说：“对。”我问：“当你跨出那一步的时候，你是否感觉到你们将可能会分手？”

当时我没有觉得一定会分手，但80%的感觉是我们不应该在一起。我这个人并不相信天长地久，我觉得是否天长地久不要紧，要看在这个过程中的每一天你是不是过得很好。天长地久只是一个结果。我觉得大学里的大部分感情到最后可能都会以分手告终。因为有很多客观的条件限制，所以我也没有多想。

我当时身体不舒服很难受，就跟他说：“你借我肩膀靠一下。”

我靠在他肩膀上的时候，手没有地方放。我只是想找一个舒服的姿势，就把手放在他的手臂上，结果他把他的手放到了我的手上了。

我俩就是这么糊里糊涂地确定关系了，当时我们谁也没有说话，到了晚上，我们才说起了这件事情。我跟他说："我是最近才对你有感觉的。"他说："那我比你早多了，我已经喜欢你很久了。"

那天正好是情人节，我们在香港。我们明德营正在香港做一个交流活动。现在代表团里很多人都还不知道我俩的事呢，你要替我保密哦。

我笑了笑说："OK，我一定保密，但我只能答应你不跟别人说这个故事的主人公是你，让别人去猜好了。情人节，在香港……我想那天一定有很多故事发生。"

主要是因为我们那天搞了个活动，又下雨，我恰好身体又不舒服。那边的空气因为下雨而比较闷，所以我觉得有点上不来气。这事跟情人节倒没有多大关系。

在情人节之前，我俩去了维多利亚港，正好那天那些和我们一起搞活动的人都出去逛街购物了，没有人理我们。我想去维多利亚港看夜景，所以就没和他们一起去 shopping，他跟我说："那我陪你一起去吧。"所以从这里你也可以看出来，他总是有意无意地靠近我。

我们是在深圳坐火车回北京的，代表团的一大帮人在一起。其实，他们早就开始八卦我们了，他们最早开始八卦的时候，我俩根本就没有开始。那天在火车上他们八卦我俩的时候，我也只是笑了笑。他们现在都还蒙在鼓里，要是哪天他们知道我俩真的在一起了，他们肯定会疯的。

我现在已经是大四了，朋友们见到我的时候也总是会问起：工作找得怎么样啊？男朋友找得怎么样啊？

他们知道我俩的恋情时，首先是很震惊，但他们还是祝福我。他们基本上没有见过我的男朋友，只是看过他的照片。因为我比较大，大我男朋友三岁，所以他们都笑我说："女大三，抱金砖。"

跟他在一起的确很开心，但他的课业比较重，从大四第二学期开学到现在也不是很久，我俩平时在一起的时间不多，有空的时候就约出来到外面溜达溜达，也仅限在校园里，偶尔我们还会在一起吃个饭。

我笑着问："你们没有浪漫一下吗？"李秋回答："什么叫浪漫一下？再去一次维多利亚港？"我说："那倒不是，比如说，你们到外边比较好的咖啡厅去坐坐、聊聊天什么的。"李秋说："我俩在一起吃饭的地方仅限于北大的农园和康博斯，我们只在一起吃过两次饭。其他的活动也就是在未名湖畔转过几圈。那边还有很多人跑步，看起来像大一的学生。"我问："他给你写过情书吗？"

干吗要写情书？这多土啊。他没时间，我也没什么时间。我现在也就是这个月还闲着，下个月开始我就要上班了，那就更没有时间了。

至于未来？我俩谈过，我俩的态度基本上是一样的，有一天就努力一天。我这么跟他说："只要早上醒过来的时候我觉得这一天我还需要努力，那我就会去努力。"

也许现在还没有那么艰难，但我觉得还是需要努力的。我不想让大家都很有压力，我觉得爱情就是生活中的调味品，最重要的还是两个人心灵上的沟通。他也是一样，他也不喜欢两个人一天到晚地黏在一起，天天在一起吃饭，一起上课，一起上自习。

我觉得每个人都需要有自己的空间，我们会在自己的时间里预留出一部分给对方，但更多的时间我们是在做着各自的事情。比如今天，我来这里跟你见面，或者我约了哪一位老师，这都是我自己的事情，我也没有必要告诉他。他今天有十几节课，那他顾着自己上课就可以了。我们平时也不会经常打电话或者发短信，因为爱情不是靠这些东西来维系的。

一个男生喜欢一个女生，或者一个女生喜欢一个男生，在追求了一段时间以后就在一起了。很多对爱情抱有幻想的人会觉得这种感情是不是不太纯粹，或者说有些勉强，也许只是因为某一个人孤单久了，也没有其他的人可以选择，既然有人对我好，那就答应在一起。我俩并不是这样，我俩对彼此都有感觉，这种感觉开始是非常纯粹的，完全没有想过现实的问题，很多人都觉得很难得。我自己也是这样想的，可能人的一辈子就只有这样一次难得的机会，所以该努力的时候还是要努力的。

这段感情对我们俩来说都是初恋，很多人都觉得初恋都是不会有什么结果的，但是我不这么想。我好不容易才找到这样一个可以和我一起毫无顾忌地分享一些东西的人，我会好好珍惜的。有时候你不得不承认一个人在生活中是很孤独的，尽管我有很多朋友，父母跟我的关系也很好，我们可以像朋友一样聊天，但我依然还是会感到很孤独。有时候当你心里很乱的时候是不能和父母说的，你一个人在外求学，他们会很担心。朋友也是这样，她们也有自己的男朋友，有自己的事情，有些朋友还不在一个学校里，跟她们打电话浪费钱又浪费时间，所以有这样一个人，你可以去和他分享你的快乐，分担你的悲伤，这是一件多么可贵的事情。

很难说谁跟谁在一起就是最好的，我觉得有机会在一起就要好好珍惜每一天。我的一些朋友，恋爱失败了就怨恨对方。我跟他们说："不要怨恨对方，你们已经在一起度过了一些很美好的时光。你这样怨恨只会让自己不开心。即便是分手了，大家也应该互相祝福。"我特别讨厌那种分手时闹得满城风雨互相仇视的人，我觉得那样很不好。其实大家都是学生，都是很单纯的。

我问："你周围的人的恋爱是怎么样的？比如说和你同一个屋的女生，她们怎么样？"

我们寝室一共有4个人。有一个女生在大一那年暑假和中学的一个同学开始谈恋爱，两人是异地，一直好到现在，这很难得。还有一个女生谈过两次恋爱，中间换过男朋友，她的每一次分手都造成了她一段时间的失落，即使分手是她自己提出来的。另外一个女生谈过一次恋爱，但后来分手了，现在还是单身一人。

大家都说在大学的时候一定要谈一次恋爱，因为你不用太在乎现实。我觉得自己就是没有赶上一个很好的时机，我还是要面对现实的，现在离我结束自己的大学生活只有几个月的时间了。但是话又说回来，我觉得如果能遇到一份真的让自己觉得幸福的感情，哪怕只有一天，那也已经足够了。两个人彼此相爱过，这在一个人的成长中太重要了。

有人说爱情中的经典就是卢卡斯拍的那一部《星球大战》，我忘了是哪一部了，影片中的女主角在即将被拉走的时候，对男主角说了一句："我爱你！"男主角回答她说："我知道。"其实这个时候男主角也可以说"我也爱你"，但是他说"我知道"给人的感觉是完全不同的，你真的觉得他俩之间的心灵是相通的。哪怕只有一秒钟，但只要相爱过，那就够了，何况生活并没有这么残酷。

我说："所以我也为你祝福。"李秋笑了笑回答："谢谢你。"我说："你的这份感情还是需要经过一段时间考验的。"李秋回答："对。这个考验其实就在眼前。"我问："你有没有觉得你们的考验正在一天天逼近?"

这个倒没有。一天天逼近？我怎么觉得好像是死神快要来了一样？其实大家心里都明白，我们要面对现实，但是我们总不能老把这个挂在嘴边。当我告诉我们寝室的同学说我有男朋友了，而且对方是一个大二的男生时，我们寝室有一个女同学跟我说："你说啥？你知道我的心脏不太好。"对室友们来说，我谈恋爱这件事情真的是一点征兆都没有，这么多年了我都是一个人，所以她们知道我有男朋友了都非常吃惊。

我曾经在未名 BBS 上看到过一个帖子，写的是《我对一个比我小三岁的男生一见钟情，我疯了》。那个帖子后来被顶上"十大帖子"了，当时我看到了吓了一跳。写这个帖子的那个女生也是高年级北大学生。

我说："看来大学校园要流行姐弟恋了，不管怎样，只要两个人都很真诚地对待这份感情，那么这份感情就真的很美好。"李秋说："对，我也觉得很美好。"她欣慰地笑了。

三、屡败屡战，未来如此艰难

◎**叶建飞**："我们对于未来有很多憧憬，但我也知道，未来不管是学业、事业，还是爱情，都会遇到很大的困难。我们都互相打气，只要努力，就不会有过不去的坎。"

叶建飞是清华大学材料科学与工程系大四学生，2002 年保送进清华，山东人。他的个子很高，长得有些瘦，人很老实，说话带着腼腆的笑容。他谈过三次恋爱，每一次都不一样，第二次恋爱对他造成了心灵上的伤害。一天晚上，我俩在清华东门外的一家咖啡厅见面，他跟我讲述了自己的恋爱经历——

我的第一个女朋友是我的初中同学，我们彼此之间的感觉都很好。那时我的成绩一直名列前茅，在学习上我经常帮助她，放假时我也会去她家帮她补习功课。有时候她被人欺负了，我也会去安慰她，我们对对方都有一种很强的依赖感。虽然这段感情还没有很多爱情的成分在里面，但是很有两小无猜青梅竹马的温馨。

后来我到北京来读高中，而她留在山东，随着年龄的增长，我们彼此都把这份感情往爱情上靠，写信啊，打电话啊，越来越频繁。高三寒假回去的时候，我约她到了海边，两个人走过来走过去，我想问的话迟迟说不出口，我总是在那儿挠头，支支吾吾。我从来没跟女孩说过表白的话，没有经验，一直在考虑应该说“让我做你的男朋友吧”，还是说“你做我的女朋友可不可以”。到最后她有些不耐烦了，说：“你到底说不说啊？不说我就走啦……”被逼无奈，我终于对她说：“你愿不愿意做我的女朋友啊？”她冲我笑了笑说：“好啊！”好简单啊。

那一年，我 18 岁。

假期过后，我回北京了，她还留在山东读书，我们的距离又远了。那时候，收到她的信和接到她的电话是最幸福的事。然后就迎来了高考，可是她落榜了，没有考到北京来，而是留在了山东。如果两人继续谈下去，我们之间注定要分离至少四年的时间，我觉得用四年的青春去等待，不管对谁都是一件很残忍的事情。那时理性占了上风，我在上大一的时候提出了分手。

她的反应很强烈，我觉得自己很对不起她，这对一个女孩来说是一件很残酷的事情，虽然残酷，我觉得这也是为她好。

我说：“有句话这么说：长痛不如短痛。像你这种情况有很多，在中学谈恋爱，考上大学后各奔东西，不得不分手。”

我的第二个女朋友是我大学里的同学，她叫方蕾，她在大一刚入学时就转到协和医学院那边读书了。清华大一新生入学后有机会转系，参加面试通过了可以读自己想读的院系，她那时转去协和医学院，不过还和我们班的女生住在一起。

我们第一次交流是在 11 月 12 日我们清华的男生节那天，我们班女生为我们庆祝，那天她也去了。之前听同学们提起过她，对她有些了解，觉得她还不错，那天我俩聊了一会儿，我觉得双方有挺多共同话题。

在清华里有这样一句话："如果你想跟我谈恋爱，那就跟我一起上自习吧。"连老师也知道并同意这种观点。我们认识了之后，我正好买了手机，那部手机派上了用场，我们经常互发信息，聊一些平时学习上的问题。

有一天，我给方蕾发信息问她："你身边还有座位可以让我去上自习吗?"开始的时候，她没有回我，我正失望呢，准备自己去找座位，忽然收到了她的信息，她告诉我她在哪里，并让我过去。上完自习就理所当然地在一起吃饭，聊天。这样的生活持续了几天。

那天，我们刚刚自习了一会，就被我班同学给看见了。那个同学是个女生，很快我们一起上自习的事情在女生圈里传开了。就这样，我们一起上自习，一起吃饭，她在合唱队排练，我去军乐队吹号，过着一种很安静很美好的生活。

直到有一天，我们吃饭回来，我对她说："我想跟你说一件事。"她没说什么，"呵呵"地笑着。等我鼓起勇气刚要向她表白时，她突然说："我想上厕所。"然后就跑掉了。

等到晚上的时候，我送她回宿舍，到她宿舍楼下时她忽然问我："你中午想和我说什么啊?"我犹豫了半天，终于向她表白："我喜欢你。"她并没有说"同意"或者"不同意"，她觉得现在就确定关系还是有些早，不过她说："我们现在不也是每天都在一起吗?"

从此我们的关系又进了一步，还是一起上自习，手牵着手去吃饭，吃完饭后不是马上回自习室，而是绕着礼堂前的大草坪转一圈，然后再回去自习室。

她是一个很聪明很有主见的女孩子，刚认识她的时候没觉得她有多么漂亮，可是后来越看她越觉得她漂亮了。

接着北京闹"非典"，我们都不能到处走，就一块呆在学校里，上自习，准备考试，每天都在一起。我们从来都没闹矛盾。直到放假的时候，她要回家，我说："我送你去火车站吧。"她不让，说要去她同学那里和同学一块走。我提出要送她到同学那里时，她还是拒绝。那时我心里很不舒服，后来送她到校门口。

假期里我们靠短信和电话联系，三周以后，她回来了。可是一见面，不知为什么，突然有一种陌生的感觉。那时我很喜欢她，可她对我的态度却有些冷淡，这让我很不自在。后来，我们集体搬宿舍，我主动提出帮她搬行李什么的，她还是说不用，可我还是去帮她搬了。我们宿舍搬的时间稍晚些，我说："你不帮我搬吗？很多东西我自己拿不了。"最后她还是勉强来了。

假期时，她跟我说过她给我买了件T袖衫，但一直没有送给我。搬家时，她带了些吃的东西过来，直接给我的室友。直到她走后，我的室友才从那包东西里找到了T袖衫，并且问我："这是她送你的吧？"我说："是。"她给我买了东西却没有当面送给我，我心里非常不舒服，也找她谈过几次，可她觉得我们这样挺好的。

后来我们迎来了军训，那时候生活很有规律，晚上也有时间一起去打水、聊天什么的，关系看起来还不错。军训过后，晚上要上课，我们的距离似乎又远了。直到最后我实在是不能忍受了，我对她说："我们应该把我们的关系说清楚些，现在这种状况真的让我受不了。"她说："我们现在还是太早了，可不可以以后再谈这个问题？"她的意思是，我们可以做普通朋友，以后如果觉得合适的话再做恋人。我当时很恼火，说："那干脆分手吧！"她当时说了一句话很刺痛我："说什么分手啊？我根本就没有答应过你什么啊！"

那天晚上，在QQ上她对我说："你能不能不恨我？"我说："我干吗要恨你啊？有什么可恨的啊？"就这样，我就再也没有找她。

我大吃一惊，我说："她怎么可以这样说呢？她说自己根本就没有答应过你什么，好像是在否定她以前是你的女朋友似的。这太伤人自尊了，我都替你感到寒心。"叶建飞叹了口气，过了一会儿，他接着说——

一直到大三寒假的时候，我遇到了我现在的女朋友，她是我们艺术团舞蹈队的队长，她叫柳芸，和她第一次接触是我们艺术团某次演出结束后大家聚餐，当时没和她说话，因为觉得她说话有些"嗲"，应该说她当时给我的印象不是特别好。

后来她们队有一次搞沙龙活动，我去帮忙弄音响，活动结束后大家一起去吃饭，她坐在了我的旁边。后来她告诉我，她坐我旁边是因为觉得我不是舞蹈队的，怕我在那儿没人说话觉得尴尬。那次音响出了问题，我给她发信息道歉，她说："没有关系。"从那以后，我觉察到她是一个很能为别人着想的女孩。

之后我们的接触越来越多。我要了柳芸的QQ号，平时大家就在网上聊天，但那时我不知道她有男朋友。一直到寒假大家一起去参加冬令营，我和她都做辅导员，接触更多了。冬令营结束之后，她要回家，我提出送她去机场，她说："不用。"我说："那好吧。那我就继续去做辅导员了。"其实那几天很累，她也知道，她劝我说："那么累你还是请次假吧！"我调侃地对她说："你要是让我去送你的话我就请假。"她真的就让我去送她了。

送她去机场那一次是我们关系的转折点。去机场的路上，她有些晕车，显得很不舒服，我就帮她掐虎口，希望能帮她减轻晕车的感觉。下车之后，我牵着她的手走进候机大厅。

柳芸回到家之后，我们经常在网上聊天，也聊到了很多感情问题。那时，我才知道她是有男朋友的，男朋友在老家那边。她跟我说，她和她男朋友不在一起时感觉挺难受的，在一起又会很开心。我当时觉得不应该把人家拆散，而且我也没那个能力，但我还是向她表达了我的意思，我对她说："经过这么长时间的接触，我觉得你是那种很能为别人着想的女孩，尽管你有男朋友，但我还是很喜欢你。"

柳芸详细地向我说了她和她男朋友的情况，那个男孩并不经常找她，她很失落。而且，那个男孩家里很有钱，花钱大手大脚，她很不喜欢。

那个假期她跟她的男朋友分手了，我们通过电话和短信经常联系，也算确定了关系。她回来的时候，我去机场接她，在机场那里，我们有了第一次拥抱。

柳芸回到北京之后，我们经常在一起吃饭。女生节那天，我去花店买了一盆蝴蝶兰送给她，她以前跟我说过，她父亲说她长得像家里的蝴蝶兰。那天早上，我把那盆蝴蝶兰放在了她的窗前，她住在一楼。我给她发了条信息说："你拉开窗帘看一下。"她看到非常高兴，很冷的天气，她却穿着睡衣跑出来了。当时我故意躲了起来，看着她抱着花往楼里走，快进去的时候，我从背后抱住了她，她非常感动。

她也为我做了很多事情，会在晚上为我煮东西吃，还在学习针织，准备给我织一件毛衣。到现在我们在一起已经半年多了，感情很好，很稳定。她现在在推研，而我已经定下来留在清华读博士。我们对于未来有很多憧憬，但我也知道，未来不管是学业、事业，还是爱情，都会遇到很大的困难。我们都互相打气，只要努力，就不会有过不去的坎。现在我会督促她好好学习，每天背两篇英语短文什么的。

我很满意这份感情，我很珍惜她。虽然我们两个人都不想去考虑一些现实的问题，但我们都希望两个人能够一直走下去……

四、幸福需要彼此设身处地

◎**韩磊：**“大学生经济条件有限，能为女朋友做的事情，相比社会上已经工作的人是微不足道的。我的女朋友会对我为她做的很小的事情感动不已，这对我也是一种激励，促使我以后做得更好。有些女孩子就不同，她们总是抱怨自己的男友这也不好，那也不好，弄得双方不停地吵架，都很不爽。”

韩磊（化名）是复旦大学法学院三年级研究生，他的本科也是在复旦大学法学院念的，毕业后直读法学院研究生。一个冬日的晚上，下着绵绵细雨，我和韩磊相约在复旦附近的一个咖啡馆见面。他长得帅气，温文尔雅，说话慢条斯理。我问他是从什么时候开始谈恋爱的，他微微一笑，然后说起了自己的情感故事——

在大二的寒假，我第一次谈恋爱，对方是我的高中同学，她不在复旦，之前互相之间就比较要好，是很谈得来的朋友，进入大学之后，人可能特别容易孤独吧，所以经常给她写信，打电话聊天，慢慢地两个人开始产生一种彼此依赖的感觉。听不到她的声音，或者收不到她的信，我就会有些寂寞，很想去找她。到大二寒假的时候，我主动表白了，于是两个人走到了一起。

她是一个很要强的女生。高中时她成绩很好，各方面也都很要强，当时她是保送上的大学。女孩子要强，对男孩子是一种压力，她的要强总会给我一种不太开心的感觉。

两个人在不同的城市，不经常见面。两个人恋爱之后，和做普通朋友要求是不一样的。普通朋友之间，一个礼拜通一次电话，就已经是很要好的朋友了。恋爱之后，她就会要求你天天给她打电话，每天给她写信。慢慢地，两个人都觉得这样很累。大概坚持了不到一年的时间，双方还是觉得做普通朋友比较合适一些，就分手了。

分手之后，我心里很痛苦，大概有一个礼拜，我把自己关在屋子里看书。我是一个比较理智的人，不会选择喝酒或者大哭大闹的解脱方式。那时我在图书馆借了很多小说，成天呆在宿舍里看。

我现在的女朋友是大四上学期认识的。有一次开会，我做会议记录，她当时是学生会某个部门的副组长。在此之前，我从来不相信一见钟情这种说法，只相信日久生情，但是，我也不知道为什么，在我第一眼见到她的时候，我就很喜欢她，当时心里的那种感觉很难形容，说得直白一点，叫做“找对人”吧。

我当时做会议记录，给会议代表们登记，知道她是替别人来的，他们系的学生会主席临时有事来不了，所以派她过来。巧的是，我当时做会议记录，是因为没有人愿意做这个，我是被硬拉过去的。

当时我没有想太多，只是记下了她的名字。在会间休息的时候，我们俩聊了几句。她告诉我她是外文系的。当时我想邀请她一起吃午饭，但我把会议记录整理完之后，发现她已经走掉了，非常遗憾。

回去之后，我就左思右想，该怎么样找到她？要不要去找她？之前我从来没有过这样一见钟情的感觉，为了这，我说服自己一定要鼓起勇气去找她。在复旦日月光华 BBS 上外文系的院版和学生会的版上发了帖子，我没敢实说要干吗，只是说她的一个高中同学在找她。当时在学生会的版上看到一篇帖子，是关于通讯社的。我知道她也是通讯社的，于是给那个发帖的人发了封信，问他知不知道那个女生，并把我的联系方式留下了。

第二天我再上 BBS，发现那个人给我回信了，信里说：“这个世界真是太小了，我就是你要找的那个人。”我当时真的觉得两个人很有缘分，不需要再找别的理由跟她认识了，我选择了实话实说，我说我是上次会议的那个记录员，觉得跟她聊天很开心，想交她这个朋友，相当地直白。

就这样，算认识了吧，我们开始在 BBS 上聊天。再次见面是在系际辩论赛上。我在那次辩论赛上担任评委，邀请她过去看看。她那天晚上正好有课，也没给我一个明确的答复，我也没抱太大的希望。

说来也巧，那天晚上的辩论结束轮到我点评的时候，正好是课间休息，她利用这个时间过来看看，刚好听到我讲话。那是我第二次见她，很开心。

后来有一次网上聊天，我的网号里快没钱了，马上就要断线了，我让她把手机号码给我，她就发给我了。

之后我邀请她一起吃饭，前两次她都以各种理由拒绝了，第三次才答应。从我开会认识她开始算起，到我邀请她出来吃饭，大概花了两个星期的时间。

那次吃饭她很开心，之后我就经常约她。就这样大概过了几天吧，我决定向她表白，地点在我们学校的大草坪，很浪漫的地方。我约她出来散步，然后我拉着她的手向她表白。

当时我很紧张，我跟她说："虽然我们认识的时间不长，但我确实很喜欢你，希望能够做你的男朋友。"我说得很直白，当时天色已经很暗，但我能感觉到她的脸突然地红了。她没有马上回答，考虑了一会儿后，微微点头答应了。于是我拥抱了她，算是追到她了。

从我们俩认识到正式确定关系，只有22天的时间，我记得很清楚。现在想起来，我都觉得很神奇。她也说从来没有想到自己会这么冒险，答应做一个才认识二十几天的男生的女朋友。我们都明白，是缘分贯穿着这整个过程的始终，是缘分铸就了我们的爱情。

我们的爱情到现在已经三年多了，上个月刚刚过了三周年的纪念日。通过这么长时间的了解，我发现她是一个很活泼、爱说爱笑的女孩，同时也是一个挺传统的女孩子，不是特别张扬。她人很好，很照顾我，很理解我，我一直以来都觉得能与她在一起是一件很幸福的事情。每次一想起她来，我心里都有一种很甜蜜的感觉。

我问："我很想知道你们确定关系后，恋爱生活是什么样子的？"

幸福像花儿一样，尤其是刚开始的那一段时间。我们几乎每天晚上都出去散步，每天都出去喝茶，有时候到三更半夜才回来。我把她送回宿舍，然后自己再回去。我们每天发很多的短信，挺肉麻的，幸福洋溢其中。我们都把对方发过来的短信记录下来了，现在翻一翻，心里总是甜甜的。

有一个人陪伴自己是一件很开心的事情。我前一段恋爱经历不是很成功，所以格外地珍惜现在。与当初的异地恋不同，我们可以天天在一起，一起吃饭，一起自习，一起聊天，很踏实，很温馨。

我问："有没有一些刻骨铭心的浪漫爱情片断？"

我现在围在脖子上的这条围巾，就是她给我织的。这是去年圣诞节的时候她送给我的，我当时激动得不得了，抱着她在原地转了好几圈。回来之后在BBS上发帖子，发到一个我的朋友们经常去的版上。那个时候他们都还没有女朋友，他们看到之后都嫉妒得要拍砖。

我在暑假准备司法考试的时候，她怕影响我复习，很早就回家了。有一天她让我去看看我的信箱，我打开发现是一张信纸，上面写着"我想你"，是她在家里用信纸写下来然后用相机拍的。之前我跟她说很长时间没见她，想她了，她就去拍了大头贴发过来，让我想她的时候可以看看照片。就是这些细节，给我很温暖、很幸福的感觉。她是浙江人，很活泼很可爱，当时追她的时候我上大四，她才上大二，我的朋友们都说我是老牛吃嫩草。

我俩一起看《我的野蛮女友》的时候，里面有一段对白，女孩说："天为什么是蓝的？"男孩说："不知道。"女孩说："因为我让她是蓝的，它就是蓝的。"接着，女孩问："你的生日为什么是那一天？"男孩说："因为我的妈妈把我生在那一天。"女孩说："你是为我而生在那一天。"我女朋友看完这部电影后问我："你当年为什么要考到复旦来？"我说："我喜欢复旦就考复旦了。"我女朋友说："你是为我考到复旦来的。"

我问："你们有设计过你们的未来吗？如何设计的？"

有，开始考虑这个问题是在我本科毕业的时候。毕业要照学士照，她帮我拍，我说等到你毕业的时候我也要帮你拍，她说好，于是我们开始讨论以后的事情。像谈婚论嫁这些事情，很自然地就提及到了，看似遥远，其实就是不久之后的事情。

我们俩都是挺能替对方考虑的人，恋爱这么长时间以来，还没有吵过架，最多也只是冷战，就是互相不说话。

我问："你所了解的你身边同学的爱情大概是什么样子的？"

我们班上的同学，有的比较早熟，从高中就开始谈恋爱了，到现在已经五年多了，很不容易。有的是上大学以后开始的，大学生活刚刚开始的那几个月里，我们班里就有好几对开始谈恋爱了，但是一年后，就只剩下一对了，其他都选择了分手。大学生活一个人过会很寂寞，所以很多人一上大学就想着要找个人陪陪自己。抱着这种想法，在其他方面就容易忽略很多，显得很不成熟，所以会出现这些容易夭折的爱情。

有些人在失恋之后，出于苦闷，会找我聊一聊，说说心里话。我也尽量地开导他们，但爱情这种事情，归根结底还是要靠自己的。

在研究生阶段谈恋爱是很普遍的，学校也放得很宽松，想谈就谈，自由自在。我见证过我的一个师姐的恋爱经历。她和她男朋友从相识到结婚，这个过程我们都是看到过的，很幸福的一对。这个师姐可以算是当年我们法学院的院花，很有才气，在 BBS 上发过很多很有文采的帖子，相当有名气。他们现在结婚已经快两年了，她也蜕变成为一个很顾家的女人。现在她在 BBS 发的帖子全是菜谱，会做很多菜。我们都很羡慕那个师兄，找到这么一个长得又好，又有文采，还很顾家的老婆。这是一个校园爱情的典型成功案例。不成功的也有，经常在电话里吵架，吵得很凶的也有。

我觉得我的女朋友是一个很能理解我的人，这也是我如此爱她的原因之一。我对她做过的一些事情，其他男生可能同样也做过，但他们的女朋友不一定能发现或者感受得到。大学生经济条件有限，能为女朋友做的事情，相比社会上已经工作的人是微不足道的。我的女朋友会对我为她做的很小的事情感动不已，这对我也是一种激励，促使我以后做得更好。有些女孩子就不同，她们总是抱怨自己的男友这也不好，那也不好，弄得双方不停地吵架，都很不爽。

我身边的人，各种各样的恋爱方式都有。有在舞会上认识的，有班上的同学，也有别人介绍的。

下面是韩磊现在的女朋友写的一篇文章，先是发在复旦 BBS 的“情爱悠悠”版上，然后被转到复旦 BBS 的法学院的院版上，引来无数的 Re 贴，大家非常感动和羡慕。

和GSZ在一起的N种幸福

亲爱的，到今天，2004年11月29日，我们牵手同行已经整整两年了！正如你说的，时光流逝，我们的感情却日久弥深。这两年的时间我觉得我是始终被幸福包围着的。

两年前在相辉堂前的大草坪上答应做你的女朋友，心里又是甜蜜又是慌乱，但我觉得很幸福，那是激动又紧张的幸福。

寒冬时节，能和你手牵手在校园里漫步，风大的时候你把我紧紧裹在你的大衣里，我觉得很幸福，那是温暖的幸福。

下雨的日子，我紧紧挽着你的手和你一起躲在大伞下，我觉得很幸福，那是让我觉得安全的幸福。

冬日的午后，带上一壶茶，一起到教室自修。看着阳光像波浪一样照进来，开水杯上的白气慢慢地升起来，我觉得很幸福，那是感受着静谧的幸福。

几乎每天早晨醒来都能收到你前夜睡前发给我的消息，我觉得很幸福，那是带来一天好心情的幸福。

手表上的指针已过12点，我坐在被窝里飞针走线为你织围巾。看着手里的绒线渐渐变成想象中的样子，最后圣诞节那天我把它挂到了你的脖子上。看着你欣喜万分的样子，我觉得很幸福，那是陶醉的幸福。

第一次和你一起出去看电影，虽然天很冷，但我还是特地挑了一条漂亮的裙子换上。看到你赞赏和惊喜的眼神，我觉得很幸福，那是带着一点儿自恋的幸福。

偷偷在你放在我书包里的笔记本上写很多“甜言蜜语”，然后不动声色地还给你。等到几天后你发现了兴高采烈地给我发消息，我觉得很幸福，那是偷偷干坏事儿的幸福。

我怕冷，冬天常常手脚冰冷。你给我送来了取暖器，暖手宝。还把我冰凉的脚捂到你胸口暖着，我觉得很幸福，那是被宠着的幸福。

你站在讲台上给演协辩论队的弟弟妹妹们讲课，我也坐在下面认认真真地听，还无限神往地想象着你在辩论赛场上挥洒自如侃侃而谈的样子，我觉得很幸福，那是带着一点儿崇拜的幸福。

你本科毕业时，穿着学士服意气风发地和我在学校里留影。还对我说，等两年后我毕业了，你也要陪着穿学士服的我拍照留念，我觉得很幸福，那是憧憬未来的幸福。

假期里分开，你在学校复习备考，我在家趴在写字台上隔三岔五在你意料不到时给你写信，把我的思念都揉进笔端，托鸿雁带给你，你收到信时欣喜若狂给我打电话，我觉得很幸福，那是带给你惊喜的幸福。

暑假里你代替导师出差到遥远的西部，一路上和我说着行程。我找出大大的中国地图，跪在上面寻找你所在的位置。兰州，嘉峪关，敦煌……一站一站找过去，我觉得很幸福，那是追随着你的幸福。

每次放假几十天的分别都让我痛恨寒暑假的存在，回上海那一天总是在我等得都快绝望的时候到来，短短四五个小时的车程让我觉得如此漫长，一想到你在火车站等我总是不由自主心跳加快，我觉得很幸福，那是期待见你的幸福。

我努力抑止住狂喜的心情走到车站出口，看到你一脸灿烂的笑，你塞给我一枝红红的玫瑰，然后不由分说也不管周围人奇怪的眼神就把我抱起来转圈，我觉得很幸福，那是晕乎乎的幸福。

去年新学期开始的时候，你成了辅导员，接新生的时候，你在光华大道，我在主席像下，空闲下来时，我会走过去看看你，怕影响你工作，我就站得远远地看着你，看到你低着头很用心地写着什么，一脸认真负责的样子，我觉得很幸福，那是带着心疼的幸福。

你第一次给你的学生们开班会，在3108。我去等你吃中午饭，就悄悄地走到教室最后一排坐了下来。看着你在讲台上一丝不苟地交代事情和教唱校歌，我觉得很幸福，那是看到了你另一面的幸福。

我喜欢下厨，但是寝室里条件不够，于是我经常用电饭锅炖汤煮粥给你改善生活，夏天做绿豆百合汤，冬天做银耳红枣汤，三天两头变着法子换花样，看着你心满意足把它们喝下去，我觉得很幸福，那是得到肯定觉得满足的幸福。

你从青岛回来的时候，必定要给我带点儿小礼物，你打开箱子从层层报纸包裹中剥出一株雪白的珊瑚，说就怕飞机颠簸把它给摔碎了，当时我觉得很幸福，那是觉得被重视的幸福。

我考专四的前一天，你把我送回寝室我突然发现手表坏了，你来来回回跑了两趟赶在阿姨关门前从北区把你自己的手表送到了我手里，我觉得很幸福，那是感动的幸福。

我身体不好，经常东痛西痛。你像模像样地帮我查医书，凭着你那还算过得去的中医知识给我买药。我虽然嘴里叫着你是庸医，还是乖乖地把药吃下去，我觉得很幸福，那是被照顾着的幸福。

走在路上时，你一定要牵着我的手，还一定要让我走在里面。一起骑车时，你也一定要让我靠里边。你说这样安全，而且车子开过时溅起的泥水也不会弄到我身上，我觉得很幸福，那是被保护着的幸福。

…………

太多了，真的是太多了。你说过的，有时候语言真的是很苍白很无力的，它表达不出所有的情感。纸短情长，择其一二或许尽已足矣。就像现在，我一边想一边写，偶尔抬头看到书桌上我们的合影，心里就觉得暖暖的，整个胸腔都被这种幸福的感觉撑得温情四溢。

和你在一起的时间过得很快很快，和你在一起的幸福却是很长很长……

五、恋爱不是交易

◎**程晨**："要宽容，还要懂得珍惜。现在很多人有一点不开心或者遇到什么挫折就提出分手，这是不对的。哪一对恋人没有不开心的时候？开心的时候想着自己是谈恋爱，不开心的时候就觉得是在做生意，这样是不对的。"

程晨（化名）是复旦大学新闻学院大四学生，念广播电视新闻学专业，2002 年入学，上海人。程晨在复旦新闻学院颇有名气，他做过很多事。第一次跟他接触，觉得他很随和，让人觉得舒服。

12 月 25 日下午，我和他在复旦附近的一家咖啡馆聊了很久，一直聊到天黑。在惬意的氛围中，我能感受到他内心的平和。他是一个稳重的男生，比一般的男生成熟。

程晨的爱情很曲折，他最终能否找到自己的幸福呢？我听他慢慢讲来：

上高三的时候，我是文科班的，当时自己也是有一些自大，觉得自己的作文写得挺好的，而且当时我们的语文老师经常把一些好的作文贴出来，让我们看。我当时看那些文章，觉得都没有我写得深刻，但是突然有一篇文章，是关于中国姓氏的，觉得耳目一新，心里好生佩服，觉得：强、强、强。仔细一看是我们的语文课代表写的，她叫杨洁（化名）。

从那个时候开始，我开始对她产生了好感。我当时是第一次认认真真地知道自己喜欢一个人是什么样的感觉，原来喜欢一个人是这样的。我一直劝她考复旦，我当时只能考复旦，她说自己考不上，只能考同济大学。

她并不知道我喜欢她，她只是把我当作经常出现在她身边陪他说话的人而已，她跟我说她喜欢另外一个男生，那个男生在另一个班。当时听了这个我心里很难受，但是没办法。

我是一个非常单纯的人，我可以化追求她的动力为每天苦读书的动力，于是我来到了复旦，而且我来到了我想来的院系，比以前自己设想的要顺利很多。她最后上了南京经济学院，现在改名为南京财经大学。

这份感情在高考前我一直埋在心里，直到高考结束那天晚上，我才开始写情书，寄到她的家里，她家在南汇，她家的地址还是我从大家填写的通讯录上抄下来的。

我写信给她，这件事情她很震惊。她给我回信了，她不是一个很傲慢的人，她很认真地回了我的信，说，她对我的感情只是一种很外在的感动而已，而不是像以前暗恋那个男生一样发自内心地喜欢。

这是一种很委婉的拒绝，但我不放弃，一直不断地写信，写到我们大一上学期快要结束的时候，她答应做我的女朋友，我也不知道为什么，她就突然答应我了。

现在分析起来，可能是因为她在那边过得很苦，她挺孤独的，需要一个人来关心，我就成了那个人。她是双鱼座，我是天蝎座，从星相上来说，我们两个人是很配的。但是过了一个多月，就在冬天来临的时候，她向我提出了分手。可以说我们之间就是纯粹的柏拉图式的恋爱，连对方的手都没有拉过。

那是我第一次感受到幸福失去时的那种无法支撑你站起来的无力感，我当时哭得稀里哗啦。她不知道这对我的伤害有多深，认为自己其实没有做错什么。她觉得我对你产生好感了，那么我就答应你，但是这种感觉失去了，我就跟你分手，她是按照自己这种逻辑来行事的。

大概是在快要上大二的时候，她让我帮她在上海买一个CD机，等她回上海后，我给她带过去，这是我们高三分别后第一次见面。我们见了面，然后我把CD机给了她，给她后我们在街上走，当时我觉得自己还是对她很有感情的，于是我问她："你能不能考虑跟我在一起?"后来过了一段时间，我们又在一起了。但是自从高三毕业分开后，我们两个人总共接触的时间不超过六个小时，很柏拉图式的恋爱。

因为我这边也有很多的事情，没法去南京看她，但是一直在通信，打电话，发短信。不知道什么原因，又一个冬天来了，她又把我抛弃了。她是一个很随性的人，不会考虑自己做这件事情会有什么样的后果。她会觉得：这种状态我呆不下去了，那么我就要中止。我觉得她这样做符合她的性格，所以我也理解她的做法。

这一次我没有哭，但还是一样的伤心，然后我就在上海城里四处游荡。

这是第二次失恋，但是伤感的感觉比上一次淡了很多。这个时候，我遇到了我现在的女朋友。她叫晓雨（化名），比我小一届，跟我一样也是复旦电视台的，她很活泼很好动。虽然开始我跟她接触很少，但是每一次接触我都觉得她跟杨洁很像。

当我知道晓雨也是双鱼座，而且她和杨洁的生日只差三天的时候，我一直建立起来的原则动摇了，我一直以为自己是一个感情很专一的人，但是我越来越喜欢晓雨。

晓雨平时给我发短信的时候，我心里有一种很开心的感觉，而每当我想到杨洁，总是会在脑海里闪过晓雨的身影。晓雨是我可以切切实实感受到的女孩。因为很久没有见面，我都快要忘记杨洁长什么样子了。杨洁是那种很矜持的女生，但是晓雨落落大方，有什么说什么。她俩的性格截然相反，一个内向，一个外向。

记得有一次，大家一起出去喝酒，我喝得多了一点，借着酒劲，在回去的时候，我给晓雨发短信："晓雨，我貌似喜欢上了你。"我就发了这一句，当时她给我回了三个问号。我又发短信解释说："是基于某种情感而产生的一种很想请你吃饭的想法。"她回了一条短信，大致的意思是：如果你有求于我的话，那请客没问题；不是的话，那就免了。我知道我被她拒绝了。

晓雨并不是城府很深的人，她从来没有谈过恋爱，而且也从来没有想过恋爱，她已经拒绝过我一次了。

我问："那她是怎么考虑的？为什么在你第一次向她表白时把你拒绝了？"

当时我给她发那条暧昧的短信，她觉得我是在开玩笑。

她在我们校方电视台做主持人，我做摄像，所以我俩经常会在一起工作。她很漂亮，外表很干练，但她是一个想法单纯、涉世未深的像白纸一样的女孩。

这一点让我印象十分深刻，因为平常遇到一些优秀的女孩子，肯定也会有什么恋爱经历，结果了解她后，发现她是一个非常单纯的女孩，甚至不知道爱情是应该怎么定义的。

我们两人的感情不是爆发式的，而是细水长流式的。后来到上海新天地做采访，我们一共四个人，我跟她聊得比较多，比较熟悉了，然后就问恋爱或者失恋的一些感觉，我说："失恋真的是很痛苦的。"她说："不能理解。"可以说感情的事情她都没有经历，她都不知道这是一个怎么样的过程。

到后来我们接触得越来越多，她的一些同学开始起哄，她开始可能没发觉，但是她的一个好朋友跟她说："你是不是喜欢上那个男生了？"她才有一种如梦初醒的感觉，她平时说什么东西都会提到我。这个时候距离我第一次给她发暧昧短信已经是好几个月了，她差不多已经把那件事情忘记了。

她对爱情的想法很简单，因为她还是那种典型的小女生，可能是出于对未来一些事难以把握的担心，她有些害怕，为我哭了一个晚上。当时大家都知道我曾经有一个女朋友在外面，她觉得这是一个"第三者插足"的事情，感觉很不好。

我们有一个聚会，大家玩了一个游戏叫做"真心话大冒险"，而她正好轮到了"真心话"，然后我就问她："我在你的心目当中，离完美男人的距离有多远？"她先是愣了一下，然后说："没多远。"第二个问题是："在这么多的男生里面，你会选择谁作为你的男朋友？"她说："你啊。"这个时候我才知道原来她对我是有感情的。

我问："那你跟晓雨的爱情是怎么样的？"

很完美，我觉得一年半以来我一直处在幸福当中，没有间断过。不开心的时候也是有的，但是很短。

我跟晓雨在一起的时候，性格可以互补，而且很了解对方，对方会怎么想，我们都会了如指掌，即使是这样，大家彼此的新鲜感依然还在，在一起的时候很开心，到现在还是像热恋中的感觉。

我问："那你觉得你们的感情维系得这么好，是什么原因？"

宽容，还要懂得珍惜。现在很多人有一点不开心或者遇到什么挫折就提出分手，这是不对的。哪一对恋人没有不开心的时候？开心的时候想着自己是谈恋爱，不开心的时候就觉得是在做生意，这样是不对的。

我个人觉得，感情是需要双方去守护的，对我来说，现在没有什么事情比去守护这份感情更重要了。

她就是一种敢爱敢恨的性格，她是湖北人，但是性格很像北方人，非常直爽，不开心就会马上说出来。我很欣赏她这一点，她非常本质，对人没有戒备心，非常单纯。

以前我也有过毕业去外地的想法，但是现在为了这份爱情，我坚决要留在上海，并打算去考公务员，因为可以有更多的时间留给自己和家庭。我谈恋爱并不是仅仅为了排遣寂寞和孤独，而是想到了以后的家庭。

大学里的恋情很难延续到大学毕业后，成功的概率的确是很小的，但是我应该争取，我觉得现在这份感情是很幸福的。我们都经历了很多，她一直觉得她是把我从别人的手中抢过来的，她认准了这个死理。

她准备读研，但是我无论如何要工作了，慢慢地攒一些小钱。她还想出国，如果可能的话，我也会跟她一起出国。她有她的考虑，我也会有我的取舍。以前我是很反对没有目的而出国的人，但是她想出国，她觉得自己应该出去闯一闯。她现在是我最重要的人。

我问："你知道你周围同学的恋爱都是什么样的呢？"

各种各样的都有，有的真的像一个愣头小伙一样，见到漂亮女生就拼命去追，追到了很好，但是很快就被甩掉了，很伤心，然后很快又会去追另一个很漂亮的女孩；有的是因为很长时间工作在一起，两个人的感情很深厚就走到了一起；也有一见钟情一直走下去的，还有一见钟情在一起后很快又分掉的；再有的就是一直单身，觉得四周都没有合适的，就不去考虑这方面的事情。

我问：“你是怎么看待复旦女生的？”

比较浪漫，因为复旦整个校园文化和四周的环境都比较小资，这是一块温馨、浪漫的土壤。

其实我对很多女生都是敬而远之，复旦的女生很多都是很强势的，我心里根深蒂固觉得男生应该比女生强。我觉得越是强势的女生越是有脆弱的一面，我不喜欢这种极端的感觉。对于复旦的女生，我真心接触的并不是很多。

在恋爱上，我很相信性格互补，一个人是一种性格，另外一个人是另外一种性格，两个人在一起就是和谐的，两个个性太强的人在一起并不好。比如说，我的女朋友如果觉得一个老师不好，她就会在公共场合很大声地说出来，而这时候我会说：“小声点，小声点，隔壁有耳。”她却说：“为什么不让我说？我就是不喜欢这个老师。”我说：“你这样对你的发展不好。”因为她还要在复旦做学生，如果老师知道了，总归是不好的。我觉得我应该去提醒她，但是我还是喜欢她这一点，她越是这样，我就越喜欢。说归说，喜欢归喜欢。

她认为一个人应该做什么就去做，我应该成为她的一个保护壳，她性子太急我就拉住她让她慢一些。我的性格是很慢的，她也可以帮我。比如说我考公务员，要报名，我一直认为，只要是截止日期没有到，我在之前的任何时间去做都可以，而她一听说我要考公务员，就很快把一些材料给我买了，准备好了。有时候我的步调太慢了，她就会推我一把；她做事太急的时候，我也会跟她说：“慢一点，慢一点……”

但是，有时候也会产生一些不和谐的因素，比如说她在大庭广众之下那样嚷嚷，我提醒她她会不高兴，但是这种情况是可以包容的。她说不清楚她为什么会喜欢我，我也找不到我有什么地方可以吸引她，也许爱情就是这样，很奇妙。

六、男人的终极品位就是他的妻子

◎**乔锃**：“大学里的恋爱，一般不会像社会上那样，考虑对方从事的是什么工作，你有房吗？你有车吗？没有这些观念。有一个朋友跟我说：‘谈一场恋爱下来会带给你很多东西，你在跟对方磨合的过程中会发现自己好的一面和不好的一面，还有你要学会怎么迁就一个人，你会知道自己真正想找的另一半是什么样的……’”

走在复旦大学的校园，每条校道都能看到漂亮的女生，而且上海高校的女生又比较会打扮自己，更是赏心悦目。很多人说，复旦是一个非常小资的地方，这个小资指的是生活方式，我想这里发生的恋爱故事可能更有一番情趣。

我见到了复旦大四男生乔锃，他长得很帅气，很阳光，是信息与计算科学专业学生，上海人，他在大二下学期当上系学生会主席，在大三下学期被选为校学生会副主席。我在复旦大学生活中心的上岛咖啡馆跟他见面，他跟我讲起了自己的情感经历——

高中毕业的那个暑假，我蛮喜欢一个女孩子的，她是我的一个朋友，我俩的关系不错。我尝试过想追求她，但是前景不明朗，怕弄不好的话会失去这么一个朋友。这件事算是不了了之。

大一大二我没有对哪个女孩动心过，也没有追求过。到了大三我突然变得很冲动，也许是渴望一份激情。我追求过一个女孩，用我一个朋友的话来说，就是追得轰轰烈烈。那个女孩是我们系的一个学妹。我认为她蛮漂亮的，对她是一见钟情，第一眼看到她就觉得她很适合我，决定要追她。我们的校园网很发达，当时我们系在区域网上刚开了个电台，特别好玩。那天晚上我的一些同学怂恿我借助电台向那个女生表白，我觉得我的胆子也蛮大的，当着复旦数学系那么多学生敢向她表白。当时她已经睡了，一个女生把她叫醒起来听，我在这边表白一个多小时，这件事情在系里很轰动。她怎么也想不到我会用这种方式向她表白，但是她拒绝了我，理由是她不太想谈恋爱。

有一个阶段我周围的朋友都以为我跟那个学妹成了恋人，但其实是没成。她说上大学以来有很多男生追求过她，有很多男生她是直接拒绝掉，她说："对于你，我想做好朋友，以后再慢慢看。"我说："好，这种事情我尊重你的意见。"在追一个女孩之前我是很慎重考虑过的，没有几分把握的话我不会付诸行动，因为我不想浪费她的时间也不想浪费我的时间。有的男生追女孩太游戏化了，三个月内找了两个女朋友，或者一个月找一个女朋友……

当时我是我们系的学生会主席，后来做到校学生会的副主席，而且我长得也不难看，成绩也不错。我周围的朋友说以我这样的条件在复旦找个女朋友应该不成问题，他们都说我的要求太高了，还说有的女生以为我的要求很高就不敢跟我接触。我收到过女生送我的东西，也知道有些女生喜欢我，三年来有四五个女生对我有好感吧，但我总是在她们还没向我表白之前就解决掉这个事情，这是我的态度，如果觉得她不适合我的话，我就快刀斩乱麻。我不想吊着人家，我给她一个希望算是什么呢？有时候也不能自以为是，你以为她喜欢你其实她并不喜欢你，这也是很傻的。

我跟那个师妹最后没有成为恋人，但是回想起那个过程依然觉得很美好。所谓的爱情，就是为了找一个能够相濡以沫的人，而恋爱是确定两人是否能够相濡以沫的过程，所以我不会很轻易去开始这样的一个过程。上学期我在凤凰网上看到一篇文章叫《男人的终极品位就是他的妻子》，我觉得太有道理了。一个男人身边有什么样的女人，确实可以看出这个男人的品位，还有他的性格。

乔锃忽然笑了，我问："有没有比较大胆喜欢你的女生？"乔锃微笑着回答："那就是直接表白了，用短信直接表白。"我问："然后你没有接受，是这样吗？"乔锃回答："我很明确地拒绝了，但会比较委婉。"我问："你对未来的爱情有憧憬吗？"

现在我心里有一个喜欢的女孩子，我有一点动心，想去追，但还在考虑。说句实话，我觉得爱情是盲目的。我对自己的恋人有很多很多的要求，比如要贤惠呀，要漂亮呀，要进得厨房出得厅堂，要有高学历……然而当你真正喜欢上一个人的时候，这些要求都是空的。其实我也不懂爱情，但是会莫名其妙喜欢上一个人，我也不知道为什么。如果把它分析得太清楚的话，也许就不是爱情了，而是为了某个目的去追她。如果说这个女孩的家庭背景很好那我去追她，那绝对是带有目的性的。

我理想中的人生伴侣就是：贤惠、聪明、漂亮和大气。我很看重一个女孩是否大气，不太喜欢为了一件小事而斤斤计较的女孩。

最近看《仙剑奇侠传》，结尾让我感怀不已。那个女的跟怪物搏斗受了重伤，临死之前，丈夫陪着她，看到自己的妻子这么痛苦，男的对她说：“你还是闭上眼睛吧，我不希望你这么痛苦。”为了让自己的妻子不痛苦而劝她快点死去，这不是谁都能下得了的决心。妻子说了一句话：“我知道活在世上的你才是最痛苦的，我一定要再陪你一会。”这两句话太让我感动了，这是为对方着想的爱情，是我最欣赏的，也是最渴求的。结局是女的死了，男的带着两个人的孩子活下来，这样活着需要多大的勇气！

我觉得大学里的恋爱还是蛮纯的，你会看到有的大学生情侣自身条件差距很大，但他们也能很好地在一起。大学里的恋爱，一般不会像社会上那样，考虑对方从事的是什么工作，你有房吗？你有车吗？没有这些观念。有一个朋友跟我说：“谈一场恋爱下来会带给你很多东西，你在跟对方磨合的过程中会发现自己好的一面和不好的一面，还有你要学会怎么迁就一个人，你会知道自己真正想找的另一半是什么样的……”

上岛咖啡馆在二楼，我和乔锃坐在临街的位置上，透过玻璃幕墙可以看到对面复旦生活中心的一条小街风景，那边有许许多多的小店，顾客几乎都是复旦的学生，看着那热闹非凡的景象，我忽然觉得复旦是一个很有生活气息的地方。

我在一份商业报纸上看到一位记者采访美国某著名电气公司的全球副总裁，问他最欣赏的格言是什么，他回答说：“与其作为一个贫困、懦弱、既不知道胜利也不知道失败滋味的人死去，不如被对手打倒在血泊之中。”这是他最欣赏的人生格言，也是他的座右铭。我想其实爱情也一样：与其平淡无奇地度过大学四年，既不知道热恋也不知道失恋的滋味，不如不顾一切去追求自己渴望的爱情，即使最后失败得很悲壮。

每个人的理想不同，对自己的要求也不同……一点点地实现自我价值，对自己就会有更大的信心，能力也会随着增长，形成一个良性循环……自我价值的实现也是多元化的……做自己想做的事情，而且把它做成了，自我价值也得到了实现……你最具自我价值的、最擅长的，就是你的竞争力中最核心的。

第六章
发掘个人价值：清楚自己对他人的意义

自我价值的实现跟个人的定位有关，每个人的理想不同，对自己的要求也不同。一个大学生跟我说："我觉得有一种很重的责任束缚着我，这种责任来自对自己的一种要求，对未来的一种期望。"

在大学里要想做出骄人的成绩来，必须确定好目标，比别人更加努力，把握住机会，一点点地实现自我价值，对自己就会有更大的信心，能力也会随着增长，形成一个良性循环。

一个大四男生说："如果父辈什么也没提供给你，你身处逆境，通过自己的努力能够取得成功，那么这个过程就是很美的，就像乔丹一样，打球很美，但他的人生经历也很美。"

自我价值的实现也是多元化的，有的人学习很好，经常拿奖学金；有的人社会工作做得很好，在社团里搞活动，轰轰烈烈，或者在学生会里做到主席的职位；有的人唱歌唱得很好，成为校园十佳歌手；有的人在外面做兼职，不仅赚了钱，而且学到不少经验……

做自己想做的事情，而且把它做成了，那么就会有一种满足感，自我价值也得到了实现。

经过摸爬滚打以后，一旦发现自己的长处，就要有勇气调整自己的人生方向，义无反顾地去做你擅长的东西。你最具自我价值的、最擅长的，就是你的竞争力中最核心的。

一、学会面对失败与挫折

◎**陆彦**：“大一的时候我参加过一个竞选，最后失败了。这次挫折让我对大学的生活有更加深刻的了解，大学这两年走过来，我好好学习，尽力把能够控制的事情做好，心态非常平和。”

◎**李伟**：“刚到大学由于极度放松，看小说，玩游戏，导致成绩一塌糊涂。前面学得不怎么好，所以后面的课程都受到了影响，上学期我还挂了几科，成绩确实挺次的。”

◎**李冰**：“我经历了保送推研的失败，现在我想想，要是我推了研，我可能就会去学一些摩擦学之类的东西，对我以后就业也没有太大的帮助。如果要深入地去做研究，那么我肯定还得考虑我到底是不是对这个领域有兴趣，我将来会不会从事相关的职业等问题。”

◎**李佳佳**：“可能一件事情在别人看来是很小的事儿，但因为我的自尊心很强，有时候我就会觉得这是很严重的事情。我会把它意义化、符号化，其实它是很小的事情。”

成长要经历很多痛苦，在痛苦的磨砺下成长才会变得更加坚强。一定要去经历，不经历不知道。只有生活了，才会知道生活到底是怎么一回事。

大学时代是一个人走向成熟的阶段，一个人要成长，必须经历很多事情，要经历一些磨炼，遇到失败与挫折是无法避免的。其实，失败与挫折并不可怕，关键是怎么去面对，怎么战胜困难，怎么从中走出来……我们除了要有平和乐观的心态，还要有坚强的毅力。人生路上的风风雨雨，都不会阻碍我们前进的步伐。

陆彦是清华大学经济管理学院金融系大三学生，我问他上大学的时候有没有遇到比较大的挫折，他说："在大一的时候我参加过一个竞选，我觉得胜算很大，但是由于一些无法控制的因素，最后失败了。本来是志在必得，结果失败了，所以挫败感特别大。其实现在反过来看，这次挫折反倒让我觉得高兴，因为刚上大一就遭遇这样的挫折，让我对大学的生活有更加深刻的了解，所以大一这一年我好好学习，把我能够控制的事情做到更好。大学这两年走过来，我心态非常平和，就是那次挫折让我反思的结果。"

李伟（化名）是清华大学电子系大三学生，我问他："在大学里你有没有经历过什么挫败？"他说——

挫折还是有的，尤其是学习方面。高中的时候，除了上课和完成作业的时间，其他的时间我都在看小说，除了老师教的，我很少自己去学，虽然我的成绩一直都挺稳定，但到了大学后我的压力挺大的，成绩确实不行。因为前面学得不怎么好，所以后面的课程都受到了影响。

上学期我还挂了几科，成绩确实挺次的。我们的成绩可以在网上查到，当时我看的时候，心里特别难受，有一周的时间，晚上基本上睡不着觉，躺在床上，脑子里一片空白。

上学期我父亲病了，病得挺重，我母亲的精神压力很大，所以我更不能给他们任何压力了。我给班主任打过电话，他帮我分析了一下，当时我的处境很危险，大一的时候有一个同学就是因为学分的问题退学了，这学期又退学了一个，班主任的压力非常大。他帮我问了一下情况，幸好还不至于要退学。

这是我进清华以后所受的最大的挫折，头一次感觉到自己前途渺茫。不过还好，我还是走过来了。

李冰（化名）是清华大学精密仪器系大四学生，2002 年考入清华，浙江人。在毕业前夕，她经历了保送推研的失败，她跟我说起了推研的经过——

我推研的过程非常戏剧化，一开始我想推本系的研究生，那个时候很盲目，在推研一个月前我才下了这个决定，非要推上本系不可，不管是哪个专业。我们系推研有好多研究所，好几个专业，当时我想只要推上就可以了，什么专业都没关系，也没有考虑自己将来是否要从事这方面的工作。

我给自己定的目标，以后肯定是要出国去读几年的，本来是想在这边读研究生，发点论文，以后出国也会比较容易。

我没有推上本系，所以跑去中科院那边，我联系得太晚了，人家都已经面试完了，也不要我，大概是觉得我对他们的热情不是很高。

推研没推上这件事情，如果放在大一大二的时候想，我肯定会觉得那简直就是一件跟天都要塌下来一样的事情，现在却相对容易接受。这就叫做“殊途同归”，重要的只在于人的态度，结果怎么样是说不准的。我现在想去英国，虽然现在开始准备有些晚了，但只要好好准备，申请到一个好一点的学校还是没有问题的。

我说：“原先想推研，现在准备出国，这是一个很大的转变。”

李冰说：“对，不光如此，我的心理上也有很大的转变。我讲一个小小的故事。初二的时候有一次数学考试，我考得很不好，哭得厉害，我们数学老师就安慰我说：‘李冰，没有必要哭，这是一次很小的考试，也许现在你觉得这是一件很大的事情，但将来你肯定不会这样想。最重要的是要看你将来的路怎么走，这样的一件小事根本不会对你的人生产生多大的影响。’这次就是这样。”

我说：“所以不能患得患失。”

李冰说：“对，有一句话说‘塞翁失马，焉知非福’。这是我爸跟我说的。”

我问：“你在清华有没有受过什么其他挫折？”

李冰回答：“大一的时候成绩不好，对我的打击挺大的。我们班总共才27个人，我的成绩排到第21名。我跟我妈说这个事情的时候，我妈说：‘啊？排得这么靠后啊？’我当时听了真的特别难过，觉得连妈妈都这么说了，那人家会怎么看我。那时觉得自己挺丢脸的，尤其是回到中学母校的时候，虽然我是考上清华的人，但人家都是前几名，而我只考到前75%，太差了。”

对毕业出路这个问题，李冰说：“我的性格不太适合读现在这个专业，我爸是开公司的，浙江人都擅长做生意，我将来肯定也会自己去搞一个公司，所以我有时候就会想，我现在学这些东西到底有没有用？我想大学里学的都是很基础的东西，专业，并不特别重要，关键是学习能力的提高。出国读研究生的话，我可能会读一个工商管理之类的。”

我问：“出国这条路你是一定要走的了，是吧？”

李冰回答：“对，因为现在没有其他路可走。”

我问：“你也不会马上去工作？”

李冰回答：“对。现在我想想，要是我推了研，我可能就会去学一些摩擦学之类的东西，对我以后就业也没有太大的帮助。毕竟到了研究生阶段就该做一些专业性的研究了，不可能再像本科那样学一些基础的东西。如果要深入地去做研究，那么我肯定还得考虑我到底是不是对这个领域有兴趣，我将来会不会从事相关的职业等问题。现在想来，对我而言这其实是不太合适的。”

李佳佳是复旦大学新闻学院三年级研究生，念广播电视新闻学专业。李佳佳在学校是个知名人物，她做的事情很多，但并不是一帆风顺，她说——

我受到过各种各样的打击，我对我自己很清楚，我的缺点、我的目标、我的想法、我的梦想，我都很清楚。我最大的缺点就是两个：一是很脆弱，一是很虚荣。我很清楚这些，但是又很难去改变。

可能一件事情在别人看来是很小的事儿，但因为我的自尊心很强，有时候我就会觉得这是很严重的事情。我会把它意义化、符号化，其实它是很小的事情。

研一的时候，我那时曾经主持过一场百老汇的音乐剧《音乐之声（The Sound of Music)》，这个剧组到复旦来交流，需要中英文双语主持。这个活动我完全没有时间准备，开始前一天晚上才拿到最后确定的议程。因为是中英文双语主持，所以要自己先讲一遍国语，然后又需要立即翻译成英文，既要跟老外互动，又要跟中国人互动。我只有很短的时间来考虑应该怎么进行下去。

第二天，我需要先去大剧院把他们接过来，因为之前和这个剧组接触的就是我，那些外国人只认识我。我对自己的主持还是比较有信心的，经验也比较丰富，但这次是第一次中英双语主持，没有同传，全部都要自己说。我说普通话会说得比较快，显得很流利，而英文就会有点慢。到结束的时候，有一些同学在我们的校园 BBS 上说："这个女生，难道是有关系才让她主持的吗？"他们当时说的意思大概是我是一个花瓶，还有一些更过分的言辞。

这件事情对我的打击很大，我忍不住哭了。我很在乎别人对我的看法。这就是我在复旦所受的最大的一次打击。我以前做主持人总是听到一片赞扬声，基本上没听到过反面的声音，所以这次觉得很受不了。

后来有一位师兄给我写了一封很长的信，他说："我觉得这对你来说是一件好事情。有些人说你英文发音不好，我觉得不是，我觉得你的发音很好，而且这也是可以理解的，能够交流，这就足够了。你应该把这个活动的录像从头到尾看一看，因为里面包含了你很多的问题。一个真正优秀的主持人，或者说电视媒体工作者，最需要的并不是表达能力特别好，英语说得特别溜，而是要尊重别人，要有很平和的心态。"

当时有一个细节：我站在主持台上，后边有一排贵宾席，有一个叫詹妮弗的贵宾，也就是在剧中演玛丽亚的那个女主角，中间我要请她发言。因为她听不懂汉语，所以我先说英语，再说汉语，她已经站起来了，我还想把我的话说完，所以等她走到我身后的时候我还没有把这个位置让出来。这个细节让师兄认为我对她不够尊重，所以他跟我说："我觉得作为一个主持人，最为可贵的是要去了解对方的想法，你不能沉浸在自己的世界里，自我欣赏，你要去关心跟你互动的这个人。"我觉得他的这些话对我的启发很大。

我说："你将来想从事电视行业，这个行业可以说是一个名利圈，很容易受人关注，很容易出名，在这个行业做事的确要有一个好心态，不要患得患失，最好能做到宠辱不惊。"

二、成长是一种痛苦的过程

◎**王安安**："我曾经参加了很多对我并没有什么意义的演出，虽然当时很风光，但实际上这是一种浮华，而我花费了太多的时间来换取这种浮华。"

◎**乔锃**："现在我去公司实习，人家也不看我的履历上写着我做过学生会主席，他们也没问，但他们照样要我。第二年后，人家只会问你是哪个学校的，第三年人家问的是你哪个单位的，第四年人家问你是做什么的……人家对你大学里是否当过学生会主席已经不感兴趣了，那些事已经不能再代表你了。"

谁也无法拒绝成长，而大学四年的成长是人的一生中至关重要的，直接关系到独立人格的形成、价值观的确立等，然而，成长有时是痛苦的。

一个人在上大学期间的可塑性很强，在他进行人格的完善、价值取向的形成和自我的定位中，很可能要经历一段比较痛苦或者困惑的过程，这便是一个人成长的代价。

王安安是北京大学艺术学系影视编导专业大四女生，2002 年考入北京大学，长春人。她才艺出众，被北大学生誉为唱歌唱得最好的"北大女歌手"。王安安长得漂亮，做事能力超强。她是学影视编导专业的，参加过多部电视剧剧本的创作。我采访王安安时，她跟我说——

如果大学生活能从头再来一次的话，我会更加勤奋。我很清楚自己曾经把时间浪费在什么地方，很多时候我也在迷茫，我觉得自己并没有把很多的时间和精力投入在自己想要从事的事业当中，比如我曾经参加了很多对我并没有什么意义的演出，虽然当时很风光，但实际上这是一种浮华，而我花费了太多的时间来换取这种浮华。

所谓的鲜花和掌声，以及别人对你的崇拜，这些都是很短暂的，都是过眼烟云。而你却花费了大量的时间在上面，那么结果肯定是空虚的。我现在可能很飘飘然，走在校园里，很多人会认出我来，但是这有什么价值？没有任何价值。如果我想做一个明星的话，这些会有一些价值；但是以后我做的是编剧，我以前所做的等于是浪费掉了。再过一年或两年，有多少人还会记得我做过什么？

我认为人生要经历几次痛才能够成长，才能够成为一个成人，对我来说，这是一次痛。分清什么东西是浮躁的，什么东西是永恒的，这是一件很钝痛的事情。人的一辈子很可能只能要一件，但是很多人在年轻的时候还不知道自己想要什么东西，所以会迷茫会痛苦。你不可能什么都想要，如果都想要，那么往往是什么都得不到，竹篮打水一场空。

到现在我的青春接近了尾声，我有一种惶恐的感觉，我会想：我究竟在做什么？我现在所做的事情会创造什么价值？对我的一生会带来什么影响？我现在迫切要建立的就是自己的独立人格，我想问自己："你想要的是什么？你为什么要这样做?"而不是想自己做这件事情会影响到谁，别人会怎么看。这个问题对于我更能凸显出来，之前我整个精神的基调是"艺人"状态，老想着我做事情别人会怎么看。这是一个很严重的问题。我现在要做一个很大的转变，就是我想要什么。这种觉醒不是那么容易的。

乔锃是复旦大学数学系信息与计算科学专业的大四学生，他在大二下学期当上系学生会主席，在大三下学期被选为校学生会副主席。他说——

等你在大学毕业后再去学数学是不现实的，在本科我想学一些不可替代的东西。当初进来时我对这个专业不算喜欢也不讨厌，到现在大四了，觉得这个专业很有意思。我记得一个朋友给我这样的评价："一听你讲话就知道你是学数学的，逻辑思维和分类的方式跟我们管理学院的学生不一样。"

在我上大三以后，我一直用这么一句话勉励自己，叫做："为天地立心，为生民立命，为往圣继绝学，为万世开太平。"这是一种大气魄。我相信凭着自己的智慧，完全可以找到一条可以让自己过得舒适又可以为国家做出巨大贡献的人生之路。我会去寻找，会去探索。

我现在上大四了，已经定下来本科毕业后读研究生，同时要在复旦做辅导员。我要在复旦再呆四年，其中三年读研究生（硕士），另外一年是我要带完一个本科班级，从他们的大一带到大四。研究生的专业方向可能会是应用数学，但现在还没有真正定下来。

当初我选择直接保送上本系研究生的时候，我是这样对我的同学说的：我要用八年的时间来好好体味别人四年的大学生活。我的许多同学问我："你用四年的时间去读一个硕士值吗?"我说："我估计自己将来能工作到65岁，等到我在复旦读完硕士毕业的时候是26岁，那么我差不多有40年的时间工作，这样多这四年或少这四年对我而言差不多，但是我可以比别人多四年的时间去享受做学问和读书的快乐。"我上研究生兼做辅导员一个月只有900元的补贴，而我那些同学本科毕业出去工作一个月可以拿四五千块钱。但是从长远来看，我想我将来赚的钱不会比他们少，这样想我的心态就平和多了。

我在《论语》里看到一句话："博学而笃志，切问而近思。"这也是我们的校训，我以前还不知道我们的校训是从《论语》来的。在没进复旦之前，我最欣赏的是清华的校训"厚德载物"这四个字，太有品味了。换个角度来说，如果把复旦的校训跟清华的校训结合起来，那真的是一个完美的结果。如果经过大学四年后，你连一点方向都不明白的话，那就比较悲哀了。

新加坡有个电视剧叫《东游记》，里面有一句话叫："舍得舍得，有舍才有得。"得，就是我们常说的要抓住机遇，可是什么才是机遇？今年学校让我去参加香港大学的一个社会考察计划，我跟一批人一起去了北京、成都、香港……认识了很多朋友，考察了很多地方，这是"得"。这40天我只出1000块钱，却能去那么多地方，这是非常划算的。

我可以很坦诚地跟你说，当时竞选复旦的校学生会副主席也有满足我虚荣心一面的原因。复旦大学的学生会主席或副主席，讲出来连家里人都觉得很有面子。去做校学生会副主席我肯定会有收获。

复旦让我开阔了视野，上大学之前我觉得大家的差别不是特别大，都是高中生，埋头学习，准备高考，但进大学以后大家就明显区别开来了，你第一次发现同龄人当中会有形形色色的人，有将军的女儿，市长的女儿，下岗职工的孩子……不同的家庭背景在这些大学生身上就明显体现出来了。有的人家里有钱，他出去跑的地方就多，见识的东西也多。

大三大四我任学生会副主席，有机会跟国外的大学交流，感觉就是不一样。复旦给了我一个很好的平台，我要去参与全球化的竞争，而不是只局限于跟我们班或者我们系的学生竞争。我知道复旦的学生在做些什么，还要知道交大、北大和清华的学生有什么优势……我有中国的文化背景，但是你想带动国家某个行业的发展，你想为人类做出杰出贡献的话，肯定是跟整个世界比拼，所以你要放眼世界。

大学四年来我所经历的变化绝对远远超过我在上大学之前18年的变化，而我在大三下学期到大四上学期差不多一年的时间里，变化又是最大的。可以这么说，成长是一个痛苦的过程，因为不断经历了碰撞、冲击、彷徨和追求，然后重新认识自我。如果大学四年来，你对自己有一个深刻的了解，那这就是收获。

我从小时候开始就一直做学生工作，什么少先队大队长、班长呀，对学生工作是有一定感情的，这种感情是没做过学生工作的同学很难理解的。去年 12 月 18 日学生会主席团换届选举我退下来的晚上，我们这批同学在这里（上岛咖啡馆）聚会，话别，我们好几个人都哭了。

我觉得一个国家的大学生代表了一个民族的激情，而且代表了一个民族的最先进文化的前进方向。如果一个国家的大学生没有一份对国家或事业的热情和冲动，那么这个国家的大学生是没有任何前途的。如果大学生都安于享乐，或者吃现成的，那么这个国家不会有太大的发展。我相信人到社会工作后会被磨掉一些东西的，所以在上大学期间你要有激情，要去培育自己的思想。我不知道在中国说这句话会不会太尖锐，我觉得在大学里你会有很强的批判性，包括对国家现实的一种强烈的批判。

我想在读完四年的研究生之后，没有人会再来问我你上本科时是不是做过学生会主席，过眼云烟而已。现在我去公司实习，人家也不看我的履历上写着我做过学生会主席，他们也没问，但他们照样要我。第二年后，人家只会问你是哪个学校的，第三年人家问的是你哪个单位的，第四年人家问你是做什么的……人家对你大学里是否当过学生会主席已经不感兴趣了，而且那些事已经不能再代表你了。所以最实在的是，你锻炼了多少？成长了多少？你的性格完善了多少？你成熟了多少？

我记得我们的教务处主任说过这么一句话："大学培养的是社会的良心和责任心。"这句话对我心灵的触动很大，我觉得大学的精神也属于民族的精神。

在上海这种地方，复旦作为一个综合性大学，她的学生是多元化的。比如有的同学很讲究穿着的牌子，什么 PoLo，有人还告诉我 US PoLo 比较好，有 Boss 和 Hugo Boss；有的同学是上海人，他会告诉我衡山路有哪几家酒吧不错，茂名路哪里的酒吧不错，新天地的几家我都去过了但某某家最好；还有一个同学带我去一个地方吃饭，那个地方很不错，可我还不知道呢。我知道有个同学家里特别有钱，但他读书特别好，三年就毕业了，现在去法国继续深造。有的同学整天在玩游戏，在我看来是一种颓废的生活状态。复旦这一点很好，别人不会来指责你的生活方式。大家寻求各自的发展，而别人不会去干涉。每个人去寻找自己人生的最大价值，这样必然会促使整个国家的价值最大化。

三、没有什么是不可能的

◎刘宇欣：“如果你预设它是不可能的，那么它永远就不可能。人在年轻的时候，尽可能多地走一些地方，尽可能多地见一些人。你在年轻时候积累的经验，很大程度上决定这一生你的思想接纳度有多高，也决定你的眼界有多开阔。”

一个漂亮的北大女生曾经跟我说：“我上大三的时候，有一个师兄追求我，说要跟我结婚，他已经27岁了，而我才21岁，我那么年轻，有无限的可能性，我干吗要这么早结婚呀？”恋爱是这样，年轻的女孩有无限的可能性，会遇到更好更合适的人生伴侣；个人前途也是这样，正因为年轻，所以有无限的可能性，有各种发展的可能。

刘宇欣是复旦大学国际关系与公共事务学院的大四学生，念行政管理专业。刘宇欣是个很典型的北京女孩，特别能说，一说起自己在大学的经历时就滔滔不绝……

大一我在《复旦人周报》做工作。

当时一个副主编说他想办一个网络电视台，就叫优频。但他只有一个草草的构架，什么实质性的内容都没有，只是一本二十几页的草案，也没有机器设备。我听完这个却非常激动，确实是很激动。我在高中的时候就是高中电视台的台长。我当时进复旦的时候就觉得很奇怪，像复旦这样一个学校怎么会没有电视台呢？后来我意识到，这可能跟复旦的环境有关系，因为复旦的闭路电视系统不发达，学生宿舍里没有，但是网络发达，BBS每晚都有七八千人在线。所以我想，我们需要一个窗口，用立体多彩的东西展现复旦人的生活。这是一个层面，也是一个非常重要的层面，这也是一个窗口，领导可以从里面看到现在的复旦学生到底在想些什么，外面的人也可以看到复旦的人到底在做些什么。

我们是网络电视台，要进行非线性编辑，要用电脑作编辑器。学生的经费都很紧张，但是学校拨给了我们两台电脑，配置还算不错，是台式机。当时是大二刚开学，十一过完节我从北京回来，结果两台电脑丢了，我觉得很搞笑，号召做这件事的副主编和我都很尴尬，他比我高一届。

在这个过程中我有一个战友，我们同一届，他在新闻学院念广播电视新闻学专业，叫王晓杨，是一个男生。当时所有的人都是我招进来的，我负责招新。他当时给我的印象很深。我说："大家写一下自己的意向，想干什么。"他写字很努力，很认真，写得很不熟练，不像大学生。他当时歪歪扭扭地就写了两个字：摄像。因为很少有人想做技术，很多人做电视台就是觉得可以抛头露面，很风光，但是他写的是摄像。我跟他接触之后，就觉得这个人是一个非常踏实、值得信赖的战友。

当时我处在一个比较尴尬的境地，开选题会的时候我要激情澎湃地给他们描绘蓝图和远景，但实际上我心里很清楚，现在什么都没有。但是我要鼓励他们，让他们去拍东西，虽然我不知道拍了东西之后我要拿什么来编。这时候家里也给了我很大的帮助：我买了一台笔记本。而且这台笔记本当时是比较先进的，是 1394 接口的，可以用笔记本进行编辑。

当时我们住的条件比较差，我们住在本部，六个人一个寝室，10 点熄灯，断电拉闸了。我有几个同学是软件学院的，住在北区，不限电。他们是学软件的，早就买了电脑。当时我厚颜无耻地带着一帮人杀到他们寝室去，顽固地占用了他们的电脑，用他们的电脑编辑。没有他们，实在是没法做出第一期节目。

当时我还在外面租房子住，因为回寝室实在太晚了进不去，那个时候我几乎每天都要一两点才能回寝室，女生宿舍是 11：30 就关大门。

有一天晚上我们在北区我同学那边编到了夜里 1 点多钟，他们第二天没课，将人家打扰得可狠了，但是终于把我们的片子编完了，特别开心。离开的时候，我和王晓杨两个人骑自行车走。当时王晓杨说要送我回去，因为我住的地方离复旦东门还要骑 15 分钟的车程。我觉得他也挺累的，而且那个时候复旦的边门已经关了，他必须从正门绕，要绕很远。我就说："你不用送了，我自己回去吧。"我自己骑车回去了。当时已经是深夜两点多钟了，复旦正在修路，我遇到了一群民工，他们四五个人一字排开，把马路都挡住了，冲我吹口哨，叫我，调戏我，叫嚣着："美女，下来！"当时我有点慌，因为他们有四五个人，而且是下半夜，我愤怒地盯着他们，越骑越近，他们还叫，挡在我车子前面不走。我大声喊了一句："都给我滚！"当时他们就愣了，我赶紧蹬车穿过去了，估计他们被我吓倒了。

一开始我们连办公室都没有，只是借用主席团的办公室，也只有一张电脑桌和一台台式机是我们的。那还是我们四处借电脑拍出成片之后的奖赏。有时等到我晚上 12 点多从台里走出来的时候，我才发现，这一天我一共只吃了四块饼干，当时我觉得自己是 Super woman。

当时很多同学都很奇怪，寝室里面都见不到我，即使在学校里也见不到我。她们都睡了我才回去，她们起来的时候我已经不在了。她们只能在我上课的时候看见我一下，行色匆匆。他们问我："你为什么不生病?"我说："因为我没有时间生病。"那时候我的手机是 24 小时开的，因为随时会有事情，做新闻和做别的不一样。我每次开选题会都会跟他们开玩笑，我说："你们有什么事情就打我的手机，如果我的手机打不通，有几种情况：第一是没电；第二，是我的手机欠费停机了；第三，就是我死了。就这三种情况。我睡觉都会开机的，你们随便打，没关系。"

就是这样的一段日子，我觉得非常值得纪念。

我大二上学期快结束的时候，优频终于有了办公室，是和其他三个部门合在一起的，而且是间南房。夏天非常热，是在顶楼。计算机本来就要散热，人也热，但是我们还是很开心。我们已经从一张桌子一把椅子一台电脑都没有，争取到有一张自己的桌子和自己的电脑。

我一直相信一点：有梦就能成功。而且最重要的一点是：Impossible is nothing，没有什么是不可能的，只要你能够想到就能够做到。学生会的所有部门里，优频是工作最累、待遇最差、办公条件最差的部门，但是一个人员都没有流失，没有一个人离开。我们的核心是 19 个人，到了第二学期还是 19 个人。我在想：这么苦，这么累，他们要不要留下来？他们为什么要留下来？在大二下学期开学的时候，我是很惴惴不安的。但是开学还没有一个星期，他们就发短信问我："台长，咱们什么时候开选题会啊?"我看到这个觉得非常欣慰。我想，能够把他们留下来，除了电视事业本身就很吸引人以外，还有一方面，是和优频的氛围有关的，这一点我是很骄傲很自豪的。

我这个人在工作上很急，我说要做就一定要做。到点了，你有没有交出来？有没有时间观念？做记者一定要有时间观念，迟到了一分钟都不行。刚开始开例会的时候，我会在门口守，迟到一分钟，你站在这边；没有迟到的，站在这边。然后我会说："你迟到一分钟，那么你在外边等五分钟再进来。"

我觉得这种锻炼在所有人一生当中都能留下很深刻的印象。我结识到了一群特别好的朋友，大家是白手起家一起走过来的，那种感情根本没办法取代。我自己租一个小破房，那时候多少个日日夜夜，我们一帮人在我租的小屋里，很破的一个小房，只有一张床，大家就在那儿彻夜不眠，在那里赶片子。最后实在困了，男生就坐在椅子上靠一靠，女生躺在床上靠一靠，多少个日日夜夜都是这样过来的。

我说："我听了你的故事真的很感动，也很佩服你和你的伙伴们。现在网络电视台办得怎么样了？"

现在我们有了四台编辑器，三台DV，而且是学校发的DV。前些日子，国家广电总局来这边视察，是关于学生网络媒体的视察。他们对我们的工作非常满意，把我们作为成功案例写在报告里，要呈给胡锦涛主席的。不仅仅如此，我们做了非常多的节目，现在可以说，我们是全国第一家，是唯一一个完全由学生制作、管理的学生网上电视台。完全是学生，没有指导老师，完全是自己摸索出来的。

还有给我印象非常深的一件事：我在大三开学的时候去了一趟宁夏回族自治区的西吉县王民乡，那是个国家级贫困县。当时也是因为一个很凑巧的机会。我在做优频的同时，还在上海电视台做兼职，还给一家杂志写稿子。我在做杂志兼职的时候正好做一期关于志愿者的策划，知道了一个志愿者是我们的一个辅导员，他是参加团中央西部扶贫接力计划的，要去那边支教一年。他是第四批支教队员的队长，他当时无意中提起说："我9月份要回去一趟西吉，看一下我教过的那些学生，如果你感兴趣可以跟我一起去。"我当时的想法是：我一定要去！

我们坐了两天半的火车，在凌晨3点多的时候到了富源县，因为西吉县没有通火车。我们休息了大概两三个小时起来，又坐巴士，坐到西吉县，等那个永远都不准时的巴士，再下到王民乡。这样一折腾，我们到王民乡的时候已经是下午3点多了，但是我一到王民乡就非常激动，因为一下车我就看到一大群孩子等在那儿。那个地方，我目力所及，除了黄土山，还是黄土山，非常缺水。手机没有信号，当地有电，但没有自来水。他们吃水都要去很远的地方挑。以前更可怕，是靠窖水，就是在地上挖一个洞，把冬天和夏天的雨水储存起来。冬天的时候，把那些混浊不堪的、一半是草一半是泥的水沉淀一下，再舀起来喝和用。

到了那里之后，那群孩子很激动。我的辅导员也很激动。我当时是想拍一个纪录片，是带着摄像机去的，但是他们不会表达，我就一路小跑扛着摄像机跟着他们跑。同行的人说："我们去学生家家访吧。"我说："好。"然后我们就一座山一座山地爬。大约5点钟的时候，天一下子就黑了。那时候我有点猝不及防。因为我从小在城市长大，从来没有见过那么黑的天，一点灯光一点亮都没有。我当时特别无助，什么都看不见，像瞎了一样。当时有一个孩子拉着我的手说："刘老师，您跟着我走。"我是第一次这么信任一个人。我就拉着他的手，任他牵引着我。我感觉在下坡，就下呀下呀，不知道走了多久，看见远远的地方有一盏昏黄的灯在闪，他说："那是我家。"

第二天又去另外一户人家，又是爬山。一路上都是在爬山，我觉得最困难的一点，就是我爬山手不能抖，摄像机一定要稳，而且因为拍摄视角的问题，我有时候要等他们都上山，拍一个他们上山的背影，然后跟他们大声喊："停！"接着我又蹬蹬蹬跑到山头上，再转换角度拍他们往上爬的样子，所以我不断地在负重变速跑。

在这个过程中，我体会到了很多东西，包括我们扶贫的意义到底何在。其实当地贫困并不是主要的问题，教育也不是主要的问题，人的思想才是最主要的问题。他们对读书并不崇拜，他们对打工很向往。他们说："为什么重男轻女？很简单，男孩子力气大，能在田里干活，女孩子就是干不了。"

我从西吉回来之后把这个片子做成了，是王晓杨帮我编的，名字叫做"扎根黄土的爱"，是第一部全程由大学生拍摄的公益纪录片。我们要举办这个片子的首映式。我当时说过，我拍这个片子就是要唤起大家对弱势群体的关注。

当时做的首映式非常成功，整个报告厅水泄不通，很多人都是站在后面看。当时东方电视台还过来采访，还有很多媒体，还为西吉的孩子募捐到一万多块钱和两千多本书，还有学习用品。我尽能力做了我应该做的事情，觉得特别欣慰。

在优频的经历让我觉得，没有什么事情是不可能的，只要你真正执著去追求，真正去做这件事情，真正地付出努力。

后来很多人都不能理解：你们优频一台破机器，怎么能采访到雅芳的总裁钟彬娴？你们怎么采访到的朱德庸？怎么拍到的切尼？包括我个人，他们也问我："你怎么采访到的孙雯？怎么采访到的刘翔？"我说："Impossible is nothing."如果你预设它是不可能的，那么它永远就不可能。

我说："在年轻的时候，用自己最美丽的年华，或者说在自己最有梦想的青春时代，去做这么富有挑战性的事情，的确会让你感到非常珍贵，能证明你的价值。"

人在年轻的时候，尽可能多地走一些地方，尽可能多地见一些人。你在年轻时候积累的经验，很大程度上决定这一生你的思想接纳度有多高，也决定你的眼界有多开阔。我想毕业后去美国，如果不幸去不了，我只能先工作两年再出去。我是一定要出国的，如果不在年轻的时候出去，以后岁数大了顾虑就会很多，可能没办法出国了。放下是很难的，特别是抛下一切。

我去那边还有个想法：因为我看过很多拍留学生的节目，但是还没有拍美国的。我准备过去拍。其实我本来想从我开始准备出国就拍，但是太忙了，必须有别人帮我拍。我准备尽可能把资料搜集起来，以我为一个点，辐射到周围的人，这会是一件很有意思的事情。我想他们每个人都很有故事。

当刘宇欣讲完自己的大学故事时，我朝她微微一笑，表示对她的欣赏。

凌晨两点，我在路口与刘宇欣道了别，她骑自行车回宿舍区，我又想起了她说的那句话："Impossibee is nothing."

四、发现自己的价值

◎**陈婍茵**："我觉得法律比较有挑战性，而且比较实用，不一定非要从事法律方面的实务工作，很多领域都需要法律方面的知识，所以我选择了法学院。……我觉得教学对我们法律学生是不够的。像司法考试，所有人都可以来考，有的受过四年法学教育的学生没有考上，但是一个没有上过大学的农民，通过一年的勤奋努力，就可能通过了。那么我们的优势在哪里呢？我觉得还要训练作为一个法律工作者的素质。"

在大学要学会思考，只有思考了才能发现自己的价值，才能去实现自我价值。

陈婍茵是北京大学法学院大三学生，2003 年入学，香港人，曾任北大法律学生国际交流协会主席。我问她是怎样进入北大的，为什么选择法学院，她说——

我进入北大的过程比较曲折。我是香港人，高中在深圳读书。我们港澳台的学生每年有一次联招考试，高二时我就参加了那个考试，但毕竟没有经过高三系统的复习，所以成绩不太好，离北大的分数线还差一点，而复旦大学、南京大学的分数线我都达到了，但因为这些学校是我报的第二志愿，所以他们不招我。那年没去成，我只好回去再读一年高三，最后终于考上北大了。

我觉得每个人进大学之后，多少会有一些失望吧，我当时也有这样的感觉。

我是一个比较喜欢挑战的人，我希望以后的工作不是在一个固定的地方、有一种固定的模式，而是有挑战性的，我觉得法律比较有挑战性，而且比较实用，不一定非要从事法律方面的实务工作，很多领域都需要法律方面的知识，所以我选择了法学院。大一第一个学期我没有认真学习，刚进北大很开心，有些虚度时间，后来才慢慢地学进去，才发现法学很有意思。其实法律不是那些简单的法条，它的逻辑、推敲都需要你不断思考才能感受到，你会觉得它是一个越学越高深的学问。

我问：“你进北大之后是怎样找到自己的位置？怎样融入这个环境的？”

我觉得社团给我很大的成就感。北大与其他大学最大的不同在于她的国际性，她可以给你提供很多的机会，我在利用这些资源的时候，慢慢发掘出自身的价值。我喜欢跳舞，加入了风雷社。这是一个街舞社团，进去之后，我慢慢发现，社团里有些人是游离分子。有些人是核心分子。我没有成为核心分子，后来就退出了。

到下学期我才加入另一个社团，叫北大法律学生国际交流协会，我现在担任主席。当时我们承办了一个亚洲地区范围内的会议，在北京和香港举行。在做这种交流活动中，你会发现这对你的组织能力是一个考察，同时你也可以和其他地区的大学生进行一些法律和思想方面的沟通。你也会认识很多不同地方的人，不仅局限在北大，也不仅局限在中国，你会发现自己是那么渺小。我在韩国和日本参加了两次会议，在那边遇到的韩国人和日本人都非常厉害，比如说，有的英语口语完全不带地方口音，他们对法律知识的运用也做得非常棒。我会觉得自己在这些方面可能还不到位，就会去弥补。

还记得我第一次代表中国学生去日本参加会议，那是一个管理委员会的会议，我们要制定整个组织的章程。他们能把他们的法律知识都用上，写得很规范，而且是用英语。我是代表北大、代表中国去和他们一起制定这个组织的章程，还要代表北大学生、中国学生的利益去和他们谈判。把这个章程制定完之后，我代表中国学生签字时，感觉幸福极了。

北大给我很多机会，如果我去别的学校就不可能有这样的机会。在这个过程中，你就会慢慢发现自己的价值，也会了解很多方面的东西，就慢慢成为这个组织的核心人物，我现在已经是这个组织的主席。

我刚进北大的时候还参加了新生文艺汇演，在全北大的师生面前表演唱歌，后来在研究生的晚会里也表演唱歌。参加了很多文艺表演，要使自己不怯场，在众人面前表现自己，这对自己也是一个很大的锻炼，也是很有趣的。

另外，法学院每年都有元旦晚会，这两年都要求我们社团出一个节目。前两次都是我组织的，都成了整个元旦晚会的亮点，成就感也很大。上星期我们学院的元旦晚会刚刚结束，今年的元旦晚会主题是对去年做一个回顾。去年我们有很多活动，一个重点活动是和瑞典法律学生的交流，还有暑假去韩国开会，第一学期泰国的法律学生也过来和我们交流。在这些活动中，我们代表的是北大的法律学生，我们不仅背负着现代法律人的责任去进行法律方面的交流，同时也展示中国的传统文化。

上星期在大讲堂演出，我们表演了传统舞蹈、民族舞蹈和现代舞蹈，表演完毕，全场都为我们鼓掌，我当场就感动得哭了。上大学两年多时间以来，我在大讲堂正式演出一共有四次。

我觉得进了名牌大学你会了解到，最重要的不是你四年里学的知识，很多课堂上的知识你考完之后或许会忘记，更重要的是你要学会怎样跟人相处，怎样去认识朋友，怎样去发现自己的优势从而建立自己的自信，这些对你将来的发展影响更大。

我还跟几个北大女生朋友组织成立了一个社团，叫关注女性发展实践会，是一个实践类的协会，我们就是想给女性提供一个舞台，让她们去展现自己的魅力，同时也让大家学会分享自己的资源，在协会里交朋友，真正帮助大家将来的发展。总的来说，北大女生很优秀，她们成绩很好，但不是书呆子，各方面能力都很强，她们不会比男生差，而且她们也渴望通过努力去证明自己的力量。

我问："你有过迷茫吗？"

我也有过迷茫，但每当那个时候，我的朋友、我的家人会立刻提醒我。比如，在北大，大一下学期时大家都会考虑读双学位的事情，不知道自己到底需不需要读一个双学位，有的就会认为，别人修了就比我多了一个强项，不如我也修吧。我也有过这样的考虑，看到别人出国，就觉得他们再回来时，可能就会比我优秀，那么我是不是也要出国呢？我觉得这个还是需要自己认真地考虑，看自己是不是真的需要，不能盲目地跟风。我的家人那时候就提醒过我，双学位可能不一定适合我，可能会成为我的负担，我觉得更重要的是用四年时间把我的专业学好，我就把时间用来学法律和搞社团活动。

我问："你有没有想过下一个目标是什么？"

应该是出国吧。我觉得北大有一个问题，应该也是中国教育的普遍问题，就是课堂很大，每一节课有一两百个学生，老师在上面狂讲，然后下面的学生狂抄笔记，我觉得这种教学对我们法律学生是不够的。像司法考试，所有人都可以来考，有的受过四年法学教育的学生没有考上，但是一个没有上过大学的农民，通过一年的勤奋努力，就可能通过了。那么我们的优势在哪里呢？我觉得还要训练作为一个法律工作者的素质，这一点在北大是没有的，中国其他大学也没有，所以我很想去美国接受这方面的系统训练。当然学法律去美国那边不容易，那边的学费很贵，没有奖学金，他们觉得法律是高收入的行业。这是一方面的问题，签证也比较麻烦。总之，我现在就是想找一个好的法学院，去美国培训一下自己这方面的能力。

我现在已经考过托福了，也在加紧补习功课。我想读JD，要读三年，完成研究生的学业。他们读LM，只研究一个专门的领域，而JD就和我现在在这里的学习一样，民法、宪法等各个方面都要涉及。我还要参加一个LSAT考试——传说中全球最难的考试，比TOEFL、GRE难多了，我也要多花一些时间来准备。我去的是一个普通法系的国家，跟我们这里不一样，我在争取，但也不一定能去，毕业了可能先会参加司法考试，因为你去一个不同法系的国家学习，回来之后再捡起来可能就会比较困难。

我问：“那你的职业理想是什么？你认为自己未来应该达到一种什么样的状态？”

不一定是律师，也不一定和法律有关。我觉得自己比较适合做那种跟人打交道的工作，比较有创造性的工作。我前面也说过，我不喜欢那种很固定的很枯燥的工作，不一定是做律师，各种领域都可以，但一定要有挑战性。当然这需要一个过程，需要做的事情、需要接受的培训我都要去做，女生要趁早把书读好。

我不要求自己在未来一定要很厉害，但至少我要在工作中体现自己的价值，要有成就感。上中学我刚从香港到深圳的时候，因为教育体系不一样，我的成绩很差，数学常常考二三十分，很多老师都觉得我是一个学习不好的学生，但我后来慢慢去适应，最后我的数学成绩上升到全班第一名，在这个过程中你会觉得很有成就感。我觉得这也是我今后工作的要求：不一定要很优秀，但要体现自己的价值。

在我未来的生活中，我觉得家庭幸福很重要，对女生来说应该都是如此。我很爱我的妈妈，我人生的首要目标是要我妈妈很幸福，这对我非常重要，因为我是在一个单亲家庭长大的，我爸我妈在我很小的时候就离婚了，妈妈一个人抚养我跟姐姐两个孩子。我觉得我妈妈很厉害，她不是所有事都做得很好，但她确实教给我们很多东西，从小到大都给我们讲很多道理，慢慢地很多事情我们都可以自己分析，也可以影响别人。在我妈妈幸福的基础上，我也要幸福；我幸福了，我妈妈才会更幸福，她对我的希望应该就是有一个幸福的家庭。我觉得我要慢慢学会一件事情，在我事业成功之后，我应该做出某些牺牲，把重心放在我的家庭上。你对家庭的付出不像在社会上那样能得到回报，要转变过来可能需要一个比较漫长的过程。

我觉得很多人的心理素质不太好，比如说跳楼自杀的，上学期尤其多，其中很多是女生。我知道一个跳楼自杀的中文系女生，她跳楼是因为怕自己的双学位的科目不及格，因为从小到大周围的人都对她期望很高，她怕大家失望就开始逃避，最终选择了这条路。在国外，比如哈佛，比北大学生优秀的人有很多，但在那里跳楼的人很少，我觉得这也是中国教育的问题吧，过分重视学习成绩，而心理素质和其他方面的能力没有得到锻炼，遇到挫折就很容易出现一蹶不振甚至轻视生命的情况。

对我自己而言，在心理素质方面，妈妈教给我很多。妈妈不是什么事都管，但如果遇到一些大事情，妈妈就会教我很多原则，有时候骂我们骂得特别凶。这个社会除了家人，别人不会给你面子，别人讲的话可能比家里人的责备要难听十倍，妈妈从小就锻炼我们的承受能力，我觉得这个很重要，任何结果你都要能够承受，只要你自己真的用心付出了，不论结果如何，你都会很开心。

另外，《圣经》对我影响也很大。香港有很多基督教徒，虽然我没有受洗，但从三岁起我就开始去教会，后来我每天都会读《圣经》。《圣经》是一本很值得读的书，它教你怎样和别人分享，我觉得读过《圣经》的人都会很善良。而且如果你学会分享的话，你就会是一个快乐的人。

一个人不可能完美，但你必须追求完美，这样才有可能做到最好。给自己定下奋斗目标的时候，要定得比自己能力高一点……有时候不是你选择的问题，而是在于你选择时候的态度……也许你的本事可以让你觉得自己可以把世界上1000件事做好，但是最后你的智慧可能告诉你，你偏偏做了1000件事里面最不该做的一件。

第七章
超越自我：勇于展示个人价值，还有附加值

一个人不可能完美，但你必须追求完美，这样才有可能做到最好。给自己定下奋斗目标的时候，要定得比自己能力高一点。就像登山，如果凭自己的能力只能爬到半山腰，而你的目标只定在半山腰的话，你可能就到不了半山；如果目标定在山顶，你可能最后仍然到不了山顶，但你会爬到比半山腰高一点的地方。

大学四年肯定要经历很多事情，比如与人相处，会有愉快或不愉快的事情发生。新生刚进校的时候，有一个教授跟他们说："你们知道大学阶段最重要的事情是什么？是在你放假回家的时候，一定要花至少一天的时间一个人安静地在房间里好好想一下，这个学期自己到底做对了哪些事情？做错了哪些事情？下学期又要怎么做？"

回过头来思考一些事情，才会有真正的积累，而你现在很多想法可能会跟过去完全不一样。在这样的一种反思中，你就会知道这样的事情还有新的处理方法，下次再遇到这种事情，你很可能会处理得更好，状态也会比以前好。

有时候父母的教导你听不进去，但你能从同龄人当中得到很多的忠告和启发。有时

候不是你选择的问题，而是在于你选择时候的态度，你是以一种什么样的心态去考虑这个事情的。

刘斯恩是清华大学经济管理学院金融系大四学生，2006 年从清华大学毕业，他说："上中学时我没有分清楚聪明和智慧的区别，来清华以后，这里几乎可以说每一个人都是聪明人，他们都很聪明，但是有智慧的人依然不是太多。而那些真正有智慧的人，才是最后真正能够实现自己人生目标的人。"

举个例子，聪明人就好像"将才"一样，有智慧的人就是"帅才"，带兵打仗，当元帅的未必打得过当将军的，就像一个枪手和一个将军一样。可能在技巧方面，清华的学生真的有那种天赋，他们太容易掌握种种技巧，能够帮助他们生活得更好。在清华，什么聪明人都会碰到，但是会不会设计自己的人生？你可以把一件事情做好，也可以把另一件事情做好，但是你具不具备这个能力去选择到底做哪一个，这就是智慧了，而不是聪明。也许你的本事可以让你觉得自己可以把世界上 1000 件事做好，但是最后你的智慧可能告诉你，你偏偏做了 1000 件事里面最不该做的一件。

一、以高标准要求自己

◎**李烨**："是不是处在精英的地位上不要紧，但是我一定要和平庸的人不同，不能让自己碌碌无为，可以让自己过得很潇洒，但是不能无所事事。要让自己从内心变成精英，不是以精英自居，而是说要以精英的标准来要求自己。用精英思维去考虑问题，精英是你以后要成为的一个目标。"

◎**周勃**："虽然这是一个和平年代，但是我们的竞争加剧了，我们要应付的困难增多了，我们必须抱着一个战斗的心态，一种拼搏的心态，才有可能赢得更多。"

清华学生有一个共性，总是给自己定一个很高的标准，给自己很多压力。很多时候，他们的压力并不是来自老师，老师可能会说："这个作业，你们做到这样就差不多了。"但是同学之间总是不断地想办法做得更好，在这样的竞争氛围里，总是要求自己做得更好，比周围的人更好。

李烨是清华大学建筑学院建筑系大三学生，他很聪明，也很有想法，在清华很出色。我问他："你在清华接受教育这几年感受最深的是什么？"他说——

在清华首先让我遇到了一群很理想化的人，我认为这是跟其他大学不一样的地方。我跟外校同学在一起的时候，他们总是说我单纯，他们总是说："清华就是跟别的地方不一样。"他们总是说我不够社会化。你把这个看成缺点也行，看成优点也行。其实一个人难得有几年很理想化生活的时候，真正干一些很理想化的事情，活得很理想，按自己内心的理想去生活。

进了社会会有很多身不由己的事情，或者是说会更累。对很多大学生来说，最宝贵的时间就是在自己真正进入社会之前，在这段时间里，你能安下心来，不受任何打扰地经营自己内心的世界，寻找自己的理想和定位，并且认认真真地为之努力。有这么一段体验，或者人生有这么一段时光，应该是很重要的。

刚进大学的时候，李烨觉得自己看问题很片面，对一件事情只有一种理解，后来渐渐学会了从很多方面去看待生活中的很多事情，可以从正面，也可以从反面。在清华会接触到很多东西，到了大学之后，你对大学生活采取的态度是决定你会收获什么的一个很重要的因素。你对它的态度如果是封闭的话，你的收获会很少；如果是开放的话，你的收获就会很多。

李烨认为自己是一个很开放的人，他会努力去尝试很多事情，不断地把别人的优点拿过来补充一下自己。清华跟别的学校不一样的地方就是她有许多精英，跟这些精英在一起你会有一些变化。李烨感受最深的是，周围的人会强迫他去思考。因为你跟很多优秀的人在一起，如果你自己不够优秀，或者你不强烈地要求自己变得优秀的话，你就没有立足的空间。

平时在一个很平庸的地方，你想得很少没关系，因为你依然可以活得很悠闲很自在；当你身边都是一些强人，他们的见解都很深刻，非常有见地，你就会想这是为什么，因为他们对这些事情确实是思考了，动脑子了，你如果想成为他们中的一员，你就会强迫自己去思考，而去思考你就一定会有收获。这就是清华大学和别的大学不一样的地方。李烨认识很多其他大学的人，他们很清闲，每天都无所事事。李烨说——

人要以一个高标准要求自己。有时候我就不妨这样想，不会特别地把自己放在一个很平凡的位置上，因为我觉得自己上了清华大学，就是要跟别人不一样，要不然我为什么还要上清华大学？要不然清华大学为什么还要存在呢？就是要以一个精英的标准要求自己，就是不能跟平凡的人一样，但是我不能骄傲。精英思想和精英思维是不一样的，精英思想是指你觉得自己是精英，你以精英自居，觉得我就是比别人厉害，然后不踏实地做事，这一点是很不对的，但有很多人都是这个样子。说白了就是骄傲，有一种天然的优越感，我们需要的不是这些。我们应该有一种精英思维，到了清华大学我们更应强化这种意识。

是不是处在精英的地位上不要紧，但是我一定要和平庸的人不同，不能让自己碌碌无为，可以让自己过得很潇洒，但是不能无所事事。要让自己从内心变成精英，不是以精英自居，而是说要以精英的标准来要求自己。我想最重要的是，用精英思维去考虑问题，精英是你以后要成为的一个目标。

周勃是清华大学经济管理学院金融系大四学生，2002 年保送上清华大学基础科学班，大二转到经济管理学院金融系。我问他："作为一个清华学生，你对自己的要求高吗?"他说——

这要分几个层次来说，清华的学生对于心理健康的要求是非常苛刻的，绝对的完美主义，因为只有心理健康的人才会对社会、家庭和集体做出相应的贡献。第二点要求很高的是身体上的，清华有一句口号，是梅贻琦校长提出的："要为祖国健康工作50周年。"这句话我们天天记得，这也是为什么每天晚上 11 点以后到 1：30，操场上有那么多同学在那儿健身、跑步，大家都希望能有一个强健的体魄。第三点，我们对于学业对于研究一直抱着很神圣的态度，我们要做到精益求精，这也是非常高的要求。

但是同时我也不得不承认我们也有要求比较低的地方。举个例子，比如说一些服饰性的东西，或者是一些表面的东西，注意得不够，北大学生在这一点上会做得好一些。我们在做一些修正，比如注意一些社交的礼仪，注意自己的穿着打扮，这并不是说我们要吸引多少女孩子或者男孩子，而是说我们要呈现出一种精神面貌来。

总体来说，清华的学生和哈佛的学生对自己的要求一样，我们并不低于他们。我在自己的MSN的标题上写了三个英文单词，是相同的单词："Fight，fight，fight."可以翻译成中文："战斗，战斗，坚持战斗。"虽然这是一个和平年代，但是我们的竞争加剧了，我们要应付的困难增多了，我们必须抱着一个战斗的心态，一种拼搏的心态，才有可能赢得更多。这也是我的座右铭之一："我在战斗，我一直在战斗，我必须永远战斗下去！"战斗的精神，也是清华赋予我的非常宝贵的资产，它不是和别人做股票交易就能换来的一个资产，它是必须让我在这里学习和生活相当长的一段时间以后，才培养起来的一种素质。

二、大胆去做学习以外的事情

◎**李妍**："我觉得工作最大的好处就是认清自我，面对现实。不能因为你是清华的，别人就高看你一眼。……我发现像技能这些东西才是最值得学习的。在学校里我们更注重的是'硬技能'，像你学会一个编程，懂得一个理论，但只会这些还是远远不够的，尤其将来社会分工更细，需要与各种人合作，不是靠一个人就能把这些工作全部做成的。这就需要'软技能'。"

大部分大学生非常迷茫，不知道自己要干什么，反而什么都不去做。努力去学习，不是你努不努力的问题，而是你上大学必须做的。除此之后，你还需要做更多学习之外的事，否则，你不可能成功。

李妍是清华大学经济管理学院金融系二年级女研究生，2002年保送上清华大学经济管理学院金融系，本科毕业后直读研究生。她觉得在清华里学得最多的是怎么做人，如何踏实地工作以及学习的方法。

清华人做事都很有计划性，工作效率高，这是外面公司给清华毕业生的评价。最重要的是，清华对人品的培养做得很好，从清华出来的人，给人感觉很谦虚、严谨，为人处世很厚道、重承诺。我采访了李妍，她跟我说——

清华给我最大的帮助就是从周围的人身上学到很多，可能刚开始我认为大家都差不多，感觉不到别人身上的发光点，但经历了种种事情之后，才发现他们中间的人有许多难能可贵的品质。所以我每天宁可少看一小时的书也要和他们一起交流，探讨，见贤思齐，见不贤而自省。

我喜欢在公司实习，而实习会影响上课和学习，我有一门课被老师点了五次名，老师已经警告我两次了。

从大三下学期开始我去保险公司实习。我觉得在校园里环境比较单纯，一般情况下通过自己的努力就可以解决一些问题，即使你的考试成绩不好，或者什么事情没有做好，可能是因为你能力不行，某方面有欠缺，但没有人指责你或给你脸色看。在外面就不一样了，不是经过你的努力就可以如愿以偿的，有很多人为因素以及社会关系在里面制约着你的发展。

第一次遇到的老板很有人情味，我做不好他会教我，提醒我。另外一个老板就很没人性，他是香港人，他会说你很累赘，整天骂你，说你工作态度有问题，让你工作到很晚，让你重复去做一个事情他还不满意，甚至会说你的中文写得很差。当时我非常愤怒，因为这种人太不懂得尊重人，他骂你还不允许你和他争吵。时间长了，我觉得这样对我很不公平，我就和他小吵，不过没有用。我找师姐探讨过这些事情，她们告诉我一些如何和老板相处的技巧。

当时我有件事解决得不是很好，他把我带到了那种封闭式的小会议室里，外面的人听不到，他拍桌子瞪眼睛在那里骂我，我当时忍受不了，从小到大没有人这么对待我，就和他吵，出来之后还特别不爽，冲进卫生间大哭了一场。毕竟是你自己找上门要求做实习生的，没办法，工作还得工作，还得笑脸相迎继续干活，这个工作没做多久就结束了。

我觉得这个工作最大的好处就是认清自我，面对现实。不能因为你是清华的，别人就高看你一眼。当时我还有一点后怕，如果找的第一份工作我遇到这样的老板，我该如何面对啊？经历那件事情以后，我就知道自己在这方面的经验很欠缺，应该注意培养这方面的能力，这些东西在课堂上老师是不会教你的。

实习可以让你不断地在工作和学习中相互转换角色，多去社会中碰壁，之后再回校园里休养生息，正视自己的缺点和不足，以后加以改进，可以重新释放自己。在学校里你会感觉很轻松，这种轻松是心灵上的，尽管有学习和工作的压力，但很单纯，你不用考虑社会上的人和事。

现在我最大的感触是，你在公司做事情的时候，或者和团队一起工作的时候，你最大的困难不在于你不懂，而是来自别的方面。我经常跟别人讲，我在清华培养出来的一种能力就是熬夜，我可以用一个晚上看500页说明书，并且完全掌握。但是，如果今天有一个很牛的客户，上面要求你今晚把这个生意谈成，可是你就是谈不成，就算今天晚上你花费了一夜的时间，这个事情还是做不成。

后来我发现像技能这些东西才是最值得学习的。在学校里我们更注重的是“硬技能”，像你学会一个编程，懂得一个理论，但只会这些还是远远不够的，尤其将来社会分工更细，需要与各种人合作，不是靠一个人就能把这些工作全部做成的。这就需要“软技能”。

所以，书本上的知识并不是最重要的，只要我学会怎么去学习就可以了。重要的是，怎么去把一件事情做成，怎么去跟别人建立长远的合作关系，怎么站在别人的角度上考虑问题；你总想从别人那里得到，那么你永远都得不到。这是我在实习的过程中慢慢积累的经验。

我建议准备在本科毕业就要工作的同学，在大三的时候要尽量出去接触社会，以各种各样的方式。但也不是推荐大家逃课出去，这个需要大家自己去平衡。你觉得自己的这个年龄段更欠缺什么，需要补充什么，那你就去实践。

出去之后你就会立刻发现，你有很多都不懂，什么都需要学习，尤其是进入那种大型的公司，会经常受到老板的批评。有些东西在课堂上根本学不到，老师也没有教过。

我的感觉是，我在清华里读了那么多的书，也不过是一个量的变化，这些理论上的东西对我以后的工作有多大的帮助？对我的为人处世和价值取向有多大的影响？这些都有待于我的考证。

所以一有机会我就跑出去到外面工作，一周在外三天，很多功课都错过了。这样大三的成绩不是很好，但我在实习上很有收获。如果我每门功课都得90分，而没有做过学习以外的事情，我会很后悔的。

如果让我给清华师弟师妹们一句话，我会建议他们在保证学业的前提下，希望他们能够经历得更多一些。有一句话我特别喜欢：“Life is a continuous flow of experience.”翻译成中文是："生命是一种永续不断的经历。"尽管它很平淡，没有特别响亮的地方，但我一直把它当作我人生的座右铭，而且随着我年龄的增长和经历的丰富，我对这句话的内涵有了更多的了解。

三、强化自己的潜在价值

◎**江伟丽**："我觉得学法律的人，可能在打基础的这几年应该一门心思扑到法律上去，不应该做那么多额外的事情，只有这样才能真正把法律学好。但是我们也需要从事一些社交和社团的实践，就像老师说的一样，现在的大学是一个真正读书的地方，但更应该是一个职业训练场。"

从上幼儿园到小学、初中、高中，直到大学，是现在的学生都要走的一条路，但毕业了怎么往下走就需要自己去计划了。家长的能力毕竟是有限的，他们的年纪也大了，不可能把你一生的路都准备好，他们最多也只是提提意见。所以大学生要明白，很多事情要靠自己去努力，不能像过去那样一直依赖别人，也不能遇上什么事只知道去问别人，而是需要自己去思考

江伟丽是北京大学法学院大二女生，2004 年考入北京大学，四川省文科高考状元。江伟丽是一个很有个性的女孩，在北大校内的咖啡厅里，我见到了江伟丽，她披着一头卷发，外表秀丽。交流起来后，我发现她是一个活泼、开朗的女生，她还小，才 20 岁，在她身上我感受到北大是一个让人快速成长的地方。

当时江伟丽所在的高三文科班一共有 40 人，有 5 人考上北大，1 人考上清华。这 5 人的分数都很接近，江伟丽是四川省第一名，其他 4 位同学是四川省第二名、第三名、第五名和第七名。当时报志愿是估分填志愿，就是高考结束后，根据估计自己的分数来填报志愿。他们 5 人估的分数都是 640 分，北大好的文科专业正好是五个，他们各自分了一个。

江伟丽不喜欢数学，所以她没有报对数学要求很高的北大经济学院或者光华管理学院，这样就剩下国关学院、元培实验班和法学院。她觉得没有必要把自己学的范围弄得太广，而且听说元培当时的设置还不算成熟，所以没有报元培。之所以没报国关学院，

是因为她个人对政治和国际上的事情不是很感兴趣，她感兴趣的是既有一些高的理论体系又实用的东西，所以就选了法律。不过，其中更重要的原因就是读法律可以不用学数学。

江伟丽觉得，有很多人，到了大四都不知道自己到底要做什么，比如不知道自己到底是要保研还是要工作，工作的话，不知道是要去事务所还是去公司。她现在还没有很清晰的定位，只能说到大二的时候她知道了自己在大学里应该干什么，但至于离开大学后自己要干什么，她还是不清楚。

大一进来后，江伟丽算是比较沉寂的，她说自己一向不是个很努力的学生，成绩在班上排在第十几名，而其他的事情她做得很多。她在北大国际学术交流社团做事时有一个很明显的感受：在某个地方做事情，不光是凭你有多少才能，还要看你愿意付出多少努力。

有一次听一个老师的讲座，老师说在他们那个时代，他们都是理想主义者，都是有信仰的人，而现在这一代是丧失了信仰的人，都是走一步看一步，而不是事先计划好自己的将来。但江伟丽认为，现代社会变化太快，大学生更多的是在走的过程中不断寻找什么更适合自己，如果一个人很早就把自己设定在一个目标上，可能会错失很多东西，因为没有经历过，就不能判断目标之外是否有更适合自己的。

大学是一个跟中学完全不同的环境，需要自己去适应。进了大学后，江伟丽发现自己开始变得很孤单，大家都是各忙各的事情，很难再有像中学时可以谈得很深的朋友了。

江伟丽还有另外一种感觉就是找不到方向。在高中的时候，高考就是灯塔，就是方向，而且是唯一的方向，只要朝着那个方向前进就行了；但是进入大学后，有太多的选择，反而会觉得很迷茫。

现在江伟丽至少知道自己应该干什么了，北大对她的帮助挺大的，首先她觉得自己身处的氛围是其他地方没有的，在北大，每天在自习室找一个空座位都很困难。江伟丽在“明德营”接触到很多优秀的师兄师姐，特别是在法学院、光华管理学院和经济学院这三个文科院系，优秀的人很多。在北大知道一个牛人之后，肯定还会听到一个更牛的牛人，一山更比一山高。

我问：“北大的学生很优秀，大家都说北大的学生头上有一个光环，你失落过吗?”

江伟丽回答："其实我觉得没什么好失落的，状元就是一个资源，好好利用就行了。就好像你身上有一块玉，可能有一天你碰到一个人身上的玉比你的还要好，你就会觉得自己的这块玉不够好。即使这样，你的这块玉还是很值钱，还是很好用。对我来说，状元只不过是个光环，考上北大才是重要的。"

我问："你现在对自己很满意，接下来你觉得自己应该在哪些方面努力呢？"

江伟丽回答："我觉得应该提高自己的专业素养。我很喜欢法律，我觉得它非常适合我，它的理论体系非常完美，而且是令人惊叹的漂亮，我非常想知道如此完美的体系在生活中可以怎样应用。法律会涉及我们生活的各个方面，通过它可以让我辩证地思考生活。我还希望有机会可以到事务所去看一下，提高自己的专业素养。我觉得学法律的人，在打基础的这几年应该一门心思扑到法律上去，不应该做那么多额外的事情，只有这样才能真正把法律学好。但是我们也需要去从事一些社交和社团的实践，就像老师说的一样，现在的大学是一个真正读书的地方，但更应该是一个职业训练场。我觉得法律是一门非常需要耐心非常需要努力钻研的学科。"

我问："你希望自己以后从事什么样的职业呢？"

江伟丽回答："我觉得学法律的人第一选择应该是律师，如果没有大的变动应该会是这样，但也不排除还有其他更好的选择。"

我说："大部分的北大毕业生在社会上做得很出色，那么对你来说，有没有开始想以后怎样实现自己的人生价值呢？"

江伟丽沉思片刻，说——

作为一个法律人，如果他能够做好一个律师的话，他就已经为中国法律的现状做出了自己最大的努力。对于律师而言，旁人评价高，那当然是做好了；如果旁人评价不好，是不是就不好了呢？这是值得思考的问题。在有黑社会性质的大案中，为杀人犯辩护的律师肯定会挨不少人的辱骂，但是我觉得他做得很好，因为他为当事人做了最好的辩护。我在法学院已经快两年了，这一个关于法律的观念是改变最大的，之前我一直觉得律师是为正义而战的，现在我觉得律师只是为当事人而战的。我记得有一些进修生来听课的时候，听到我们的老师说"律师是为当事人而战"的时候非常气愤，甚至拂袖而去，说："怎么能够这样?!"律师到底做没做好？我觉得有些东西是普通人没法理解的。

我说："现在你对北大的环境已经适应了，你对自己也很满意，你也一直在收获，那么在这个过程中你有没有受到什么挑战?"

江伟丽说："把眼光放远一点，我觉得以后的工作可能是更大的挑战。找一个工作容易，找一个好工作不容易，我觉得找一个好工作对我首先就是一个很大的挑战。虽然我是从北大法学院出来的人，但是我毕业的时候，还有硕士生和博士生同场竞争，就算我是博士生毕业出来找工作，还有很多海外归国的法律博士跟我竞争。法律人才在北京是绝对不缺的，所以将来找工作对我是一个很大的挑战。"

四、把握住改变自己的机会

◎**粟净**："我是湖南人，湖南属于中部地区，上本科的时候考去了西安，西安也属于内陆。当时促使我考到上海来的一个很重要的原因就是，我希望自己从观念上有一个根本的改变，我希望从西部到东部的过程中能实现这种改变。……在本科阶段，我接触社会的机会并不多。但是自从来到复旦后，我发现这里的每位同学都可以参加社会实践，或实习。学校对每一位同学都很公平，大家可以公平竞争，只要我努力了，我争取了，这个机会就可能属于我。"

大学是一个人走向成熟的阶段。一个人成熟的标志有三点：一是有勇气去改变可以改变的事情，二是有度量去忍受无法改变的事情，三是有智慧区分前面的两种事情。

改变是不容易的一件事，很多人很难迈出这一步，最后只能一声长叹："当初为什么不那样做呢?"

粟净是复旦大学法学院三年级的研究生，2003 年考上复旦大学法学院读研，她的本科是在西北政法大学念的。上复旦之前，在 2000 年的时候粟净来过一次上海，来的时候她见到的是上海最美的一面，从浦东机场出来，进入市区，经过外滩……当时她就立志要考到上海来。

考研是大学毕业生的一大出路，每年考研的人很多，粟净能从西部的学校考上复旦非常不容易，当年考研时，她经历了艰难的过程，她说——

父母坚决支持我考研，但是是让我考本校的，因为考本校的优势很大。开始的时候，我也是一直打算考本校，后来和同学们一起谈论，有个师姐说："这可能是你这辈子最后一次改变自己的机会了，如果你保守的话，完全可以选择考本校的研究生，万无一失，但是我觉得以你的个性你一定会后悔的。"当时听了这句话，我的感受非常复杂。

其实我心里也是动摇的，我也一直在考虑报哪个学校。我想就这么一次了，也许是这一生最后的一次，凭一次考试改变自己的命运。志愿表发到我们手里，当时看到"复旦大学"四个字，我就感觉心里在颤抖，真的在颤抖，我在想：是复旦在召唤我吗？

当时我们还要去学校里开证明，老师告诉我："你知道吗？我们学校共有26名同学报考复旦，但是，复旦历年没有招收过我们学校的任何一名学生。即便你们这一届考得很好，复旦在我们学校招的研究生也不会超过三个。"我的成绩在我们班算好的，但是老师还跟我说了这样的话。当时我真是挺心慌的。不过隔了一会儿，老师又跟我说："说不定你就是那第一个呢！"

后来报考志愿的材料全部都交上去了，我就给我爸妈打电话，告诉他们我把志愿改了。我妈第一个反应是："啊，你改成哪儿了？"我说："我改成复旦了。"她说："啊?！你不要吓我们呀，你不要乱改啊！"本来我的心情就不是很好，我妈这么一说，我的眼泪就流下来了。当时我爸爸已经帮我找好工作了，是湖南省电信局。但我爸爸说："年轻人就应该试一下，拼一下，不一定是前面的人走不通你也走不通。"

他们也不知道我有多大把握，我也不知道，我只是觉得自己应该去试一下。

在接下来的三四个月里，我一直在努力准备考试，我的全部梦想和念头都是跟复旦有关的。专业课我都学过，报复旦绝不是无来由的突然的想法，而是有一定把握的，虽然别人不一定这样想。他们没有试过，只知道很难，望而却步。

考完之后，我对父母说我还是有把握的，但不是百分之百，考完试后我又去了广州。我还在广州的时候分数就出来了，结果和我估计的差距很远，我估算能考到360分，结果只有330分，英语居然不合格，我想自己肯定不可能考进去了。

我姨夫跟我关系非常好，我发短信对他说："种瓜得瓜，种豆得豆。为什么我付出了那么多，连颗豆都没有呢？哪怕让我去面试一下，让我死了这条心我也愿意。"他说：

“不要担心，最后的结果还没出来，也不一定就是失败了。而且成功的路不止一条，你还有别的路可以选择。”

知道成绩后我马上回家了，当时复旦的研究生录取分数线还没有划出来，我跟我妈在一起时没有表现得很伤心，但是和我爸在一起时我就哭了，我觉得我辜负了他的信任。

过了几天，复旦的分数线出来了，我居然上线了！虽然我的英语不及格，但是那年的英语分数普遍偏低，复旦的英语划线是55分，我是56分。后来我查到了名次，我是考复旦研究生的第161名，还有10个人和我是一样的名次，等于我已经排到170名了，当时复旦只要150人。但是我有面试资格，因为面试是按照“1∶1.2”的比例来定的，前180位有面试资格。

我赶快又回到学校准备面试，当时我感觉真的像飞蛾扑火啊。明知道希望渺茫，但仍然需要全力以赴。那是研究生考试改革的第一年，面试成绩占的比例还是很小很小，主要还是看笔试，但是总归还是有一点希望。我提前十天来到复旦，住在我一个同学的哥哥家里，我告诉他我的成绩排在第170名，而复旦只要150人，他安慰我说：“不管怎么样，你还是要好好准备的。”

面试的时候我并不紧张，我觉得我能来复旦面试已经很满足了。我抽到的那个题目在复习时遇到过，刚好有点想法，表现得还不错。那天为了表现得喜庆一点，我还特地穿了一件红色的衣服。结果出来得很快，我在上海外滩给复旦法学院打电话问面试结果，老师说：“已经公布了，就在法学院大楼外边贴着呢！”我好紧张，赶快跑到法学院去看。我想：即使我被录取，也是最后一名。所以我就从最后一名开始看起，结果最后一名不是我，倒数第二名也不是我……后来在第146名的位置看到了我的名字，我欣喜若狂，有想哭的感觉，赶快给父母打了电话。

我问：“对于我们年轻人来说，一定要坚持这个信念：有付出就有回报。由此可见，复旦在你心目中的位置相当高啊。”

粟净回答：“当时确实觉得复旦很神圣，尤其是在我追求她的过程中。如果我得来很容易，比如我考第一名或者前十名，或许我现在就不会想法这么多、感受这么深。这是我尽力追求得来的，即使和别人有细微的差距。有人说，一个人面临死亡的时候，比如遭遇车祸，受到重伤，看他能不能度过危险期，人的求生意志非常重要。要坚信自己能挺过来，这也是对自己的一种挑战。”

我说：“我看过美国的一部电视连续剧《兄弟连》，当时剧中有一个情节：兄弟连里的一个美国大兵中枪了，伤得很重，环境又特别恶劣，下大雪，在野外，这个受重伤的美国大兵很容易昏睡过去，他身边的战友紧握他的手说：‘你一定要挺住！你不能睡，你睡了就醒不过来了。’就是要让他一直清醒着，然后把他运走救治。考研这段炼狱般的经历就贵在坚持，贵在自信。”

粟净说：“现在周围人看到我的样子，似乎是很光鲜，一路走来很顺利，他们并不知道我曾经有过如此波折的心路历程，我们班很多同学都觉得我很顺利。在复旦，我该得到的都得到了，但是之前我付出过，努力过……”

我说：“进入复旦你确实经历了很复杂的过程，所以才会更珍惜。你是考研究生考到上海来的，这跟那些本科在复旦读的学生不太一样，那么进来后你的感受是怎样的?”

我非常喜欢复旦这个学校。跟我原来上本科的学校相比，复旦有很多优势，首先就是老师好，我接触到的绝大多数都是法学院的老师，他们是真正做学问的人。我觉得人这一辈子能遇到对自己有帮助有指导的老师是相当幸运的。

另一个方面是同学很优秀，因为考上复旦的同学大部分是精英，大家在一起可以相互学习，相互促进。在这样一个大环境下，逆水行舟，不进则退。如果你不努力的话，人家就会走到你的前面。复旦的学生很有上进心，对我有一种督促的力量。整个学校的氛围很好，复旦的学生在学术上造诣很高，在生活方面也挺有情趣。有人说，如果你在一个学校看到学生在路上唱着歌，蹦蹦跳跳地往前走，那一定是复旦的学生，因为他们是比较会享受生活的。

这里的学习氛围很浓，以前总是快到考试的时候图书馆才会人满为患，但复旦不一样，哪怕是寒暑假，我们也要占座位才行。

来复旦半年后，我才觉得这个学校是真正属于我的，不再觉得陌生。很多研究生是本校考上来的，他们都有一种优越感，而我处于一种劣势，这是最早的感觉。我觉得高中毕业能考上复旦的是非常优秀的学生，而我高中毕业没有实现这个理想，所以一开始有些拘谨。

我问：“看来你的改变很明显，进入了一个好的学校，周围的人对你的帮助应该很大。抛去人的因素，你想自己在研究生阶段怎样塑造自己呢?”

我是湖南人，湖南属于中部地区，上本科的时候考去了西安，西安也属于内陆。当时促使我考到上海来的一个很重要的原因就是，我希望自己从观念上有一个根本的改变，内地的人和沿海的人在观念上有很大的不同，我希望从西部到东部的过程中能实现这种改变。

一提到上海，我们就会想到“先进”，这就是我要来上海的一个重要原因。复旦是文化的集中地，虽然也有各种不同观念的冲突，但是这里有一种海派海纳百川的气概，我就是希望自己能在观念上融入进去。

我不能说这里的一切思维方式和观念都是好的，其实我身上有很多传统的东西并没有改变，这跟人的性格和之前所受的教育有关。我觉得本质上改变不是很多，但是观念会有改变，只是一下子概括不出来。

在本科阶段，我所在的学校的大环境给我提供接触社会的机会并不多。但是自从来到复旦后，我发现这里的每位同学都可以参加社会实践，或实习。学校对每一位同学都很公平，大家可以公平竞争，只要我努力了，我争取了，这个机会就可能属于我。比如说现在，我可以去浦东新区团委体验，了解他们的工作，熟悉这个环境。公务员也是我的择业选择之一。本科的时候这样的机会很少，就只知道专心读书，好好学习，把四六级英语证书和计算机等级证书考到，然后就是考研。

进入复旦之后，我发现成功的道路不是只有一条。比如这里有很多人出国深造，这个我在本科没有想过。当时没有人给我指点。

我问：“你上本科是在西北政法大学，而研究生是在复旦读的，你觉得两个学校的差距真的那么大吗?”

环境相差很大，一个在东部沿海，一个在内地。其实，我上本科的学校在法学方向还是非常强的，西北政法大学的法学专业在学术上并不亚于复旦的法学院，可是一谈起我本科的学校，我更多地会想到西安，想到的是西部地区。我觉得它们的差距更多的是社会环境上的差距。

从学术上来讲，我本科的老师也是很敬业的，课程学科比较单一，而复旦是一个综合性的学校，所以思维方式会有所不同，特别是文科生和理科生之间的不同。以前我不太接触理科生，不过我觉得在复旦思想的碰撞更多，你会接触一些不一样的思想。

我问："你的人生定位是什么？"

我只能说我有一个大的方向，要过一种比较富裕、体面和轻松的生活。我觉得知识和环境可以改变我，我把自己的职业定位在公务员上，我的性格特点比较适合这岗位。

我在读研之前就想过：从读研的第一天起就应该朝着定下的工作努力，我们不再是孩子了，不再是一个可以随意塑造的人，我们的个性和成长经历已经决定了我们的路。我在学校担任了一些学生工作，都是事务性的工作，技术含量不大，很多情况下也比较枯燥。一方面我是在考察自己是否适合，另一方面我也有意识地去适应它。

我问："你现在定下来了吗？"

粟净回答："还没有。公务员考试刚刚结束。不过如果没考上公务员的话，我也可能和其他女孩一样，去做老师或者进入国有大中型企业，我可能不大喜欢去外企做高强度的工作。"

我说："有个女生跟我说她很想去外企，一定要去外企，去国际咨询公司或者投资银行。"

粟净回答："这就是人的性格使然。我们也有很多同学说公务员一年收入最多也就10万元，但是在外企，做得好的话，一年绝对不止10万元，既然有这样的生活为什么不去过呢？他们说：'如果你做行政岗位的话，今天就能看到十年后的自己，这有什么意思呢？'但每个人的想法不一样。就像幸福感一样，都是自己内心的感受，别人没法替代你。"

我说："职业规划还是要综合考虑的，收入只是其中一个方面。你会因为自己是复旦的学生而对自己有很高要求吗？"

当然有。我们参加“选苗育苗工程”的时候，暑期我们参加了三十多天的挂职锻炼，当时上海选了500名大学生，其中研究生有100名，本科生400名。我们被分配到上海的各个区委，还有市府。当时一共有三十多个同学去浦东新区，来自上海十个高校，我们复旦有八个人，我是其中之一。大家在一起的时候，你代表的是复旦，代表复旦的风貌。

当时我们开动员大会的时候，老师也说：“你们出去之后，人家不会再以你个人的身份看你，而是把你看成复旦的学生。你们不要给复旦丢脸，所以一定要勤快，要灵活，不要有优越感。人可以有自信，但是不能高高在上，不要觉得自己是复旦的就比别的学校学生有优势。还有就是要能吃亏，要能吃得眼前亏，能吃小亏。”我觉得这就表现了复旦的一种谦虚。

11月份的时候我们又经过了一次遴选，从500个人中选出了200个人参加市委党校举办的大学生培训班，我们还在那里住过一晚，有上海28所高校的学生，复旦学生的名额最多。我们200个人分成10组，一组20个人，大家坐在一起。当你向大家介绍自己时，一般不会再有人问你：“你是哪个学校的？”而是会问你：“你是复旦的吧？”由此可见复旦的学生在这个群体里非常受关注。

给我们上课的老师都是市委党校的，是比较高层的干部，他们也希望我们能去考公务员，进入他们的部门。如果讲课的老师是复旦毕业的，一定会自报家门。由此可知，毕业之后大家还是以母校为荣。

五、很多机会需要自己去创造

◎**李佳佳**：“复旦会给你机会，只要你能把握住它，比如像我这样的人，我不服输，有勇气，那么我就可以获得很多的机会，不会因为你是女孩子或者你的本科不是在复旦念的而有所偏颇。……我在复旦主持过很多活动，获得了很多锻炼机会，我去实习时就会显得比其他同学更成熟一些，更老练一些。”

没有本事的人总是错过机会，有本事的人总能抓住机会，比较有本事的人能够为自己创造机会，最有本事的人能够为别人创造机会。

李佳佳是复旦大学新闻学院三年级研究生，念广播电视新闻学专业，2003年考入复旦大学新闻学院念研究生，现任复旦大学研究生学生会主席。当年她刚进来复旦的时候觉得很失望，这里和她想象的不一样。她是付出了很大的代价才来到复旦的，放弃了原来也不错的专业的研究生，放弃了男朋友，放弃了工作的机会。

在复旦这个学校，外校进来的研究生获得的机会会比本校的研究生少很多。李佳佳进来以后发现自己是一个游离者，找不到归宿感，她每每跟别人说“我们学校”的时候，指的是本科就读的中山大学而不是复旦，她还没有自己已经是复旦一分子的意识。

但是她是一个不服输的人，哪怕现在有人跟她说：“你不行了。”她也会说：“我为什么不行？我要试一试。”她相信自己很优秀，不比从复旦本科直升上来的人差，很多机会需要自己去创造。虽然没有朋友，谁也不认识，而且自己也不是这个学校的主体，但是她相信所有这一切都可以改变。

她参加了很多活动，参加了研究生会，也参加了各种各样的社团。她也很认真地去看书，她原来是学理工科的，不像其他同学，原先就是学新闻的。在第一个学期，她很认真地上课，很认真地写论文。在第一年，她主持了复旦很多大大小小的活动，现在她走在复旦的校园里，有很多人，尤其是研究生，都知道她是谁。

在中大读本科的时候，学校基本上没有不认识她的人。当时她跟一个本科同学说：“到了复旦以后，我也要让全复旦的人都认识我！”

到复旦后的第一年，李佳佳的学习成绩是班上第一名，超过了那些从复旦直升上来的同学，超过了和她一起考研但分数比她高的人，拿到了一等奖学金。在研究生会李佳佳获得了主持各种大小活动的机会，越来越多的老师和同学都认识了她。

李佳佳很自豪地说：“去年年底，研代会改选，我参加了竞选。当时参加竞选的有11位同学，除了我以外其他都是从复旦本科直升上来的学生，但最后我当选了主席，这也是复旦有史以来第一个女生当研究生会主席。以前将近20位全部是男生，全部是本科在复旦上的。”

我说：“我对你很佩服，看来你当初考研选复旦是对了，你觉得复旦对你的成长有哪些帮助？”

帮助太多了，那时候我还有很多其他的选择，比如北广啊，但是我觉得选择了复旦是非常明智的。我的研究生生涯正好碰上复旦的百年校庆，这种机会不是每一个人都可以在在校的时候经历的。而且复旦是一个非常大气、非常包容的学校，在这里，你可以听到各种各样不同想法的人的讲座，甚至可以听到那种完全西化的、很偏激的讲座。

复旦会给你机会，只要你能把握住它，比如像我这样的人，我不服输，有勇气，那么我就可以获得很多的机会，不会因为你是女孩子或者你的本科不是在复旦念的而有所偏颇。

我在复旦也认识了很多很多的朋友，他们也给了我各种各样的支持。最幸运的是我经历了百年校庆。我正好是在这一年成为复旦研究生学生会主席，这实在是太幸运了。我是校庆筹备委员会的委员，参与百年校庆的筹备工作。校庆当天的升旗仪式，也是由我代表复旦研究生去赠送礼物。这些机会都是复旦给我的。

我现在的履历可能会比其他同学有竞争力得多，连续两年成绩第一，复旦也给了我一等奖学金，以及上海市优秀干部标兵等荣誉。我在复旦主持过很多活动，获得了很多锻炼机会，我去实习时就会显得比其他同学更成熟一些，更老练一些。

我问："你来到复旦时知道自己想要些什么吗?"

很清楚，我觉得自己是一个目标很明确的人。很多同学在进入大学尤其是进入研究生阶段之后就开始混，上网啊，睡觉啊，但我很清楚自己想要什么。我希望自己在研究生阶段，或者说在任何阶段都成为群体中最优秀的那个，去实现自己的梦想。我要努力，我追求的是在自己的努力之后，能够达到的目标，我不会强迫自己去追求超出能力范围的事情。

我的梦想是进入电视行业，成为一个能够为弱势群体说话的电视制作人，而不仅仅是花瓶。可能很多人都会觉得，年轻女孩想做电视，是不是为了当明星、混个脸熟、出名什么的，但我不这样想。我上本科时有一个老师跟我说："如果你做一个自然科学的学者，也许你可以推托一些社会责任，但如果你要转型去学文科的话，最应该做的事情就是去为弱势群体呼吁，能够为他们多做一点事情，尤其是从事传媒行业。"我一定要在研究生阶段把自己该学的东西都学得很好，让自己有机会拥有一档自己的节目，然后能真正地去关注新闻的真相，能够为弱势群体去做一些事情。

马上就要研究生毕业了，我的目标一直都没有变，我想做一个电视媒体人。我觉得自己各方面的才能都是具备的，我可以做主持人，也可以做记者，可以做编导。我有实力做一个全能型的电视人，自己可以去设计一档节目，包括制作、剪辑等。

我问："在就业方面，你有压力吗？"李佳佳回答："当然有，压力非常大。"我说："如果是十年前，一个像你这样名牌大学出身的硕士研究生，又是校研会主席，又有这么多的荣誉，工作应该很容易找。"

李佳佳说："可能吧，但现在的社会不是这么简单的，不是你有实力你就可以竞争得过别人的。但我还是相信实力。"

我说："我也同意这一点，大部分人还是靠实力说话的。所以，有理想、有职业方向然后向这方面追求，这本身就是一条非常阳光的大道。这也是一种信念吧，人生总是要有一点信念的，如果连这点都没有，那么这个人生就可能半途而废了。你有没有想过自己要一个什么样的未来？"

李佳佳说："我希望可以成为中国最好的媒体人、电视制作人。十年之后，我的节目可以家喻户晓，大家都很喜欢，而且真正能够起到一定的社会作用，而不只是娱乐大众，大家看过消遣完了就忘掉了，而是能够为这个社会的改变出一份自己的力量。"

我说："我觉得你是一个非常有理想的人。"

李佳佳笑了笑说："我是理想主义者，我还没被现实击垮。"

在大学里，不能做守株待兔型的学生，不能等机会找上门来，应该主动出击去寻找机会。有的学生会说："我在大学里还不知道自己想要什么，所以不知道有些机会对我有没有用，所以去做和不去做没什么两样。"问题的关键就在这里，如果你还不知道你想要什么，更应该找机会做事情，在做事情的过程中可以发现自己的兴趣在哪里，如果什么都不去做的话，那么永远也发现不了自己适合做什么。

路在脚下，通往何处呢？……工作、考研还是出国留学？……当你不知道怎么选择的时候，其实你已经做出了选择……究竟是我选择了这条路，还是这条路选择了我？……丰富自己，给自己创造更多的机会……一定要活得有信心，有朝气。也许你面临的现实很无奈，但你不要让自己沉沦下去。

第八章
勇敢面对出路：不要怕失败，天生你材必有用

大学时代是多姿多彩、令人回味无穷的。黑色的高考岁月仿佛就在昨天，如今就要迎来大学毕业的日子，忽然间就要毕业了，路在脚下，但通往何处呢？

谁都希望有一个美好的未来，有一个让自己满意的出路，不管是工作、考研还是出国留学。经过大学几年的培养，自己是否能在社会上立足？自己是否真正变得成熟？自己是否掌握了在社会上打拼的真本领？……很多问号在脑海里浮现，检验自己的时刻终于到了。

大学四年有很多收获，也会有遗憾，也许正因为有遗憾，青春的色彩才是多样的，而不是单一的。大学时代的奋斗是为自己打开通往美好未来之路，有多少人如愿以偿了呢？

毕业的时候，必须做出选择，而往往是这样：当你不知道怎么选择的时候，其实你已经做出了选择。有时候你会想：究竟是我选择了这条路，还是这条路选择了我？

当你还没有面临无奈的选择的时候，就尽量去丰富自己，给自己创造更多的机会。

哪怕你没有一个明确的目标，也不要让自己去接受这个无奈的选择，而是一定要活得有信心，有朝气。也许你面临的现实很无奈，但你不要让自己沉沦下去。

一、大学毕业在即，应该做什么、想什么？

◎**周勃**："我目前非常忙，要针对每个学校写不同的申请材料，准备文书，考各种各样的英文考试……我是清华金融协会的会长，要组织日常的活动；作为清华传媒协会的顾问，我要指导他们的工作；作为新东方的兼职老师，我需要在某些分校教授课程，赚我的学费。"

◎**刘峰**："我觉得自己是一个幸运儿，来了经管，学自己喜欢的专业，遇到了这么多有趣的人，经历了这么多有趣的事，学了这么多有用的知识，没意外的话，我的出路也不错，那我还能要求什么呢？"

◎**郭小勇**："我以后的梦想是做一个服务于中国和欧洲之间的经济人或企业人，所以我选择了去法国最好的商校读书。目前选择这条路的人不多，我是从我的发展上选择的。"

毕业时必须做出选择，也许很难说这个选择是最优的，或许多年以后才能看出来。尼采的哲学里这么说：一个人一生的生活轨迹都是自己创造的，你在每一个选择的关头，只要你每一次做出的选择在当时看来是最好的或者是比较好的，那么一直发展下去，你的生活轨迹总不会差到哪里去。

周勃是清华大学经济管理学院金融系大四男生，2002 年保送上清华大学基础科学班，大二转到经济管理学院金融系。我问周勃："你现在已经是大四的毕业生，面临人生重要的选择，你已经做出选择了吗？"周勃说——

比起其他学校的大四，清华的大四有非常多特殊的地方。清华以前是一个五年制的学校，是 1996 年以后才改革的，不到十年。这就意味着，我们大四还有很多很重要的专业课，这是其他学校所没有的问题。我们到了大四要面临三种选择：是留在清华继续读研究生，还是出来找工作，还是出国深造？每一种选择都需要付出相当多的努力和汗水。在这样的情况下，就要求我们在大四这一年做更多的事情。清华本科以前是五年，改成四年以后，我们的暑假有一个四到六周的小学期，这样我们比其他学校的同学学得更多一些。但是正因此，很多学生非常头痛，大四我们还在非常努力地学习一些专业课，同时还要忙着推荐上研究生，或者忙着出国，或者忙着找工作。

对于我来说，我还是想出国继续读书，原因有以下几点：

第一点，我学的这个专业是金融学，它在美国和英国有更悠久的历史，有更完善的系统，有更良好的实验操作条件，有更先进的知识系统和理念，我希望去那里深化自己对这个专业的理解，能够学得更深更透。

第二点，和我的梦想有关。我自己最崇尚的职业是和我母亲一样的，就是在高校做一名教师。做一名教师可以同时做两件事情，一是推动人类智慧的进步，做学术；二是做教师，做授人以渔、布人以道的园丁，帮助学生成长，帮助他们成熟。所以我希望能到国外学到一些先进的理念，再回来和这边的学生一起分享。

最后一点，我希望扩大自己的国际化视野，所以我一定要争取出国深造，在那里感受不同的文化氛围，看不同的风土人情。

我目前非常忙，要针对每个学校写不同的申请材料，准备文书，考各种各样的英文考试，这就是我日常的生活。

还有，我是清华金融协会的会长，要组织日常的活动；作为清华传媒协会的顾问，我要指导他们的工作；作为新东方的兼职老师，我需要在某些分校教授课程，赚我的学费，赚我想支持的同学上学的学费。这些基本上就是我在大四做的事情，比较多，也比较累。

未来的三到五年我估计会在国外的学校里继续念书，念书的同时做一些社会实践。五年之后，我估计会留在一所高校做老师。这个世界充满不确定性，所以我不能说得太死，如果没有太大的意外，我的人生主题是这样定义的。

有的人选择进入外资企业，进行很刺激的投资和创业，我觉得非常好，我很欣赏；有的人选择在国企，为国家服务，稍微清闲一点，我也很欣赏。我为什么选择教师这个职业呢？我觉得教师有自己独立思考的时间和空间，这非常重要。我希望有一个比较平静的生活，思考我认为非常有意义的问题，这就是我现在初步的想法。

在学术上，我希望能有所创新，至少是把西方最先进的经济学和金融学的理念带回中国，能对中国的教育事业贡献自己的一部分力量。我特别关注教育，特别喜欢孩子，我希望他们都能享受到比我当初享受到的更好的教育，希望他们能更好地成长。

刘峰是清华大学经济管理学院经济系大四学生，2002年保送上清华大学，他也一样面临毕业的选择，他说——

我的优势是我的国际视野比较宽广，在清华前三年里，我去了三次美国，一次是去斯坦福大学，当时是参加一个中美学术的交流活动；一次是去纽约，在华尔街实习；还有一次是去华盛顿，主要是看政治方面的东西，参加了一个暑期学校。我在国际视野上比较有优势，在中美关系、世界格局等问题上，想法也很多。

我在经管学院参加过两次学生会主席的竞选，每次都有人说，刘峰真牛，他去过哪儿哪儿，见过什么什么世面。这些话一下子把我和大家的距离拉远了，所以后来我的事情都不敢让大家知道，怕有距离感。

其实这些经历本身对我来说还是很重要的，我发自内心地认为这些经历改变了我的人生观，也改变了我看这个世界的视角。我在斯坦福大学跟那些同学的交流互动完全改变了我对中美关系以及世界格局的认识；我在纽约华尔街上看到了美国的强盛，同时也看到了她衰老的一面；后来去华盛顿，我看到了她的政治和民主制度先进的地方，也看到了她烦杂琐碎的地方。这是我一辈子的幸运，还在我年轻的时候，我看到了一个最发达的国家的强盛及她走过的轨迹以及她即将面临的问题。

我问刘峰："你确实很优秀，那你觉得你有哪方面的不足呢？"

刘峰回答："亲和力不够。一个想对社会做出贡献的人，必须把大家团结起来做一些事情，如果亲和力不够，就会受到局限，我一直在努力改变这一点。在为人处世上，我也有很不成熟的地方，我比较喜欢跟人辩论。中国人讲究求同存异，第一次见面，绝对不会跟人争得面红耳赤。有一个老师说我是一个'天生的辩手'，但对我来说，辩论并不是一个要赢别人或者让别人难堪的过程，而是一个思维碰撞、思想交流和升华的过程。所以我很喜欢辩论，喜欢从辩论中获得智力上的快感；我也很习惯于跟人辩论。但并不是每一个人都喜欢你这样去跟他辩论的，我在这一方面还有待改进。"

我问："你马上要毕业了，你的毕业去向是不是已经很明朗了？"刘峰说——

现在我正在参加麦肯锡的面试，下礼拜一或者礼拜二是最后一个面试关。该公司已经有5个人面试我了，如果这一关也可以过，那么我就可以去麦肯锡工作了。在这家公司工作几年以后，我希望自己可以去国外读一个公共管理或者经济、商业方面的专业，然后再回来做。我不会呆在美国。

我们有一个老师总结了去美国读经济学的三种人的心态：第一种是儒家的心态，就是抱着"救世济民"的态度，希望自己学经济学能够改变一些什么。第二种是道家的心态，就是希望把经济学当作一种让自己获得智力上的快感的催化剂。除了这两种人之外还有第三种人——商家，也就是赚钱的。

我觉得在美国读经济学尤其是经济学博士的激励体制是让你朝着"道家"这样的方向去做的，但我这个人比较偏于"儒家"，所以我只是想在那边读完书，然后就回来"入世"，不会想去当教授教书，因为那样的生活会让我受不了。

我问："你在清华经管学院学的是经济学专业，你对经管学院和经济学专业有什么看法？"

经管学院在清华是一个跟其他的院系很不同的地方，我们院长曾经打过一个比方：哈佛有一条查尔斯河，河的这边是哈佛大学，河的对面是哈佛商学院；清华也是如此，在这里有一条无形的查尔斯河，把清华经管学院和清华其他的院系分开。经管学院是一个很特殊的群体，我们学的是社会科学，一方面有理科的理性，也有商科的实干精神，同时又有人文科学的元素。通过经济学来认识这个世界，这是一个非常好的出发点。

我们学院一个比较大的特点就是国际化，我个人也是受益者。大二的时候我参加了我们学院的一个英语演讲比赛，我拿了第一名，然后代表学院去钓鱼台参加了一个顾问委员会会议。

那天晚上，你能数上名字的那些全球知名企业的老总，还有教育部长，都来参加了这个晚宴。我就在那里代表我们学院的学生做了一个五分钟的英文演讲，和那些顾问委员会的委员有一些互动，之后又一起吃了晚饭。这一个晚上对我的影响非常大，一个19

岁的年轻人，刚进大学没多久，忽然有一天就在同一时间见到了这么多名人的面孔，这种机会不是每一个人都有的。

现在大家都非常重视中国的经济，而清华经管又是中国最好的商学院，她的这种领导地位使得她能够建立起这种国际关系网。我个人是一个受益者，每一个经管学院的学生都是受益者。

经管学院的这种国际化特色培养了我的国际化视野，这种条件是国内其他大学很难拥有的。经济学很重要，它是认识世界的一种很奇特的思维方式。这个世界的运行方式都是可以通过经济学来思考的，它给了我一种思考的逻辑和框架，这是没有学过经济学的人很难具备的。经济学对我最大的影响就是给了我这样一套让我受益终身的思维方式，我可以通过经济学来看这个世界，可以把很多东西都看得更加深刻，更加本质化。

我曾经问过一个经济学家："我现在发现自己对政治越来越感兴趣了，那我是不是该去读政治学？还是继续读经济学？"他说："其他任何的社会科学都是比较流于表面的，而经济学提供了一个框架，能够让你从比较本质的层面去看这个纷繁复杂的世界和社会现象。"这话听起来比较玄，但实际上确实是这样的，大学前三年使我具备了这样的一套思维方式，使我在看问题时更加深刻，更加本质化，这是一个让我终身受益的方法论。

但是我不希望自己在研究生阶段继续读经济学，因为经济学实在是太理性了，它有很多的假设，比如人是理性的，人是追求利益最大化的，每个人都是自私的，等等，这些东西实在是太理性了。

我问："你马上就要毕业了，你对自己现在的状态满意吗？"

如果给我的大学生涯打分的话，我会打90分。我是一个幸运儿，来了经管，学自己喜欢的专业，遇到了这么多有趣的人，经历了这么多有趣的事，学了这么多有用的知识，没意外的话，我的出路也不错，可以得到一份比较好的工作，那我还能要求什么呢？

我不觉得在这个世界上有其他的学院比清华经管学院更加适合我，我始终觉得大陆的学生还是应该先在清华、北大读完本科，然后再出国留学。高中毕业直接出去会脱离中国的实际。但愿这段话能让高中生鉴之。

刘峰在清华毕业后，顺利进入国际大公司麦肯锡工作。然而，让我大吃一惊的是，他决定暂停工作，参加“大学生志愿服务西部计划”，奔赴西藏支教一年，一年后再回北京的麦肯锡工作。

郭小勇是北京大学元培计划实验班大四学生，金融学专业，2002年考入北京大学，大二上学期作为交换生在香港中文大学就读过。他在毕业时是怎么为自己的出路考虑的呢？郭小勇说——

有些专业的学生申请出国显得很容易，例如生物和化学。但我是学经济的，我很讲究经济原理。经济原理就是“供求原理”，好的东西大家都会要，中国学生现在出去读的专业大多是那些国家的人不太愿意读的专业。我也在申请出国，很明显的例子，像美国的商科，他们几乎是不会给你奖学金的，因为各地的人都在抢着读，他们为什么还给你奖学金呢？

我们现在在这里谈梦想，其实很多时候是很为难的事情，因为大多数的选择我们身不由己。我是学金融的，学金融比较好的出路是去美国读硕士。作为北大的学生，申请美国前十名大学的商科硕士不是很难，然后凭借这个硕士学位再去申请读博士学位，这是一条正常的道路，但是为什么没有多少人敢去读呢？因为没有钱，读商科硕士学位绝大多数是不给奖学金的，读一年至少要花30万元，试问北大的学生里面能有几个人敢读？而学物理、生物和化学的学生相对来讲好一些，他们出国很容易拿到奖学金。

我们谈理想谈未来，很多时候是一种妥协，我申请剑桥和牛津的硕士都没有问题，但是我家里拿不出钱让我去读。我有个老乡，在北大读的是国际贸易系，现在就在剑桥了，但家里一年得拿出30多万元让他去读，这是一个幸运儿，家里足够富裕。但中国有多少这样的家庭呢？

学经济专业的学生出国和其他很多专业的学生出国是很不一样的，其他很多专业的学生没有太多选择，比如说物理、数学和化学专业的学生，他们毕业出来找工作真的有困难，不像我们学经济的一毕业就可以找到很好的工作，他们本科毕业后百分之八九十都是读研究生或者出国，所以他们不需要多想什么，最好的选择就是出国，能出国就会出国。

我在大二上学期去了香港中文大学交流学习，那一年给我的冲击很大，北大的基础建设原来相当落后，我们坐井观天而已。虽然在国际上的排名北大在香港中文大学的前面，但是北大自然学科的教育体制和社会学科的教育模式远不及她，我到了那里才感觉到什么叫大学。

像香港中文大学的师生人数是北大的三分之一，但是她每年的经费是北大的15倍，国外的一些名校肯定比这个还要高。我们在北大上自习要排队，很拥挤，但是他们的资源很丰富，一个教授只带几个学生。我们这里上课都是四五百人的大教室，由于种种原因，一些教授很难安心扑在自己的科研和教学上。在香港的一年学习让我基本放弃了在北大继续读研究生的念头，差距实在是太大了。

我之所以没有找工作，是因为我觉得还要充电，我还年轻，应该先发展而不是先消耗。我有很多同学已经找海关、税务这些非常养人的地方工作了，工资很高，福利也很好。但是我不想这样，我愿意多花几年的时间来充电，看看外面的世界，体验不同的生活方式，而不是现在就把自己安置在一个地方，这样的生活我是不能满足的，所以我决定出国。

我是学经济学的，任何一个东西的价值都来自两个方面：一是它的有用性，另外一个就是它的稀缺性。这两种特性决定了它的价值。钻石和金子为什么那么贵？因为它很稀少。一个东西越与众不同，越独特，它的价值就越高。

我以后的梦想是做一个服务于中国和欧洲的经济人或企业人，所以我选择去法国最好的商校读书。目前选择这条路的人不多，我是从我的发展上选择的。这些年中法交流很热，像法国的中国文化年，希拉克总统也过来签了很多协议，中法关系越来越近，而且中欧的贸易额也是越来越大，我觉得这方面需要人才，而且我也希望自己成为这样的人才。我受过中国最好的教育，将来我又有欧洲最好的教育背景，我相信我会成为这方面的专家。

有很多国外尤其是欧洲的企业在中国做投资不是那么顺利，这一方面说明来中国投资是有门槛的，另一方面说明这些国际化的欧洲企业在中国还有很大的发展空间。我觉得文化差异是门槛存在的最大原因，他们缺少对两种经济文化都很了解的人，有很多在法国做得很好的经济人，在中国和他们的雇员就不能处理好关系，因为他们不了解中国人的文化。不了解中国商业的运作方式，也是他们投资失败的原因。所以我想成为服务于中欧贸易方面的专家。

我知道自己选择了一条特殊的路，我一定会把这条路走好。

郭小勇在北京大学毕业后去法国留学，现已开始自己的留学生涯。

二、争取一切机会展示自己

◎**周宓**：“学生面对社会选拔的竞争，对于来自社会的评委而言，学生的任何个人经历可能都微不足道，只有清晰准确地做好自己的定位，充分地展示自己的潜力，才能获得评委的青睐。”

周宓是清华大学经济管理学院金融系大四学生，2002年考入清华大学，大三作为交换生到香港中文大学读一个学期。在同学们眼中，她是个完美的女生。

大二暑假她去美国参加“高盛全球领导人研习班”，该项目每年在全球50所大学挑选100名大学生，挑选学生的两个标准是：一是学业优秀，一是具备领导潜质。当时周宓被经管学院推荐跟全校十几位同学一起竞争两个名额。一开始是写个人的陈述，回答一些开放性的问题，并在网上提交申请，然后由美国那边进行第一轮筛选，选出两个人来，这两个清华学生可以获得奖学金。结果她成功了，成为其中一个。第二轮，两个获奖的清华学生去面试，只能有一个人去美国，最后她被选中了。

之前周宓没有任何出国经历，当时面对竞争，心里十分紧张，觉得希望挺渺茫的，不是很自信。但是她想：至少我不会失去什么，将自己最优秀的一面展示出来则可。那个假期她很认真地准备材料，放手一搏。

写个人陈述的时候周宓一直在想：我到底在哪些地方是比较出彩的？

周宓在高中的时候几乎把所有的精力都放在学习上，几乎完全是为了高考。到了大学之后，生活也是相对比较简单，没有什么特别出彩的经历，但是她能很好地看清楚自己所处的位置，也很明白自己在哪些地方做得不好需要加强，哪些方面可以再去完善。平时她很喜欢从身边一些优秀的人身上学习，不断吸取他们身上的优点。进清华时她的高考成绩并不是很好，但是在大一大二的时候，她的成绩在班里已经排在前面了，这是令她比较自豪的小小成就。

周宓做事情很有责任感，很有韧性，她觉得这是可以放在个人陈述里面的，也是她最精彩的一部分。学生面对社会选拔的竞争，对于来自社会的评委而言，学生的任何个人经历可能都微不足道，只有清晰准确地做好自己的定位，充分地展示自己的潜力，才能获得评委的青睐。

通过这个活动，周宓收获的不光是出国机会，更重要的是，在整个准备过程中她对自己有了更加清晰的认识。参加这个活动之前，她觉得自己的英语口语不是特别好，就一直在强化自己的口语。这个活动要求每一个代表都准备一小段演讲，最后选出 6 个人来进行演讲表现，她是其中之一。

这是她第一次出国，在美国那边，她的眼界一下子就打开了，很多想法都有了提升，对未来的规划跟以往有了很大的不同。那以后，一方面她对自己更有信心了；另一方面，她更加清楚每一步应该怎样做才能让生活更精彩一些。这个活动是她大学生涯里的一个里程碑，一个转折点。

获得这个机会很大程度上是竞争力在起决定作用，毕竟大家都很优秀，最后是她去了，而不是其他人去，肯定是她的潜力、态度、风格等综合竞争力优胜的结果。她抓住了这次机会，也很好地利用了这次机会，发掘了自己的竞争力，并充分展示出来。当时的心态比较好，认真准备，无论结果怎样，至少自己不会失去什么。

在纽约，他们去联合国总部参观，去跟一些高级官员以及领导人谈话，聆听他们的演讲。在这个过程里，周宓发现国外的学生确实非常优秀，自己在很多地方都不如他们。首先是语言能力方面，她觉得自己跟他们相比还有一定的差距；其次，他们之前做的很多事情是周宓以前想都没有想过的，比如他们自己会成立 NGO（非政府组织），发起关注国家的弱势群体或者关注其他国家的穷人和儿童的活动，但是之前周宓只是在学校里做过一些社会工作，自己的经历跟他们相比有天壤之别；还有一个，比如日本来的学生，他们经济比较发达，各种各样的机会比中国学生多很多，他们有很多出国机会，所以在纽约很自如，但是周宓是第一次到一个陌生的国度，比较拘谨一些，不是那么放得开。

回来之后，周宓在想怎么样逐渐地缩小先天的差距，怎么样从他们身上吸取到更多的优秀品质。她跟他们一直保持着紧密的接触，有很多书信来往。

周宓在2004年7月去纽约，活动进行了一周，9月她就到香港中文大学去做交换生。到一个新的环境中去，周宓也是在不断地思考：怎么样才能让自己变得更加国际化？怎么样才能与这些世界上最优秀的年轻人有同样的素质？

我问周宓："当时你为什么想要去香港中文大学做交换生，又是怎么争取到这个名额的?"她说——

当时我考虑了一段时间，去香港肯定会有很多很好的经历，会给我一种非常新的体验，就像我到纽约一样，看那里的人怎么生活，接触他们新的文化。这件事情本身对我很有吸引力，我很喜欢不断到一些新的环境中接触一些人，使自己的阅历更加丰富。但是它有一个成本，我回来可能要补很多的课。我当时还是有一点担心，万一课程耽误了推不上研究生或者不能毕业怎么办？最后我还是愿意承担一点小小的风险，让自己去经历一种很不一样的生活。在清华生活了两年，清华对我来说已经没有太多的新鲜感，虽然依然会适时地出现一些挑战，比如我们的课程依然很重，压力仍然很大，但是它的新鲜感已经没有原来那么多了。换一个环境，也许又能激发起我的一些激情，而且能让我有一些新的想法，我想给自己这样一个机会，所以去争取。

当时竞争不是很激烈，清华里类似的机会很多，很多同学也有自己的想法，有些人并没有报名参加，所以争取到这样一个机会相对来说还是比较容易。在香港那边学习了四个月，这段经历对我非常宝贵，我觉得这是我大学生活当中非常亮丽的一章。

清华就是这样的地方，她会给你很多机会，只要努力了，你总会有收获的。

周宓在清华毕业后，去了著名的国际大公司高盛工作，即使现在高盛因为金融危机而麻烦重重，周宓必然能有更好的出路。

三、竞争力是信心之源

◎**俞快**："我最具竞争力的一点，是英语特别好，能进行同声传译。有外国政要或经济巨头到访，我都会参与接待工作。……上大学的时候英语好特别有用，特别是在清华这种环境，大家的学习能力都比较强，智商也没有什么差别，差就差在英文上，你得到一个机会之后可能会比别人强很多，就像滚雪球一样越滚越大。

俞快在2002年考入清华大学工程物理系，大二转到环境工程系。她是上海人。上海有个高考政策，如果高考分数上不了清华、北大，还可以参加复旦、交大的录取。如果没有这个政策的话，清华在上海很难招到学生，因为大家要冒着不能上复旦的风险去考清华，很多学生不敢冒这个风险。俞快本来是要去复旦读生物科学的，后来因为可以报清华，所以她就试了一下，其实当时她没抱太大的希望，因为，清华招分特别高，但她被录取了。

念高中的时候，俞快读书特别用功，一直是年级第一名，那时候她对自己的未来想得很少，也不知道自己将来想干什么，很多事都是父母帮她做决定。父母都是学工程的，父亲学机械，母亲学暖通，父亲对她说就是要学技术，所以她当时报清华填的志愿都是工程专业。

后来转环境系不是很难，竞争的人很少，也没有笔试，只有面试。俞快的面试没什么问题，很顺利就过去了。其实那时俞快不是很清楚自己要干什么，只是觉得读工程物理专业不太适合自己，也没有觉得环境工程专业特别适合自己。

俞快第一次去国外的机会是申请做联合国环境特使。那时候她的英文很好，清华绿色协会的会长找到她，让她去申请，没想到就上去了，大家对她的评价还挺好的。中国选了15个特使，在这15个人里选6个人去德国，开一周的会，俞快是6个人中的一个。在会议期间，她收获特别大。俞快第一次这么长时间跟外国人在一起，觉得这样的生活方式很好。外国人非常敢于表现自己，这是中国人最缺的，中国人比较害羞。

就像滚雪球一样，2004年寒假的时候俞快去巴黎那家世界上最大的水务公司进行了两周的实习，住在法国人家里。由此，她体会了法国人怎么过日子，蛮喜欢欧洲的生活。

后来俞快和清华经管学院的张哲一起去参加辩论比赛。先是在国内辩论，参加了外研社杯全国大学生英语辩论赛，那次他们拿了第三名，但获得了最高人气奖。接着，他们去马来西亚吉隆坡参加亚洲大专辩论赛，拿了第三名，她蛮骄傲的。

暑假的时候俞快去了耶鲁大学实习，是一个市长培训项目，它是耶鲁和清华合办的，中国三十多个市的市长去美国培训三周，俞快在那边帮他们做翻译和后勤工作。

我问俞快："你在大学的收获挺大的，毕业时你为何选择工作而不出国留学呢?"

俞快回答："第一，我自己的兴趣确实不在环境专业上，我还是想做 Business。我在国外时，发现留学生的日子很苦。我特别想读 Master，我不想读 PHD，如果读 Master 的话，特别难拿到国外大学的奖学金。我看到了我在耶鲁大学的朋友读 Master 没有奖学金过的是什么样的日子，他们不能住在学校，因为学校的房租特别贵，他们在外面租房子，过得很不好。将来我肯定是要出国读书，但是我希望工作两年后出国读 MBA，而不想读 Environment（环境专业）。"

我问："你在清华这么多年，有没有想找一个可以为之奋斗的目标呢?"俞快说——

我是很想创业的，但这只是个长远目标。一个人由于个人经历的不断变化，每个时段的想法都会不一样，像我大一想的事情和我现在想的事情已经完全不同了，所以工作的第一年改变肯定会更大。如果我现在说我在 24 岁的时候想要干什么的话，肯定不靠谱，现实变化太大了，你只要有一个长远的目标就好了。我现在有短期、中期和长期的目标，短期的目标就是找一个理想的工作，我可以为它奋斗，我情愿每天只睡三个钟头。

对于我来说，那种 Professional education 不是特别多，在清华我最大的收获是有很多机会，比如说那些 Presidents 不会去别的学校，而是来清华，美国总统不会去普通学校，他一定会来清华或北大，类似的机会是非常难得的。我最具竞争力的一点，是英语特别好，能进行同声传译。有外国政要或经济巨头到访，我都会参与接待工作。因为我做过很多同传（同声传译），如果我毕业没有工作我可以去做同传，一个小时能挣四五千块钱。我要是做 Business 的话，去宝洁或者 GE，我一个月只能挣六七千块钱，来钱也没有做同声传译快，所以我觉得我不是为了钱，我去新东方教书都比去宝洁挣得多。

在清华英语好特别划算，上大学的时候英语好特别有用。特别是在清华这种环境，大家的学习能力都比较强，智商也没有什么差别，差就差在英文上，刚开始你可能因为英文比别人好而得到一些机会，而当你得到一个机会之后，就会像滚雪球一样越滚越大。我爸的英文特别好，他是1949年出生的，那个年代英语好的人就更少了，所以他就是那种英语好的受益人。我从幼儿园就开始学英语了，从小英语底子就很好。

有时候人不能给自己留太多后路，留了后路就不会倾尽全力去为一件事情努力。我有位朋友一边申请美国学校一边找工作，非常不Focus。我想她可能就是求稳，但是凭她的能力，她想出国的话一定是没有问题的，可她就是要两边兼顾，弄得很累。

我问："你是不是很清楚地知道自己想要什么？到你毕业那一天你想要具备什么样的素质和能力？你想去一个什么样的机构？"俞快说——

我想去麦肯锡咨询公司，我现在能做的就是努力了，我现在看很多书补很多课，人有动力才会比较卖力。举个例子，我面对挑战的时候会非常兴奋，还有一点紧张。比如我以前在美国的时候，做翻译都是整天的，从来不会累。做同声传译的时候，人家都是20分钟换一个人，我从来不用换人，连续翻译三四个小时没有问题，年轻还是比较有活力，有能量。

没有来清华的时候很向往很崇拜，来了之后又略有失望，周围读书非常用功的人很多，但我觉得不正常，为什么要这样读书？绷得太紧，没有快乐。

但我一点也不后悔来清华，这四年是我长这么大过得最开心的四年，也学到很多东西。在你出去之后，你说到自己是清华的，真的特别骄傲。在别的地方你不可能遇到这么多优秀的人，他们对我的帮助特别大。比如说张哲，他对我影响就很大，平时两人聊天的时候，就经常交换一些自己的看法，他那种执著的精神对我是一种潜移默化。

我很喜欢清华的气氛，但很多清华学生过于关注学习了，我觉得他们应该多出去看一看，要有广阔的视野。我不觉得清华每个人都知道自己要干什么，未来是不可估计的，现在想干的事情，可能等工作一年后，就会有很大的改变。

俞快在清华毕业，如愿以偿去国际大公司麦肯锡工作。

四、艺多不压身

◎**杨婷**：“在这个社会上，你必须精通一两样东西，也就是说你必须有几把刀，很多事情不能说是有业余爱好就行，你必须‘专’、必须‘精’。……北大最好的地方并不是她告诉你该干什么，而是她给大家提供一个很大的舞台，你想跳什么舞都可以，她给你选择的自由。”

杨婷是北京大学大四女生，2002 年以云南省文科第六名的成绩考入北京大学经济学院国际经济与贸易系。上小学的时候，杨婷第一次参加市里的演讲比赛，结果是倒数第一名，她在台上哭了；第二年她又参加了，得了倒数第二名；第三年她还是参加了，得了倒数第三名……她接连参加了五年的演讲比赛，最后是市里的第一名，然后代表云南省参加全国的演讲比赛，她是全国的第二名。

来到北大后她参加了北大的“十佳演讲”，预赛和复赛她都是第一名，但是决赛的时候，她是第十一名，没有进入“十佳”，当时她觉得非常不可思议。那时是央视名主持人白岩松给她做的点评，白岩松对她说：“你的演讲很真实，但是可能有的评委不欣赏。”当时杨婷就意识到了，在这个世界上，你想的和别人认可的可能是两回事，所以在你不断完善自己的同时，不能自以为是地认为自己很好，你必须明白社会的需求是什么，然后根据需求来调整你自己。

后来杨婷才知道自己是在用一个高中生的水平去做一次大学的演讲，所以会失败。军训的时候，在班里同学的怂恿下，她又参加了一次演讲比赛。那次杨婷的成绩还不错，被老师挑去参加北京市大学生演讲比赛，结果拿了第一名。

2005 年 9 月，杨婷代表北京市公民参加了全国的“论国防演讲比赛”。那时杨婷觉得自己是北京市选送的，自我感觉良好。那次是要前十名的选手才能进入决赛，但她是第十二名，她说，等于又死在医院门口了。

杨婷之后想明白了，这是全国性的演讲比赛，参赛选手集中在中央电视台做封闭式训练，很多选手是好几个月以前就开始准备，有好多专业老师在辅导他们，可以说，自己的对手都是专业选手。但杨婷是业余的，准备的时间也不充足，辅导老师也不多。杨婷终于明白干什么事情都不容易，在这个社会上，你必须精通一两样技能，也就是说你必须有几把刀，很多事情不能说是有业余爱好就行，你必须“专”、必须“精”。杨婷并不具备一个专业选手的水平，一个业余的高水平选手在一个专业的比赛中输了也很正常。

从杨婷演讲比赛的经历中可以看出来，即使在北大也是这样，要不断去尝试，失败了再去尝试，再失败再尝试……你不断去尝试，然后找到适合自己的位置。

杨婷觉得大学里有两种人：一种人是为了考个高分，拿个好成绩，以后找个好工作；另一种人是对这个学科很感兴趣，他不是为了分数而去学习，他有一个长远的目标，并且为这个目标在各个方面锻炼自己。大学生必须学会在理想和现实之间找到平衡点，这是在学业中必须面对的问题。

杨婷的兴趣非常广泛，她很努力，可以不像别人那样去看电影，去唱歌，去逛街，甚至一个学期不出两次北大都可以，但是她的时间并不只花在学习上，她还会去图书馆看很多的书，又在练习长笛和葫芦丝，还在学校举办音乐会。大一的时候她参加了很多社团活动，后来她感觉到了理想和现实的冲突。因为时间有限，大二的时候她放弃了学了 12 年的长笛，也放弃了葫芦丝，也不去参加活动了，只是学习，拼命地学习，为了增强自己的现实竞争力而学习。

同时，杨婷还辅修了法语，她觉得多学习一门语言挺好的。学法语对她人生的影响还是很大的，世界上的主流语言还是英语，而她学了一个非主流的语种，尤其是在她的英语还没有达到登峰造极的水平的时候，去学另外一个语种会影响原来所学的语种。她意识到，在语言这一关，英语水平大家相差不大的情况下，她所学习的法语，就是她未来竞争力之所在。

学法语的过程很辛苦，多学一门语言很费时间。杨婷根本没有周末，她周末都要上课。那时候杨婷在学英语，又在学法语，还要学专业课，每天都很忙。尤其是大三下学期的时候，她要考法语四级，又要考剑桥商务英语，又有九门专业课。星期六学法语，星期天上英语，周一到周五学习专业课，尤其周二的时候要从早上 8 点上到晚上 9 点，一共 12 节课，真的很累。她承认自己的专业课成绩不是那种数一数二的，但是她敢肯定的是，自己学东西一定是踏踏实实的，她问心无愧。

我问杨婷："你知道自己在大学里想要什么吗？回想一下自己走过的路，你的机会是你自己主动去争取的还是别人给你的呢？"

杨婷回答："我觉得人很难说清楚想要什么，因为很难将自己想要的东西物化，尤其是将信念物化。我觉得在这个阶段的追求能给自己带来某种满足，而且问心无愧、不会后悔就可以了。我不能说我现在就知道自己一生中想要的是什么，但是我在不断地学习，反正艺多不压身嘛。"

我说："艺多不压身，这句话说得很好，在大学里要让生活丰富多彩一些。"杨婷说——

我觉得不同的人要有不同的方法，如果你是那种能够潜心做学术、不善于同别人交往，而且在枯燥的钻研中也能给自己带来很大满足的人，那么做学术就是你最优的选择；如果你是一个喜欢跟别人聊天、喜欢跟别人交朋友，并且希望能在这样的事情中提高自己能力的人，那就应该走一条不同的路。北大最好的地方并不是她告诉你该干什么，而是她给大家提供一个很大的舞台，你想跳什么舞都可以，她给你选择的自由。

之前我一直认为一流大学应该为我们设计好人生之路，为我们选好最好的课和最好的老师，告诉我们应该怎么做才能成为百万富翁，才能掌权，才能取得成就。但是去一趟欧洲回来以后，我就觉得北大真的有中国古代那种儒家的大气，她不想用那些东西来束缚你，你应该去寻找自己的生活。其实让别人告诉你生活是什么样子的并不好，生活需要自己去尝试和体验，它只要保证你不要跌到深渊里去就行了。

大一的时候，大家都觉得可以玩了，每天看电影玩游戏，有些人在这个时候一旦跌下去可能就永远也起不来了。有的人不知道该干什么，有那么多的选择，可以参加各种各样的社团，可以发展自己的特长，可以去做兼职，选择太多了，所以我和大家一样不知道该做什么。在大一的时候，不知道什么是最好的，也没有人告诉我什么是最好的，我必须自己去权衡，在权衡当中我就学会了规划自己。

我在大四选择出国留学，其实有些人是有实力出国的，但是他们保了研。出国是一件有风险的事情，要看是否能申请得上，有没有奖学金，在国外是否适应，回国后能否找到工作，等等。很多人觉得这是一件很有风险的事情，既然已经保了研就读研吧。不过我觉得在年轻的时候有些风险不去承担，有些东西不去体验，多多少少是一件让人觉得惋惜的事情。我是一个随时充满好奇心的人，总想去外面的世界看看，去开拓自己的视野，所以就选择出国了。

为什么选择去法国呢？首先是我对欧洲经济比较感兴趣，其次是我学了法语，这也成为我能够去法国学习的条件之一，还有一个原因是大部分人都想去美国，那么去欧洲的话竞争就小一些，不过我发现现在好多人都想去欧洲了。

我问杨婷："你想过自己的未来吗?"杨婷说想过，我接着问她："你想要一个什么样的未来呢?"她说："我比较想去一些国际组织机构里去工作，像WTO、世界银行等类似的组织里工作。我比较喜欢一个国际化的环境，我也觉得自己具备国际交流的条件，我虽然是学经济的，但是并不喜欢很商业化的东西。"

我问："你将来是把生活看得更重还是把事业看得更重?"

杨婷回答："我觉得对于大学生来讲这个很难说，因为对于将来我们现在只能想象。不过我是一个很恋家的人，对我来说，父母是非常重要的，所以我可能会把生活看得更重一些。不过我觉得这两者并不矛盾，是可以找到平衡的。并不是因为我是女生就觉得生活更重要，而是我认为一个人要想快乐的话，必须在生活跟事业之间找到平衡点。一个人的事业可以给他带来成就感，而他的生活会让他快乐，那才能接近完美。如果单纯地做一个事业型的狂人的话，我觉得他的人生是不幸的。"

杨婷在北大毕业后去法国留学，就读于著名的巴黎政治学院。在世界诸多著名大学中，巴黎政治学院可以说是唯一一所旗帜鲜明地以培养未来政治精英为宗旨的大学，被誉为"政治家的摇篮"，法国前总统希拉克和现任总统萨科奇均是该校的毕业生。

五、在学校不一定能找到人生方向

◎**李鹏：**"我觉得寻找人生方向不是能够在学校完成的，而更多的是你从学校毕业之后在更长时间的工作经历中积累出来的。一个人不可能确定自己在20年之后会干什么，你在大学时代所能做的只能为你未来十年做打算。"

李鹏是复旦大学管理学院管理科学与工程系三年级研究生，1999年考入复旦，毕业后直读研究生。在我所接触的复旦学生当中，李鹏算是年纪比较大的，他看起来很成熟。他在复旦度过了六年多的大学时光，我想他对复旦有比较深刻的体验。

我问："你现在回想过去，你知道自己在复旦想要些什么吗?"

我是一个很喜欢做研究的人，但是当我直升到研究生阶段的时候，我发现在学校里做研究也不是我本科时所想的那么一回事儿。高校顶级师资比较紧缺，我想不管是复旦、交大，还是北大、清华，都是这样的。如果有一个好的导师，就会有很多学生跟着他，所以到最后他分配给你的精力就会比较少。这是一个需要自己主动地去应变、主动地去控制自己时间的过程。

还在本科阶段的时候，就算没有老师的充分指导，还可以比较顺利地学习，但是到了研究生阶段就不一样了，相对来说这时候做论文、做研究的要求会高很多，是非得需要有人来进行指导的。

复旦给了我很多东西，尤其在我的本科四年中，培养了我与人交往的能力、做研究的能力、学习的能力等。本科四年是一个很好的平台，能够让我的人生更好地往前发展。

我是一个喜欢工作的人，虽然我刚刚说过我很喜欢做研究，但是我希望最后能将这些研究的成果转化成实际的价值。对于工作来说有很多重要的东西，比如说"上路"的能力，上海人是这样叫的，所以这四年基本上就把我培养成了一个适合工作的人，一个职员，或者说是一个高级白领这样的人。与此相适应的一些能力我是具备的。

之前我也曾经想过创业，但是最后我发现自己并不适合。创业需要很多关系，要到社会上慢慢地摸爬滚打才能开展业务，自己才能真正去做事情。我觉得自己是一个相对安静的人，缺乏江湖气，缺少创业的激情，所以不适合创业。学校能给你的，是把你培养成一个研究者，培养成一个适合工作的人，现阶段对于创业方面的辅导，几乎没有。

如果你的兴趣是做研究，那么你可以去做研究。我更多的是从学校学到了很多工作的能力，包括管理学的一些基础知识以及应用能力，也包括与人交往的能力，还有很重要的一点就是持续学习的能力。举个很简单的例子来说，如果你不明白一个理论，那你会知道怎么去找问题。如果说很多高中毕业生都还没有掌握这样一种能力的话，那么当他经过大学四年的培养，尤其是经过像复旦这样注重学生的自我发展能力的大学的培养之后，他就会知道从哪里去找这样的知识，要经过一个什么样的步骤才能获得这些知识，然后经过什么样的步骤可以从这些知识中创造出价值。

我问："那你的迷惘主要体现在哪些方面？"

李鹏回答："第一，我曾经很希望自己能够创业，很希望凭自己的力量去做一些事情，但是当我念完大学本科之后，我慢慢发现我还是没有这样的能力能够完全凭自己的力量去做事情，我做不到。第二，我曾经以为自己很喜欢做研究，进入研究生阶段以后才发现，尽管我对自己的研究成果非常满意，但是如果要拿到国际上去比较，水平也还是不怎么样，所以现在产生了找工作的想法。"

我问："你马上要研究生毕业了，你今后想干什么？"

李鹏回答："我现在也还在犹豫，到底是要进咨询公司还是进投资银行，还没有完全想好，我觉得还是去北京干投资银行的可能性大一点吧。也就是说，我在毕业后要找一份工作，这份工作是一份专业性的服务类工作，而不是制造业，我觉得服务业更能体现一个人的价值。在服务型行业，公司最重要的资产就是人，他们会用很多的精力去培养人，把很多的机会给这个人，让他不断成长。所以相对于制造业和工业，我选择服务业。服务业里最好的可能就是投资银行和咨询公司，我现在拿到了几个 offer，但我还在考虑，所以没办法告诉你我最后到底会选择什么，可能更倾向于投资银行。"

我问："你在找工作的过程中，有没有碰到过这样一种情况，就是你想要的跟现实之间的冲突？"

李鹏回答："这又回到了我前面讲到的个人对工作的了解。其实在找工作之前，我会对自己希望从事的工作进行充分了解，而且我的目的很明确，所以我投简历、面试等过程中都很顺畅。我很了解我要从事的工作，这也是我为什么能顺利地拿到 offer 的原因。"

我问："算上研究生三年，你已经在复旦呆了将近七年，那么在这七年里，你觉得你找到自己的人生方向没有？"

李鹏回答："这是一个更大的话题。我觉得还没有。我觉得自己还只是找到了职业的方向和短期十年内的方向，整个人生的方向还没有找到。我觉得寻找人生方向不是能够在学校完成的，而是你从学校毕业之后在更长时间的工作经历中积累出来的。一个人不可能确定自己在20年之后会干什么，你在大学时代所能做的只能为你未来十年做打算。”

六、用“勤奋”走自己的路

◎**张婧青**：“我是一个很容易陷入细节的人，勤奋是我的优点，但同时也让我在处理一些事情上不够灵活。一个很勤奋很努力想把事情做好的人，往往会在细节上对自己要求很严格，所以很容易抓住一些细枝末节的地方不放过，从而减缓工作进度，给工作造成被动。”

不管上的是什么大学，读的是什么专业，都不要忘了，一个人成功很重要的一个因素是勤奋！勤奋、能力和机遇是成功的三个最重要因素。

张婧青在2003年保送上清华大学化学工程系。刚进大学时张婧青的压力很大。第一，她是保送的，没参加高考，直接的影响就是没有一个清晰的定位：她不知道自己和同龄人之间的差距有多大，自己比他们强还是弱？第二个压力来自学习上，她比较好强，总想与人争个高低。清华的课程非常难，而且一节课讲很多内容，刚来的时候张婧青感觉很不适应节奏，有些跟不上进度，后果就是学不懂，造成很大的压力。不过那会儿还好，学习上有问题可以专心去处理，不会考虑很多现实的问题。那会儿“成绩”这两个字在张婧青心中还没有特别大的分量，学习的目的很单纯，就是希望自己不被落下。

高中班主任曾经送给张婧青的两句话让她终身受用。一句是“行胜于言”，也是清华学生的真实写照。当时很巧，班主任写了很多张纸条，上面是他想送给学生的话。班主任把纸条装在一个盒子里，让学生们随意抽取，张婧青就抽到了这一张，当时她还不是很以为然，认为这句话显得比较保守。另一句话是“耐得住寂寞”，张婧青觉得这句话对很多初升大学的同学都很适用。高中的时候，自己与周围的人比起来还算是比较优秀的，进清华后突然遇到这种情况——需要费很大力气去追赶别人，这是她从来没有遇到过的，所以才体会到当初班主任送给她的两句话的本质含义，让她能踏踏实实地专注于学习。刚开始上课有很多不适应，比如不适应老师在一堂课讲很多知识，不适应一些老师的讲课风格，以至于课上听起来很费劲，自己却只能听懂其中的70%。没办法，课上没听懂只能课下再补，勤奋一点，多问助教，多上自习，大概要比其他同学多花两到三倍的时间，不过还是坚持下来了。

一直到期中考的时候，张婧青才基本适应了所有老师的讲课风格。之前觉得微积分那门课很难，慢慢适应了之后，张婧青发现微积分老师其实讲得很好，他有很强的加工塑造能力，能把很抽象的东西形象地表达出来，理解起来就不那么费力了。一学期下来，张婧青的微积分课成绩还不错，得了96分，进入了班级前十名，这在当时给了她很大的鼓励，至少证明自己还是可以学好的。这个成绩是对“勤奋”两个字的肯定，或许自己不是很聪明，但是“勤能补拙”，只要努力，还是能够做好的。

秉着这一信念，一步一步踏踏实实地走下来，张婧青取得了比较理想的成绩：大一她的总成绩在他们专业一共三个班的同学当中排名第二，到了大二排名第一，现在也是排名第一。

其实自信和自卑只有一线之隔。张婧青觉得自己在骨子里是一个自卑的人，即使在申请奖学金答辩的时候，当她从容不迫地站在讲台上的时候，她还是一个很自卑的人。她知道自己的弱点，她觉得自己不是很有天分。清华里的天才太多了，打个比方，他只是花你10%的时间做同一件事情，却会比你做得好很多。

张婧青相信这个世界上是有天才的，不夸张地说，中国有一半的天才都被招到清华里来了，所以张婧青觉得自己必须多花时间、多花精力去做事情，好在清华的教育体制保证了你只要付出努力，总会有所收获，清华不会让一个勤奋的人灰心丧气的。张婧青说——

第一年进来的时候可能有些郁闷，有些困惑，好像自己把青春都花在这一堆在将来可能没有什么用处的课业理论上，怀疑这是否值得？现在回过头去梳理这两年的经历，觉得所有的付出都是很值得的。

清华的老师讲课很尽心，基本每个老师在课下都设有专门的答疑时间，如果你在课上没有学得太懂，你可以去寻求答疑，他们总是会很耐心地解答。老师的专业性更是不容置疑。我们专业在全国数一数二，系里有很多很牛的专业课老师，他们在专业上的造诣在全国可能都是顶尖的。姑且不说他们在科研上取得过多么辉煌的成就，就说他们的前瞻性思维和在学术上的那种开阔眼界都能让你受益匪浅，而且，科研做得好的老师讲课才比较深刻。

清华的同学牛人太多了，这个群体简直就是个“牛群”。

每个人的衡量标准都不一样，像我在成绩上对自己要求很高，但有很多人根本不看重这个，所以你不能把成绩看作一个普遍的标准去要求所有人。每个人的定位不同，追求不同，但每个人都在努力，我也是一样。归结为一句话：做好自己想要做的事情。

在我做团支书那年，我组织我们“化31班”的同学去北京松堂关怀医院做志愿者，收获很大。还是那句话：我在付出的同时，最大的受益者还是我自己。“你在照顾临终老人的时候，看着老人们望着天花板，其实他们思考的是哲学。”这句话是当时松堂医院的院长说的，我觉得特别有道理。清华的校训是：“自强不息，厚德载物。”这句话时刻催促我们要不停地往前跑，以至于我们都没有时间停下来思考一些更深层次的哲理。我们为什么要一直跑？我们学习、生活和工作有什么意义？我们的一生要怎么度过才能无憾？这样的一些问题，当我们静下心来，真正近距离接触死亡的时候就会去思考。而且这些问题不是说从松堂医院出来、离开那些老人就忘掉了，在那次活动之后，我真的一直在想这些问题。

那次志愿者活动让我得到很多，比如认识了很多人，包括那些老人，还有医院的医生和护士。我和他们聊天，分享他们的人生经历，从他们身上学到很多。每个看似平凡的人身上，其实都有一些不平凡的经历。以前我从来不知道“勤奋”这两个字在清华有什么用，在关怀医院接触那些即将离开人世的老人后，我知道了自己将来的路也可以靠这两个字走下去。

我更倾向于认为每个人只有专注于一件事情才能把事情做好，我的首要目标还是把专业知识学好，其他方面也没有太苛求什么。我觉得一个人如果把精力花在太多事情上，同时向着许多目标迈进的话，很容易分散自己的精力，不可能做好事情。人无完人，没有哪个人是完美的，包括我们系前几届去 MIT 的那些牛人也一样。他们有一点让我很佩服，那就是他们每个人都很明确地知道自己的优缺点，懂得扬长避短。这是我需要提高的，也是我一直以来在孜孜追求的。

我不太习惯给自己定太多的目标，但我做事有自己的原则：尽我的能力给他人一些帮助。我现在参加协会，之前做团支书，都是这样的想法。我希望自己每做一个活动都能给同学带来快乐，让他们在活动中收获一些东西，这就足够了。

我是一个很容易陷入细节的人，勤奋是我的优点，但同时也让我在处理一些事情上不够灵活。一个很勤奋很努力想把事情做好的人，往往会在细节上对自己要求很严格，很容易抓住一些细枝末节的地方不放过，从而减缓工作进度，给工作造成被动。

另外，在清华这两年多来，我有很多想法没能实现，蛮遗憾的。比如支教，比如志愿者活动，都因为时间太少，要么没做，要么浅尝辄止，没能坚持下来。

2007年夏天，张婧青在清华大学毕业，然后赴美国麻省理工学院（MIT）读博士学位，获全额奖学金。她跟我说起了申请留学的缘起——

我在高三就想出国留学，觉得它是我未来的一个方向。我跟其他出国留学的人不一样的是，我首先确定的是将来自己会做理工科方面的专业研究，这跟我家里有人做这个有关系，而且我觉得前景比较好。在化工方面，很明显国外做得比较好，所以我想出国去学习，但是，在高三的时候还没有来清华，不知道自己会去哪里，也许是清华，也许是浙江大学。

另外，我也受到了一个师兄的影响，他比我高六届，上的是北大化学系。我上小学一年级的时候，就从老师那里得知这个师兄的名字了；我上初中的时候，他已经上了北大；我高中快要毕业的时候，他已经去美国了，去的是斯坦福大学。受他的影响，我觉得出国这条路也没有这么困难。

到了清华以后，我曾经想是出国留学，还是留下来读博士，至于本科毕业参加工作这条路就没有考虑。该做的准备还是要准备，我在大三上学期考了GRE，在大二下学期考了托福，为申请出国做足了语言考核的准备。对于本科生来说，首先是学习成绩，其次是GRE和托福成绩，这两个是要准备好的。

到了大三下学期，我才真正定下来要走出国留学这条路。但是有一阵子我还犹豫过，当时我在一个很好的化学公司实习，对这家公司的印象非常好，甚至都想留在那里工作，可是担心自己的水平还不够，怕以后发展的空间有限，所以放弃了。到了大四开学就申请出国，真正开始申请的时候就没再犹豫了。

我的身边也有同学在没有肯定要出国的情况下把托福和GRE考了，其实做决定往往是一两天的时间，但是准备工作是长期的。我宿舍有个女孩在大三的时候特别犹豫要不要出国，但是她还是把托福考了，现在她被普林斯顿录取了。如果不去未雨绸缪，有可能出现这种情况：临毕业你想要出国的时候，发现自己什么都没有准备好，最后没有走成，这是很可惜的。这种事情我们不做。

张婧青有些得意地笑了笑，她的神色一直充满了自信。她属于生活的强者，给人一种乘风破浪、无所畏惧的感觉。

我在大二的暑假报了个新东方的班，然后在大三上学期把 GRE 考了，在大三下学期把托福考了。说实在的，考 GRE 和托福的战线不能拖得太长，否则背单词背到最后你都要崩溃。我不可能作业没写完就去背单词，我也不会上课没弄明白这堂课的内容就去背单词，我要先保证课业的质量。即使到了考 GRE 的前一天，我都在上课，我不可能牺牲课业的成绩而去考 GRE 的高分。

我的经验是，考 GRE 要上英语班，考托福就没必要。GRE 和托福的准备以及考试的战线不要超过一年，否则自己会几近崩溃。而且，千万不要牺牲学分积，本科的学分积是很重要的。心理压力会很大，因为想一次就考过，不想考第二次。我实在是不想重考，因为太麻烦了，浪费时间和精力。考 GRE 要先考作文，作文准备起来很痛苦，它先告诉你题目，有两百四十多个题目，考的时候在这两百四十多个题目里选两个，然后你再从这两个中选一个来写。写作文相当于你在一个月之间让自己的头脑灌进去很多很多的东西，包括素材、语言组织能力，然后在 45 分钟之内把它爆发出来，这种过程是很痛苦的。

在准备的申请材料当中，我有一封推荐信特别好，是我的一个导师帮我写的。我在他的手下做实验的时间不是特别长，但是做的实验量很大，工作做得很认真。导师是从美国回来的，他原来是加州理工学院的博士后，在美国呆了十年，很清楚美国在学招生的思路。他给我写的推荐信非常强，在我的申请中帮了我很多。他亲自给我写推荐信，这种推荐信在申请中起的作用很大。

PS 和推荐信一定要反复地改，自己改，找别人来改，不要讲空话，不要夸张。PS 要写出自己的特点来，因为申请的时候，大家都有成绩单，很多人都是第一名，或者排名很靠前，科研多少也做过一点，社会工作多少也有一点，对方教授看到这些申请材料都差不多肯定觉得很无聊，那么你就要在自己的材料中突出自己的特点。在语言上，着重平淡和低调，不要有演讲性的语言。

在专业方向，我只考虑化工；在学校方面，我按化工专业的学校排名来选。我一共申请10个学校，有MIT、普林斯顿大学、加州大学伯克利、UCLA、宾夕法尼亚大学和威斯康星等。

最后，有6个美国大学给了我offer，除了MIT，还有普林斯顿大学、威斯康星大学，康奈尔大学等名校给了我offer，MIT的化工系是全美最好的，我就选择了她。

在清华毕业后，张婧青赴美留学，成了MIT化工系的一名博士生，开始自己人生新的征途……

2009年3月完稿于北京

后记：

给年轻人飞翔的翅膀

写完这本书时，我在自己公司宽敞的办公室往窗外望去，看到的是偌大的清华校园，渐渐地，心潮翻滚起来。这是我的第二十一本书，而我的第一本长篇小说《清华园的故事》是1998年在清华大学写成的，十年过去了，我出版的作品超过了20部，而且我的另一部长篇小说《清华制造》还被改编拍成电视剧《中国造》在中央电视台一套播出。我想，十年前自己立志成为一个作家的梦想早已实现了，如今，我又有了新的梦想：在清华东门外的清华科技园创办冠桥教育公司，想把自己积累十年的教育经验和我采访研究过的几千位青年精英的教育经验传播给中国学生，帮助他们出国留学，帮助他们考上国内精英大学，帮助他们找到自己的人生方向……

这么多年来，我不断收到读者的来信，知道了他们成长的烦恼、对前途的茫然。他们拥有青春，可又不知道自己的成长之路通向何方。

有一位大一新生给我发来电子邮件，在信中这样说：

“首先，我最想说的是：是你给了我一个更宽阔的视野，给我的心灵一个更广阔的空间。读完了那本《哈佛主义》，在震撼于书中人物独特个性的同时感觉你好伟大。你为我们这些在大学里迷茫的人找到一个方向、一个定位或是一种责任感。在这里我只想说：你在我心中是学长，是盏灯，而我对眼前的大学又很迷茫，我很想跟你交流，想得到你的帮助，很希望你不要扼杀我这份小小的希望……”

还有许许多多的读者来信，给我传递了同样的信息：他们喜欢读我的书，并且希望我能继续写有关成长的书。当我想到有这么多的青少年在成长的道路上彷徨、迷惘和困惑时，我又拿起了笔，一边联系采访，一边写下青春的文字。我想，只要年轻的读者们喜欢读我的书，我就会一直写下去。希望每本书都会成为一盏明亮的灯，照亮他们的青春，照亮他们成长的道路。

我在北京的两所大学一共呆了六年，依然清晰地记得几年前那个夏天在清华大礼堂参加毕业晚会时，听到台上的女主持人这样说：

年少轻狂的日子中有你，不谙世事的日子中有你，成长的岁月中我们曾如此简简单单而又刻骨铭心在一起。纵是以后冷暖的日子，纵是以后喧嚣的世界，在陌生的表情间穿行，在光明与黑暗、浮躁与沉静、欢悦与痛心间穿行，总会有今夜永不暗淡的光照耀着你，总会有缕缕的清风，拂动我们记忆的枝梢，让我们还依然清晰地记得那些美丽的故事，那些知晓或不知晓结局的故事……再度体会那些刻骨铭心的千般滋味。然后，微笑着在心中千百遍地告诉自己：青春同路，相约有你。

每当想起那个激动人心的夜晚，我就强烈地感受到青春的美好……如果虚度了大学时光，那将是一辈子的遗憾。有的人知道自己在大学里想要什么，有的人不知道，需要有经验的优秀的人告诉他们什么……前人的经验是非常重要的，吸收前人的经验，自己可以少走一些弯路，成长的代价会少一些。

我非常愿意帮助许许多多的中国青少年更好地成长，并且有一股前进的动力。以前我写了很多励志书，现在是做教育公司，积累了将近十年的精英教育研究成果。我曾经在清华园度过四年青春时光（1995 年至 1999 年），亲身体验过精英教育，深知受过良好教育对一个人的成长和前途是多么重要，于是整合国内外精英大学的教育资源创办了冠桥教育公司。目前公司定位于“出国留学”和“高考升学”，暑假还在清华为全国在校中学生举办“精英训练营”，把前人的教育成功经验传授给后面的学生。这已经成了我现在的使命，我把它当成事业去做。

接下来我准备在全国 30 所大学做巡回演讲，主题是关于中国大学生的出路及如何培养自己，并且为中国在校大学生推出申请世界名校的“精英留学计划”，提供全程留学服务，详细情况可以登录冠桥教育网站（网址：www. guanqiaoedu. com）。

冠桥教育总裁张宏杰

2009 年 3 月 16 日于北京